야사로 보는
삼국의 역사
1

야사로 보는 삼국의 역사 1

초판 1쇄 펴낸 날 | 2006. 2. 7

지은이 | 최범서
펴낸이 | 이광식
편집 | 곽종구 · 오경화 · 김지연
영업 | 박원용 · 조경자
펴낸곳 | 도서출판 가람기획
등록 | 제13-241(1990. 3. 24)
주소 | (121-130)서울시 마포구 구수동 68-8 진영빌딩 4층
전화 | (02)3275-2915~7   팩스 | (02)3275-2918
홈페이지 | www. garambooks.co. kr
전자우편 | garam815@chollian.net

ISBN 89-8435-241-1 (04910)
ISBN 89-8435-240-3 (세트)

ⓒ 최범서, 2006

서점에서 책을 살 수 없는 독자들을 위해 우편판매를 하고 있습니다.
수   협 093-62-112061 (예금주 : 이광식)
농   협 374-02-045616 (예금주 : 이광식)
국민은행 822-21-0090-623 (예금주 : 이광식)

야사로 보는
삼국의 역사 1

- 고구려 · 백제 편

| 최범서 지음 |

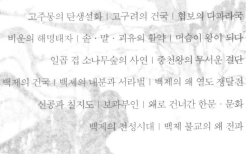

가람
기획

머리말

삼국시대의 비밀은 비밀로 남아 있는 그 자체가 역사이다. 고구려 · 신라 · 백제 순으로 나라가 건국되고 삼국의 정립시대가 열리는데, 그 건국과 관련해서 많은 의문점들이 남아 있다. 우선 고구려를 건국한 고주몽 자체가 수수께끼 인물로 남아 신화가 되었다. 또한 고주몽의 난생설화卵生說話는 신라 건국의 시조 박혁거세의 난생설화와 계통이 같아 우리 민족의 계통이 같다는 것을 입증해주고 있다.

또 유화부인의 입술설화와 신라의 알영설화도 일맥상통하고 있다. 이러한 설화의 수수께끼는 혁거세의 김씨설, 백제를 건국한 온조의 탄생 비밀, 백제의 비류백제 · 외백제 · 십제백제의 상호관계 등 어느 것 하나 속시원한 고증이 없다.

그뿐만이 아니라 도읍지와 관련해서도 역시 여러 가지 설이 무성하다. 고구려가 중국대륙에서 건국된 것은 명확히 고증이 되었지만, 신라와 백제는 대륙 건국설과 한반도 건국설로 양립되어 있다. 게다가 옮긴 도읍지도 명확하지 않다.

삼국시대의 역사에 대한 연구는 제도권 학자보다는 재야 사학자들의 연구가 활발한 편이다. 그러나 고증이 불충분하고 국수주의에 기울어 다분히 주관적인 해석이 지나친 점이 있다. 예를 들어 경주의 그 많은 왕릉이 중원에서 경주로 옮겨졌다는 주장은 아무래도 수긍하기 어렵다.

한편 제도권 학자들은 발굴에만 의존하여 사서史書의 기록조차 잘 믿으려 하지 않는 편협에 빠져 삼국시대사 연구에 매우 소극적인 모습을 보이고 있다.

필자는 10년 전에 《이야기 한국 고대사》(청아출판)를 세상에 내놓았다. 그때 언제인가는 다시 삼국시대사를 나름대로 정리해보려고 마음먹었다. 그

결실이 이번에 내놓는 이 책자이다.

삼국시대의 정사와 야사로 대변되는 책은 《삼국사기》와 《삼국유사 》이다. 이 책을 정사와 야사로 구분짓기에는 애매한 면이 많다. 다만 《삼국사기》는 고려 조정에서 《삼국유사》는 개인이 편찬했기에 굳이 구분해보자면 정사와 야사로 나눌 수 있는 차이뿐이다. 정사와 야사 할 것 없이 신화 · 전설의 기록이 많고, 불교문화 위주의 기술이라는 공통점을 지니고 있다.

이런 점을 감안하여 신화 · 전설 · 불교문화는 《삼국사기》에 구애받지 않고 취사선택하여 야사적 기사로 만들었다. 그러면서도 몇 가지 문제는 정사에 접근했다. 가령 '고구려 주도의 삼국통일이 되지 않은 까닭', '처용의 실제 인물설', '통일신라시대인가 남북국시대인가', '왜 가야를 포함한 4국시대가 아니고 3국시대인가' 등등 의문점을 필자 나름대로 분석해보았다. 이런 점은 정사적 접근방법이라 할 수 있을 것 같다.

중국의 동북공정론이 심상치 않다. 그들은 아직도 중화사상에 머물러 있고 앞으로도 그러겠다는 오만이다. 우리가 알아야 할 것은 우리의 역사, 즉 삼국시대사다. 삼국의 역사를 한 가지라도 더 알아 민족 자긍심을 길러야만 중국의 '동북공정론'에 당당히 대처할 수 있을 것이다. 지금은 우리들이 우리의 역사적인 안목을 기를 때가 아닌가 싶다.

우리의 삼국시대사는 사서가 고증이 안 된 부분이 많아 재미가 있다. 재미를 붙이다보면 고증에 눈을 돌릴 수 있고 스스로 역사적인 안목을 기를 수 있지 않을까 싶다. 역사는 과거를 통해 현재와 미래를 이어주는 징검다리 같은 것이다.

지은이 최범서

차례

고구려 편

◉ 고주몽의 탄생설화

주몽의 탄생에는 두 가지 설이 있다. 그 하나는 주몽이 졸본부여卒本扶
餘의 임금 고두막루와 비서갑 하백河伯의 딸 유화柳花 사이에서 태어났다
는 설이다. 비서갑이란 큰 강이나 하천을 관리하는 장관을 일컬었다. 그
리하여 용왕이라는 별칭으로 불리었다.

고두막루의 조부 동명왕東明王 고진은 단군조선 고열가의 후손으로 알
려져 있다. 한때 북부여가 쇠약해지고 서한의 군사들이 자주 괴롭히자
고진은 북부여왕 해부루解夫婁를 가섭원으로 쫓아내고 스스로 임금이 되
어 나라의 기강을 잡고 바로 세력을 넓혀갔다.

고두막루는 태자 고무서高無胥에게 나랏일을 맡겨놓고 거수국渠帥國
(제후국) 순행에 나섰다. 먼저 찾은 곳이 가섭원으로, 즉 동부여였다. 동
부여는 북부여에서 쫓겨난 해부루가 터를 잡아 2세 금와金蛙왕이 다스리
고 있었다.

고두막루 일행은 동부여의 알하수 변에 닿아 잠시 쉬었다. 그때 알하수의 바위 틈으로 목욕하는 아가씨의 모습이 고두막루의 눈에 들어왔다. 목욕하는 아가씨는 셋으로, 자매들이었다. 비서갑 하백의 세 딸 유화柳花(버들꽃)·훤화萱花(원추리꽃)·위화葦花(갈대꽃)였다.

고두막루는 특히 눈에 띄는 맏이 유화를 불러 천황의 위엄으로 범하고 말았다. 유화는 이 사실을 아버지에게 알릴 수 없었다. 사실이 알려지면 살아남을 수 없었다. 또한 아무리 천황일지라도 부정을 저질러놓고 무사할 수 없었다. 나라법이 남녀 사이의 부정을 엄히 다스리고 있었다. 고두막루는 서둘러 동부여를 떠나면서 유화에게 징표를 주었다. 천황검이었다.

"만약 잉태하여 사내아이를 낳거든 이 칼을 갖고 나를 찾아오도록 하라."

고두막루가 졸본에 닿은 후에야 맏딸 유화가 강간을 당한 사실을 알게 된 하백은 불같이 화를 내고 유화를 성문 밖으로 쫓아내버렸다. 유화는 동부여 땅을 정처없이 떠돌다가 지쳐 쓰러져버렸다. 유화를 발견한 병사들이 그녀를 금와왕의 궁궐로 데려갔다.

금와왕의 탄생도 설화적이다. 가섭원으로 쫓겨난 해부루에게 후사가 없었다. 해부루는 아들을 점지해달라고 산천을 돌며 제사를 지내고 돌아오는 길에 곤연鯤淵에 닿았다. 그때 타고 있던 말이 갑자기 곤연가의 큰 돌을 보고 멈춰서더니 눈물을 흘리는 것이었다. 해부루왕은 이상하게 여겨 수행 병사들에게 큰 돌을 자세히 살피도록 영을 내렸다. 한 병사가 큰 돌 밑에서 아기를 안고 왔다. 해부루왕이 아기를 보고 환하게 웃었다. 개구리를 닮은 아기였으며 몸에 금빛이 찬란했다.

"하나님이 내게 내린 보배로다. 내게 후사 없음을 애석하게 여겨 보내신 게야."

해부루왕은 아이의 생김새를 본떠 이름을 금와라고 지었다. 금와가 자라 제2대 임금이 된 것이다.

금와왕은 병사들이 데려온 유화에게 궁금한 점을 물었으나 입을 꾹 다물고 벙어리 행세를 했다. 화가 치민 금와왕은 유화를 구석방에 감금시켜 버렸다.

　몇 달이 지났다. 궁궐에 이상야릇한 소문이 퍼지고 있었다. 구석방에 갇힌 처녀의 배가 볼록해지고 있다는 소문이었다. 금와왕은 소문을 듣고 믿으려 하지 않았다. 구석방에 갇힌 처녀가 아기를 잉태하다니, 그럴 만한 까닭이 전혀 없었다. 소문이 끊이지 않더니 그 처녀가 커다란 알을 낳았다는 것이었다.

　"이 무슨 해괴한 소문인고? 처녀가 아기도 아닌 커다란 알을 낳다니, 이것이 정말이더냐?"

　"예에, 그러하옵니다. 커다란 알을 방안의 햇볕이 드는 곳에 놓았더니 알에서 아기가 깨어나고 있다는 소식이옵니다."

　"뭐라? 그런 일이 있을 수 있다고 보는가? 다시 가보고 와서 상세히 고하라!"

　금와왕은 최측근 신하를 유화가 묵는 방으로 보내고 나서 자신의 석연찮은 탄생이 생각나 몹시 서글퍼졌다.

　알에서 사내아기가 태어났다는 소문이 궁궐에 좍 퍼졌다. 소문을 들은 왕비는 질투심이 끓어올라 시녀에게 당장 아기를 돼지우리에 던져 돼지 먹이로 주라고 명령했다. 왕비는 그 아기가 금와왕과의 사이에서 태어난 아기로 오해하고 있었다.

　시녀들이 유화에게서 아기를 빼앗으려고 하자 그제서야 유화가 울면서 입을 열었다.

　"아기에게 손대지 마라! 그 아기는 졸본부여의 황손이니라!"

　"이 여자가 미친 게로군, 감히 졸본부여를 입에 담다니. 네가 황상을 보았다면 나는 하나님을 보았다고 할까?"

　시녀들이 깔깔거리며 아기를 빼앗아 돼지우리에 던져버렸다. 그런데 이것이 어찌된 일인가. 암돼지가 벌러덩 옆으로 드러눕더니 아기에게 젖을 물리는 것이었다.

"에그머니나, 보통 아기가 아닌가 보네. 신기한 일도 다 있구나."

시녀들이 왕비에게 쪼르르 달려가 이 사실을 알렸다.

"마마, 암돼지가 그 아기에게 젖을 주고 있나이다."

"뭣이라고? 그놈의 돼지가 배가 불러 망령이 든 게로구나. 아기를 마구간에 버려 말발굽에 채여 죽도록 하라!"

왕비는 질투심이 부글부글 끓어올라 아기를 죽이지 않고는 견딜 수 없었다.

시녀들은 아기를 마구간에 버리고 차마 짓밟히는 꼴을 볼 수 없어 돌아서버렸다.

며칠이 지난 후 왕비는 아기가 죽었는지 살펴보고 오라는 영을 내렸다. 시녀들이 쪼르르 달려와 입을 모았다.

"마마, 말들이 아기를 밟기는커녕 혀로 아기를 목욕시키더이다."

"뭐라? 아니 되겠다. 병사들을 부르라!"

병사들이 달려왔다.

"마구간에 아기가 있다. 그 아기를 깊은 산속에 내다버려 짐승의 밥이 되도록 하라!"

병사들은 명령에 따르지 않을 수 없었다. 병사들은 맹수들이 우글거리는 깊은 산속에 아기를 버리고 돌아왔다.

며칠이 지났다. 왕비는 아기가 죽었는지 궁금하여 병사들에게 아기의 죽음을 확인하도록 영을 내렸다. 깊은 산속에 들어간 병사들은 희한한 광경에 그만 넋이 나갔다. 아기가 호랑이의 젖을 빨아먹고 있었다.

병사들이 달려와 왕비에게 알렸다.

"호랑이가 젖을 주더라고? 대체 그 아기가 어떤 아기이기에 뭇 짐승들이 보호한단 말이더냐!"

"마마, 이 사실을 임금께 고해야 할 것 같나이다. 그 아기를 몰래 죽이고 나라에 큰 재앙이라도 생기면 그 책임을 면치 못할 것이나이다."

왕비는 고민 끝에 이 사실을 금와왕에게 알렸다. 금와왕은 아기를 유화에게 돌려주었다. 이 아기가 주몽이다.

주몽이 알에서 깨어났다는 설화를 다른 쪽으로 해석하는 이들도 있다. 닷 되들이 큰 알이란 아기가 아기보를 둘러쓰고 나온 것을 큰 알이라고 표현했을 것이라는 해석이다. 옛날에는 아기가 아기보를 둘러쓰고 나오면 역적이 되거나 큰 도둑이 된다는 속설로 하여 아기의 숨통을 눌러 죽여버리는 못된 풍습이 있었다. 유화가 닷 되들이 큰 알을 낳았다는 것은 그런 연유로 하여 주몽의 탄생을 속이지 않았나 하는 해석이다. 충분히 그럴 수 있다. 아기가 아기보를 쓰고 나왔기 때문에 탄생의 비밀을 속이기 위해 알을 등장시켰을 것이라는 추측이 가능하다.

또 주몽의 탄생일인 5월 5일도 역적이나 반역자의 설과 관련이 있다. 5월 5일에 태어난 아기는 역적이 된다 하여 죽이는 풍습이 있었다. 그 풍습은 후고구려를 세운 궁예의 탄생에서도 볼 수 있다. 그도 5월 5일에 태어나 임금의 영으로 죽음을 당하게 되었는데 유모가 몰래 빼돌려 길렀다는 설이 있다.

또 하나의 주몽 탄생설은 금와가 유화를 유인하여 아기를 낳았는데 그 아기가 주몽이라는 것이다. 그렇다면 유화는 정비가 아닌 후궁인 듯하다. 이 설은 신빙성이 떨어진다.

"금와가 왕위에 오른 뒤 태백산 남쪽 우발수에 나갔다가 동생들과 함께 놀러나온 유화를 꾀어 압록강변에 있는 별장에 가두어두었다. 후에 사내아이를 낳았는데 바로 주몽이다."

《송서宋書》'고구려편'에 나오는 대목이다. 이 기록으로 보면 주몽이 첩의 자식이란 추측이 가능하다. 그러나 연대에서 워낙 차이가 나므로 뒤의 탄생설은 신빙성이 떨어진다.

위 설화에서 해부루의 해씨 성에 대해서 해석이 필요할 것 같다. 부여뿐 아니라 고구려에서도 동명왕의 성을 고씨라고 하면서, 달리 동명성왕(고주몽高朱蒙)부터 다섯 임금까지의 성을 해씨로 기록한 것을 보면, 고씨는 여섯 번째 임금 국조왕國祖王(태조왕太祖王)부터 쓴 것이다.

이것을 우리말로 보면 해씨의 근원은 우리 민족이 하나님을 믿고 태양을 숭상해온 것으로, 해를 가장 위대한 지도 정신의 표상으로 알았던 데서 생긴 것 같다. 또 해의 옛 발음이 '캐'인 것으로 보아 고구려의 고씨나 그 후손인 발해의 대씨가 모두 'ㅋ'라는 음과 공통된 계통인 것을 알 수 있다. 해와 캐의 관계는 불을 '현다', '켠다'는 데서 찾아볼 수 있다.

또한 금와라는 이름은 한자로 개구리 와蛙만 쓴 것이 아니라, 달팽이 와蝸도 쓴 것으로 보아 금빛이니 개구리같이 생겼느니 하는 것은 뒷날 한문 글자를 따라 붙여 만든 이야기이다. 실은 우리말로서 그 본 뜻을 찾아야 할 것 같다. 금의 고마 곰 · 검이 모두 같고 땅 이름에 쓰인 개마盖馬 · 고마高馬 · 금마金馬, 그리고 고구려를 일본 기록에서 부르는 고마, 즉 거룩하다는 뜻을 지닌 것이 다 같은 소식을 전하는 것이며, 그 말이 그대로 전하여 지금껏 어린 아이를 '꼬마'라고 부르는 것에 유의할 필요가 있다. 이 설화에서 금와는 곧 '꼬마'요, 본뜻은 하나님이 주신 거룩한 아기라는 뜻으로 해석해볼 수 있다. 우리말에 꼬마란 작은 것을 표현하는 말처럼 되었으나, 그것은 본 뜻이 아니고 거룩한 아기가 본 뜻으로 해석된다(이은상李殷相 씨 해석).

❀ 고구려의 건국

동부여의 금와왕 밑에서 자란 주몽이 일곱 살이 되었다. 이때부터 주몽은 활을 다루어 제법 잘 쏘았다. 사람들은 활을 잘 쏘는 명궁을 추모鄒牟라고 불렀다. 주몽이란 글자는 중국의 기록을 다시 우리 기록으로 옮겨 쓴 것으로, 광개토왕 비문에는 추모라 써 있고, 또 신라 문무왕 조서에는 중모中牟라고 써 있다. 그 본래의 발음은 주모 혹은 줌일 듯하다.《만주원류고滿洲原流考》에 활 잘 쏘는 사람을 '주림무어'라 한다는 기록이 보인다. 몽고 사람들의 이름에 '티무르(帖木兒)'라는 말을 끝에 붙이는 것을 참고하면 추모·줌·주몽 등의 옛 뜻을 짐작할 수 있을 것이다.

동부여 사람들은 7세의 주몽을 추모라고 불렀다. 추모란 부여말로 활의 명인이란 뜻으로 지금도 몽고에서는 주무라고 한다. 이 주무가 이두문으로 주몽으로 읽혀져 고주몽이 된 것이다.

19세가 된 주몽은 동부여의 갈사曷思(대소의 동생 이름이기도 함) 숲 속에 있는 넓은 왕실 목마장牧馬場의 관리 책임자가 되었다. 주몽은 이곳에서 말다루기·봉술·칼쓰기·활쏘기 등 무예를 연마했다. 그에게 목마장 책임자는 큰 행운이었다. 그는 또 목마장에서 많은 젊은이들을 사귀었다. 젊은이들은 주몽의 뛰어난 무예 솜씨에 반해 어느 새 그를 존경하게 되었다. 특히 부분노扶芬奴·부위압扶尉壓·오이烏伊·마리摩離·협보陝父·극재사克在思 등이 주몽을 따르는 심복이었다.

동부여에서는 해마다 추수가 끝난 10월에 하늘에 제사지내고 어전에서 활쏘기·말타기·수렵대회를 열었다. 이 대회에서 1등한 자를 주무로 높여주고 푸짐한 상이 주어졌다. 고주몽이 10세 때부터 이 대회에 나가 단 한번도 우승을 놓친 적이 없었다. 그리하여 금와왕의 일곱 왕자 가운데 태자 대소帶素의 미움을 샀다. 조정의 여론도 대소를 감싸고 돌았다. 유화 부인 밑에서 아버지 없이 자란 주몽을 달가워할 리 없었다. 그런데 주몽이 무예에 뛰어나 조정 대신들이 은근히 겁을 먹고 있었다.

주몽이 19세 되던 해에는 갈사의 왕실 목마장에서 큰 행사가 열렸다. 금와왕이 갈사에 나와 지켜보는 가운데 동부여 전국에서 모여든 영웅 호걸들이 무예로 자웅을 겨루었다. 주몽의 무예 솜씨는 이미 동부여 전국에 널리 알려져 있었다. 이번 대회에서는 주몽 외에 새로운 영웅이 태어날지 백성들의 관심이 집중되어 있었다. 해마다 우승을 주몽이 독차지하여 무예대회의 열기가 다소 식어 있었던 것이다.

참가한 젊은이들은 금와왕이 내려주는 화살·창·칼을 받아들고 사선·경마장·사냥터를 차례로 돌며 기량을 겨뤘다. 활쏘기에서는 숱한

경쟁자를 물리치고 주몽이 우승했다. 화살 스무 개를 모두 과녁 한가운데에 명중시켰다. 놀라운 신궁이었다.

경마장의 말타기 대회도 주몽이 우승을 차지했다. 작년보다 기량이 향상되어 관람객을 사로잡았다. 장애물 경주, 기수가 말등에서 부리는 재주가 단연 돋보였다. 말과 기수가 한몸이 되어 멋진 기예를 선보였다. 한 가지씩 묘기가 연출될 때마다 박수의 홍수였다.

"주몽은 장차 조선족을 이끌어갈 훌륭한 재목이다. 태자와 친하게 지내야 할 터인데, 그러지 못하는 것 같다."

금와왕은 태자 대소의 장래가 은근히 걱정되었다. 주몽의 활기찬 기상과 아무나 흉내낼 수 없는 용맹과 무예 솜씨는 천하를 호령하고도 남을 만하고 게다가 위엄마저 갖추고 있어 장차 동부여의 앞날이 걱정되었다.

사냥대회에서도 주몽은 괄목할 만한 수확물을 가져왔다. 다른 젊은이들은 기껏 사슴·노루·멧돼지 등을 잡아왔으나 주몽은 호랑이 한 마리와 곰 한 마리를 잡아 양어깨에 메고 나타났다. 주몽을 따르는 젊은이들이 그를 에워싸고 만세를 외쳤다.

"고주몽 만세!"

"동부여의 젊은 영웅 주몽 만세!"

이 광경을 지켜보는 대소의 마음이 질투로 옥죄었다. 대소의 눈에서 불꽃이 튀었다. 대소는 측근들을 불러 대책을 숙의했다.

"주몽의 인기가 하늘을 찌르오. 어찌하면 좋겠소?"

"태자마마, 이대로는 아니 되옵니다. 장차 화를 당할지도 모르옵니다."

"그러하옵니다. 백성들이 그를 따르기 전에 제거해야 하옵니다."

"옳은 말이오. 늦기 전에 손을 씁시다."

바로 주몽 제거 작전에 들어갔다.

주몽의 승승장구를 누구보다도 걱정하는 이는 어머니 유화 부인과 아내 예禮씨였다. 유화 부인과 예씨는 벌써부터 대소 태자의 시샘을 알고 있었다. 게다가 왕비의 의심은 아직도 주몽을 금와왕의 아들로 보고 있었다.

왕비는 기회만 나면 주몽을 모함하여 금와왕이 일부러 주몽을 목마장으로 보낸 것이다. 대궐에 있으면 주몽이 무슨 일을 당할지 금와왕으로서도 알 수 없었다. 주몽이 대궐을 떠난 후 왕비의 모함은 누그러졌으나 불씨는 살아 있었다.

이러한 상황에서 이번 주몽의 우승은 대소와 왕비의 가슴에 비수를 꽂은 것과 같았다. 왕비도 주몽 제거작전에 한몫 거들었다.

유화 부인은 측근 시녀를 통해 태자와 왕비의 음모를 알고 대책을 강구했다.

"얘야, 네 남편 먼저 동부여에서 빼돌릴 궁리를 해야겠구나. 가족이 죄다 움직이다가는 몰살당하지 않겠느냐? 네 의견을 듣고 싶구나."

"어머님 말씀이 백 번 옳아요. 그이가 동부여를 떠나 정착하면 어머님과 저를 데리러 올 거예요."

"그럴 테지. 허나 지금 네 몸에는 아범의 씨가 자라고 있지를 않느냐."

"상관 없어요. 위급한 상황이니 그이 먼저 떠나보내야 해요."

"네 용기가 가상하구나. 그리 하자꾸나."

유화 부인은 며느리 예씨의 손을 잡고 다짐을 두었다.

"앞으로 우리에게 모진 시련이 닥쳐올 것이야. 참고 또 참아 고비를 넘기자꾸나."

"예에, 어머님."

주몽의 목을 조여오는 죽음의 그림자가 촌각을 다투며 다가오고 있었다. 곧 목마장으로 쳐들어간다는 소문이 있는가 하면 이미 자객을 보냈다는 설도 있었다. 그런가 하면 주몽에게 죄를 만들어 뒤집어 씌워 공개리에 처형할 각본을 짜고 있다는 소문도 나돌았다.

유화 부인은 더는 지체할 수 없어 밤중에 몰래 주몽을 불러들였다.

"네 신변에 위험이 닥치고 있다는 것을 너는 알고 있느냐?"

"눈치는 채고 있사오나 크게 염려해보지는 않았나이다."

"당장 동부여를 떠나거라!"

"예에? 어머님, 무슨 말씀이나이까?"

"너는 졸본부여의 임금이신 고두막루의 아들이니라. 당장 아버지 나라로 떠나거라."

"제가 졸본부여의 왕자라구요?"

"그렇다. 너는 졸본 땅으로 가서 네 아비의 대통을 이어야 할 것이야."

"어찌 이럴 수가…"

주몽은 자기의 탄생 비밀을 알고 망연자실해 있었다. 유화 부인은 항아리에 넣어 담장 밑에 묻어둔 천황검을 꺼내어 주몽에게 주었다.

"이 천황검이 네가 고두막루의 아들이라는 것을 증명해줄 것이니라. 이 칼은 네 아버지가 장차 너를 위해 내게 주고간 것이란다."

주몽은 그제서야 자기가 졸본부여의 왕자라는 것을 확신하고 천황검을 졸본 쪽으로 놓고 큰절을 올렸다. 주몽은 감격에 겨워 눈물을 흘렸다.

"어머니, 함께 떠나요."

"아니 될 말, 너를 노리는 야수의 눈이 지금 문밖에 있는지도 모를 상황이다. 네 한몸도 빠져나가기 힘든 상황에 식구를 대동하겠다구? 나와 네 처는 염려 마라. 너만 떠나면 우리 세 목숨은 어떻게든 지켜낼 것이야. 네가 살아 있는 한 대소 태자가 우리를 절대로 죽이지 못할 것이다."

"어머님, 세 식구라니요?"

"미처 말씀드리지 못했어요. 제가 홀몸이 아니랍니다."

"아니, 그 일을 왜 이제야 알리는 게요."

"지금 아기의 잉태가 문제이옵니까? 어서 떠나셔요. 어머님 말씀대로 당신이 살아계시는 한 동부여에서 우리를 절대로 죽이지 못합니다."

주몽은 급박한 상황임을 깨닫고 서둘렀다. 이 밤을 도와 대궐에서 멀리 벗어나야 했다. 주몽은 어머니와 아내에게 하직인사를 했다.

"자리 잡히는 대로 곧 모시러 올 겝니다."

"그날이 곧 올 것이니라. 지금 졸본부여의 왕이 민심을 잃고 있다는 소문이니라. 네가 나타나면 조정 신료들이 쌍수로 환영할 것이야."

"걱정 말고 어서 떠나셔요. 촌각을 다투는 일이나이다."

예씨가 재촉했다. 주몽은 예씨를 쳐다보다가 불현듯 생각이 난 듯이 허리에 차고 있는 짧은 사냥칼을 문지방에 내리꽂아 칼을 부러뜨렸다.

"부인, 내 말을 잘 들으시오. 내가 혹여 사정이 여의치 못하여 일찍 올 수 없고 당신이 사내아이를 낳으면 이름을 유리瑠璃라 짓고 이 반쪽 칼을 주어 나를 찾아오도록 하오. 이 칼을 맞춰보아 부자 사이를 확인하겠소."

"알겠어요."

주몽은 천황검과 동강난 반쪽 칼을 품에 감추고 방을 나가 어둠 속으로 사라졌다. 그 길로 심복인 오이·마리·협보를 데리고 동부여를 떠났다. 네 사람은 밤길을 혼신의 힘을 다하여 말을 달렸다.

한편, 대소 태자는 밤중에 주몽과 그를 따르는 세 사람이 궁궐을 빠져 달아났다는 보고를 받고 급히 추격대를 모아 직접 지휘하여 주몽의 뒤를 쫓았다.

"주몽을 놓쳐서는 아니 된다. 그놈이 살아 돌아가 힘을 기른다면 동부여가 위태로워진다. 이번에는 기필코 없애야 한다!"

대소는 추격대를 재촉했다. 쫓고 쫓기는 말달리기가 새벽까지 동부여의 땅을 누볐다. 주몽 일행은 날이 밝아올 무렵, 엄사수淹㴲水에 닿았다. 그런데 사공이 이른 시각이어서 나오지 않고 배는 강건너 언덕에 매어 있었다. 추격의 말발굽 소리가 금세 달려올 것만 같았다.

"이 일을 어쩐담? 제가 헤엄쳐가 배를 저어올까요?"

오이가 답답한 나머지 말했다.

"그럴 시간이 없소. 추격대가 금방 나타날 게요."

"어찌해야 좋소. 이대로 말을 몰아 강에 뛰어듭시다."

협보가 말했다. 주몽은 도리질을 하고 말에서 내려 강을 향해 꿇어앉았다.

"수신水神이시여! 이 몸은 천제의 아들이나이다. 위기에 처한 이 몸을 보고만 있을 것이오이까? 도와주소서."

주몽이 절규하자 이변이 일어났다. 수백만 마리의 자라가 물속에서 떠올라 다리를 만들어주었다. 주몽 일행은 말을 탄 채 자라의 등을 밟고 엄사수를 건넜다. 주몽 일행이 강을 건너 막 강언덕으로 올라설 때 추격대가 강가에 도착했다. 자라떼는 이미 물속으로 들어간 뒤였다. 닭 쫓던 개 지붕 쳐다보는 격으로 맞은편 강언덕을 바라보던 대소가 중얼거렸다.

"배도 없이 강을 어찌 건넌다? 주몽은 예사 인물이 아니야. 필시 수신이 도왔을 것이야. 이 시각부터 동부여의 운명이 위태로워졌다."

대소의 추격대는 풀이 죽어 돌아갔다. 후에 대소의 동부여는 대소가 염려한 대로 주몽의 고구려에 망하고 만다.

주몽 일행은 졸본 땅을 향해 달렸다. 곧장 졸본부여의 서울 아사달로 달려가 천황검을 보이고 고두막루의 태자 고무서와 결판을 내어도 되었지만 흘승홀訖升忽로 말머리를 돌렸다. 북만주 비류수 주변의 흘승홀 일대는 졸본부여족이 넓은 영역을 차지하고 있었다. 주몽은 흘승홀에서 고무서에게 소외당한 원로 대신들을 만났다.

원로대신들은 주몽이 보여주는 천황검을 보고 고두막루의 아들임을 확인하고 주몽을 임금으로 추대하기로 합의했다. 이 소문이 졸본부여족 사이에 퍼지고 아사달까지 번져갔다. 주몽을 따르려는 신료들과 백성들이 흘승홀로 모여들었다.

기원전 58년 5월, 주몽은 하늘에 제사지내고 고구려高句麗의 건국을 만천하에 선포했다. 주몽은 고구려의 연호를 다물多勿이라 했다. 다물이란 옛 영토를 회복한다는 뜻이다.

그러나 고구려 건국과 주몽에 대해 이설을 주장하는 이도 있다. 먼저 고구려 건국연대에 문제가 있다는 것이다. 주몽의 탄생연대도 기원전 199년과 기원전 79년으로 되어 있다. 그런데 생일은 두 설 모두 5월 5일이다. 주몽의 탄생에서부터 고구려 건국과 연대의 오차가 생긴다.

고구려는 원래 고려高麗 또는 구려句驪로서 진秦나라의 제후국이었다. 그후 고려는 한韓나라 때 고리국高離國 또는 고리국橐離國이라 했다. 부여 때 있었던 거수국이 바로 고리국이다. 고구려는 부여에서 태어났다. 부여가 선조인 셈이다.

주몽의 어머니는 하백의 딸 유화이다. 하백은 중국의 황제, 요·순·하·은(상)·주나라로 이어지는 동안 우리 나라의 한桓(한웅시대)·한韓(삼한三韓이라고도 함)의 벼슬 집안이었다. 구체적으로 풍백風伯의 후손이었다. 풍백은 입법을 담당하는 장으로서 석제라釋提羅가 하백의 선조이다.

그러므로 주몽의 어머니는 법률가 집안의 후손이다. 고구려는 숱한 시련을 겪은 후 남으로 도망쳐 내려와 나라를 세웠다. 따라서 건국도 빠른 편이다. 한의 후예인 고리국의 등극이 최초의 고구려 선조격이다. 이러한 맥락에서 고구려 건국은 기원전 231년으로 보는 것이 타당하다는 설이 있다. 《삼국사기》에도 고구려 역사가 약 900년으로 기록되어 있는데, 《삼국사기》 연대표는 705년으로 되어 있다. 재고할 만한 이유가 충분하다.

주몽의 탄생은 세 가지로 압축된다. 첫째 하백의 딸 유화가 낳았다는 설, 둘째 금와가 낳았다는 설, 셋째 고리국의 시녀가 낳았다는 설이다. 여기에 한 가지를 덧붙이면 유화가 주몽을 낳은 것이 아니라 유화와 주몽 사이에 두 아들을 얻었다는 설이다. 여기에서 뚜렷한 것은 유화가 아들을 낳았다는 설이다. 이런 상황에서 혈통관계가 중요한 열쇠이다. 그러나 혈통 또한 여러 갈래여서 딱 하나를 확정지을 수 없다. 다만 확실한 것은 주몽이 유화의 몸에서 태어났다는 설이다. 상고사의 비밀은 비밀로 남아 있는 그 자체가 역사이다.

어쨌든 주몽의 나이 40세 되던 9월, 어느 날 하나님이 졸본땅 언덕 위로 황룡을 내려보내어 주몽을 태워 하늘로 올라가버렸다. 용을 타고 하늘로 올라가는 주몽이 그를 전송하는 왕후·태자·신하·백성들을 내려다보며 말했다.

"태자 유리야! 나는 하나님의 명을 받아 너희들을 떠나간다. 내가 간 뒤에 너는 임금의 자리에 올라 덕으로써 나라를 다스릴 것을 잊지 말지어다."

그리고 옥으로 만든 채찍 하나와 구슬로 만든 신 한 켤레를 떨어뜨려 주었다. 유리왕과 백성들은 그 물건을 거두어 용산龍山에 장사지내고 시호를 동명성왕東明聖王(새밝 임금)이라 불렀다. 고구려는 주몽이 세웠지만 주몽 자체가 수수께끼 인물로 남아 신화가 되었다.

❀ 협보의 다짜라국

고구려를 세운 주몽은 영토확장에 나섰다. 북부여를 무너뜨리고 졸본 근처의 작은 거수국을 합쳐 그 세력을 힘차게 뻗어나갔다. 비류수沸流水 건너편에 자리한 비류국의 송양왕松讓王을 비롯하여 우태왕優台王 등을 여지없이 무찔러버렸다.

우태왕에게는 어여쁜 왕비 소서노召西奴가 있었다. 소서노는 아들 비류를 낳고 우태왕과 행복한 나날을 보내다가 홀승홀에 나타난 주몽에게 남편을 잃고 하루아침에 비극의 주인공이 되어버렸다. 주몽은 소서노를 아내로 맞아들였다.

주몽에게는 동부여에 어머니 유화 부인과 정실 부인 예씨가 있었다. 게다가 그의 소생 유리가 태어나 무럭무럭 자라고 있었다. 주몽은 오로지 강국 건설의 꿈에 부풀어 소서노를 정략적으로 취했다. 거수국들의 민심을 다독거리기 위해서였다.

북부여의 고무서(주몽의 이복 형)가 세상을 떠났다. 주몽은 가차없이 북부여의 수도 백악산 아사달을 쳤다. 아무도 그의 앞을 막을 세력이 없었다. 주몽은 북부여를 멸망시키고 명실공히 고구려국을 세운 것이다. 나라를 함께 일으킨 신진세력을 중심으로 고구려 통치의 각본이 짜여졌다. 오이·마리·협보 등 동부여를 함께 탈출한 최측근과 뒤에 합류한 부분노 · 부위암 · 극재사 등이 주몽의 든든한 우익이었다.

그런데 논공행상 과정에서 동부여 탈출의 일등공신인 협보가 홀대를 받아 서운한 감정을 품게 되었다. 마리 · 오이 등은 정승 반열에 올랐으나 협보는 지방장관으로 밀려났다. 주몽은 협보를 믿고 그 지방이 전략상 중요한 곳이어서 맡긴 것인데 협보는 주몽의 마음을 이해하지 못했던 것이다. 주몽은 협보의 마음을 읽지 못했다.

그 무렵, 주몽은 서울을 백악산 아사달에서 눌현訥見으로 옮길 구상에 빠졌다. 거기에 신궁神宮을 짓고 새로운 정치를 펼 욕망에 부풀어 있었다. 그러는 사이에 협보가 주몽에게 등을 돌리고 도망쳐버렸다. 주몽은 보고를 받고 개국 1등 공신인 협보를 추격하지 않았다. 뒤늦게 협보가 섭섭했겠다는 생각이 들고, 또 신궁을 짓는 일과 새로운 정치에 빠져 있어서였다.

주몽은 본래 삼신만을 모시던 소도蘇塗(삼한 때 하늘에 제사지내던 성지)에 치우천황蚩尤天皇(환웅시대의 제14대 왕으로 중국에서도 군신軍神으로 추앙받음)을 군신으로 모셔 함께 제사지내었다.

기원전 36년 3월 15일, 주몽은 서울을 눌현으로 옮겼다.

한편 소서노의 마음은 착잡하기만 했다. 아들 비류와 주몽과의 사이에 태어난 온조의 장래가 염려되어서였다. 주몽의 본처 예씨와 아들 유리가 동부여에서 온다는 소문이 궁중에 쫙 퍼졌다.

소서노는 눌현 신궁으로 옮긴 후 소도 제사와 각종 행사에 흥미가 없었다. 전남편을 죽인 원수와의 결혼을 잊을 만한 터에 주몽의 본처가 온다는 소문은 소서노에게 피가 마르는 사건이었다.

동부여에서 자란 유리는 22세의 당당한 청년으로 성장해 있었다. 그가 신궁으로 오기만 하면 바로 패자가 될 것이며, 왕비 자리도 바뀌게 될 것은 뻔한 이치였다. 소서노는 하루하루가 악몽을 꾸는 것 같았다.

어머니의 심정을 헤아리지 못하는 온조는 소도 제전에 나아가 각종 무술대회에서 좋은 성적을 올리고 어머니를 기쁘게 해드리려고 한달음에 달려왔다.

"어머니, 소자가 또 우승했나이다."

"오오, 내 아들 장하구나."

소서노는 온조에게 웃음을 보였으나 속으로 울고 있었다. 어떻게든 결단을 내려야 할 때가 온 것이다.

그날 밤, 소서노는 비류와 온조를 불렀다.

"얘들아, 지금부터 이 에미가 하는 말을 잘 들어라. 너희들도 이미 소문을 들었을 게다. 동부여에서 유리와 그의 어머니 예씨가 온다는구나."

"알고 있나이다."

비류가 비장한 목소리로 대답했다.

"이제는 우리가 알아서 결정할 문제가 아니겠느냐?"

나이 어린 온조는 어머니와 형의 대화를 이해하지 못하고 어리둥절해 있었다.

"어머니, 소자는 벌써부터 계획이 있었나이다. 하오나 차마 입 밖에 낼 수가 없어 기회만을 기다리고 있었나이다."

비류가 단호한 의지를 보였다.

"형, 무슨 일이야?"

"너는 소문을 듣지 못한 모양이구나. 곧 신궁에 태자가 온다는구나."

"동부여에 있다는 그 형이 온다구?"

"응, 그렇단다."

온조의 얼굴이 어두워졌다. 아버지 주몽은 기회 있을 때마다 온조의 머리를 쓰다듬어주며 앞으로 '네가 내 뒤를 이을 게야' 하고 기뻐했었다. 그런데 태자가 온다니, 온조는 혼란스러웠다.

소서노가 비류에게 물었다. 비류의 결심에 따르려고 이미 마음의 준비가 되어 있었다.

"네 계획을 듣고 싶구나."

"우리 세 모자, 살 길을 찾아 고구려를 떠나야 하옵니다."

"나도 그럴 생각이었다."

"어머님의 결심이 그러시다면 서둘러야겠나이다."

"온조는 이곳에 두고 가도 괜찮지 않겠느냐?"

"아니 되옵니다. 이곳에 있어 봤자 눈치꾸러기밖에 더 되겠나이까."

"그건 그렇구나. 우리 함께 가자!"

며칠 뒤였다. 신궁에 젊은 청년이 나타나 주몽에게 알현을 청했다. 청년은 시중의 안내를 받아 주몽 앞에 나타났다.

"나를 보자는 까닭이 무엇인고?"

"폐하, 이것을 보시오소서."

청년은 반 토막의 칼을 품에서 꺼내어놓았다. 동강난 칼을 본 주몽이 용상에서 벌떡 일어났다.

"여봐라, 내가 간수해둔 칼을 가져오너라!"

시종이 동강난 칼을 가져왔다. 주몽은 청년이 가져온 칼과 보관해둔 칼을 맞춰보고 나서 외쳤다.

"네가 정녕 내 아들 유리란 말이더냐?"

"그러하나이다, 아바마마."

"오, 유리야. 반듯하게 잘도 컸구나. 어머니와 할머니는 어쩌고 너 혼자 왔느냐?"

"곧 뒤따라오실 것이나이다."

주몽은 이튿날 유리를 태자로 봉하고 이 사실을 만천하에 알렸다.

소서노의 마음은 초조하고 불안했다. 한시도 마음을 놓을 수 없는 처지였다. 유리가 나타난 이후 주몽은 온통 그에게 쏠렸다. 주몽이 비류와 온조를 불러 태자에게 잘 부탁해놓았으나 정치 상황이란 예측 불허여서 소서노는 전전긍긍이었다.

어느 날 밤, 소서노는 비류와 온조를 데리고 주몽을 만났다.

"이 밤중에 무슨 일이오?"

"폐하, 저희 모자를 떠나도록 허락해주소서. 장차 두 아이로 하여 조정에 분란이 일거나 태자의 맘을 상하는 일이라도 있다면 그 뒷감당이 무섭사옵니다. 부디 헤아리시어 우리를 놓아주소서."

주몽은 눈물이 흥건히 고인 소서노의 눈을 지그시 쳐다보았다. 20여년 간 말없이 따라준 아내였다. 주몽은 만감이 교차했다. 그러나 상황은 소서노에게 불리했다.

"어디로 가려오?"

"우선 비류땅으로 가려 하옵니다."

"정히 그렇다면 말리지 않겠소."

"폐하, 고맙나이다."

"온조야, 너는 태자에게 무슨 일이 있으면 곧 돌아와야 하느니라!"

"네에, 아바마마."

"비류야, 네게 비류땅을 다스릴 권한을 줄 것이니 훌륭한 임금이 되어라!"

"예에, 폐하."

소서노는 비류·온조와 함께 신궁을 떠나며 주몽에 대한 배신감과 허탈감, 미운 정, 고운 정의 한을 안고 눈물을 뿌렸다.

한편, 주몽에게 등을 돌리고 떠난 협보는 가족들과 그를 따르는 수하들을 거느리고 백두산을 넘어 남으로 말을 달렸다. 주몽의 힘이 미치지 못하는 곳에서 사나이의 웅지를 펴보려는 꿈을 가졌다. 그가 남하하여 닿은 곳은 맥국貊國의 수도 지금의 춘천春川이었다.

협보는 이곳을 터전으로 삼아 나라를 세우려고 했다. 그런데 강을 끼고 있었지만, 땅이 좁고 기름지지 않아 앞으로의 번영을 기약할 수 없었다. 협보는 다른 땅을 찾아 옮기려고 마음먹었다. 그 무렵, 협보는 강을 따라 무역을 하는 장혁이라는 사람을 만났다.

장혁은 한반도의 지리와 바다 건너 삼도까지 훤히 꿰뚫고 있었다.

"장군, 큰 뜻이 있으시다면 바다 건너 삼도로 가시어 웅지를 펴보심이 어떨는지요?"

"거기가 어디요?"

"내가 마침 구야국을 거쳐 삼도로 들어가려던 참이었소. 삼도는 땅이 넓고 기름지고 사람이 적고 무인도도 많소이다. 또한 꽤 많은 조선족들이 들어가 작은 나라를 세워 살고 있소이다."

협보는 솔깃해졌다. 우선 바다를 건너면 주몽과 멀리 떨어져서 좋고 땅이 기름지고 조선족들이 산다면 장래를 보장받을 수 있을 것 같았다.

"가겠소. 길 안내를 부탁하오."

"나야 어차피 가는 길이니 어렵지 않소이다."

협보는 배를 만들고 항해할 동안의 식량을 마련했다. 준비를 마친 후 협보는 장혁을 따라 삼도로의 대장정의 길에 올랐다. 그들은 구야국(김해)을 거쳐 바다로 나온 후 풍랑을 만나 모진 고생 끝에 삼도의 웅본熊本 (일본 구마모토) 지방에 닿았다. 그곳에는 변한·진한 지역에서 흘러온 조선 백성들이 많이 살고 있었다.

협보는 고구려를 세울 때의 경험을 십분 활용하여 자연스럽게 조선 백성들을 통합했다. 협보의 강력한 지도력에 구심점을 잃고 방황하던 조선 백성들이 협보와 더불어 나라 건설의 꿈에 부풀기 시작했다.

기원전 19년, 협보는 웅본에 다파라국多婆羅國을 세우고 그 시조가 되었다. 다파라국은 후에 10여 개의 작은 나라들의 연합국이 되었다. 그 가운데 3개 나라는 일본 본토에서 떨어져 있었고, 7개 나라는 일본 본토에 있는 조선계 나라였다.

협보는 다파라국을 세운 후 고구려와의 유대관계를 모색했다. 나라를 다스리려면 신무기가 필요했고, 신무기를 들여오려면 고구려의 도움이 절실했다. 협보는 고구려에 사신을 파견하여 주몽에게 용서를 구하고 앞으로 거수국으로서 조공을 바치겠노라며 스스로 신하임을 강조했다. 주몽도 협보에게 홀대한 것을 뉘우치고 있던 참이었다.

주몽은 협보를 용서하고 다파라국을 거수국으로 삼았다. 그리하여 협보는 일본땅에 나라다운 나라를 세운 최초의 조선인이 되었다. 그는 원주

민들을 엄하게 다스렸으며, 많은 원주민들을 고구려에 노예로 수출까지
했다. 이러한 탄압정치는 원주민들이 반란을 일으키는 원인이 되었다.

❀ 비운의 해명태자

역사에는 가정이란 없다. 그럼에도 가정해본다면 만약 해명태자解明太
子가 자결하지 않았다면 유리왕의 뒤를 이어 보위를 물려받았을 것이고,
그의 재위기간 치적이 적지 않았을 것이라는 추정을 해본다. 해명은 기
운이 장사이고 기상이 빼어난 인물이었으나 나약한 면도 있었다. 이 나
약함이 그를 자살로 생을 마감토록 했다.

고구려 제2대 유리왕은 어느 해 봄, 하늘에 제사지내기 위해 기르던
돼지가 우리를 뛰쳐나가 달아나버려 마음 고생이 컸다. 제물이 사라졌으
니 그보다 큰 낭패는 없었다. 유리왕은 신하 설지에게 돼지를 찾아오라
는 영을 내렸다. 설지는 원래 제물 담당 벼슬아치였다. 설지는 달아난 돼
지를 위나암慰那巖까지 가서 찾아왔다. 위나암은 수도에서 그리 멀지 않
은 곳이었다.

설지는 돼지가 도망친 위나암의 풍광을 입에 침이 마르도록 자랑했다.
"폐하, 위나암은 풍광이 빼어날 뿐만이 아니오라 땅이 기름져 오곡이
풍성하다 하옵니다. 또한 사슴·물고기들이 떼 지어 노니는 낙원이나이
다."

"오, 그런 땅이 있었다니 짐이 미처 몰랐도다."

유리왕은 위나암에 성을 쌓고 성 안에 궁궐을 지어 수도를 졸본땅 환
도성丸都城에서 위나암성으로 옮겼다. 유리왕 22년, 기원전 3년의 일이
었다. 유리왕이 수도를 옮긴 데에는 위나암성의 풍광과 기름진 땅에 원
인이 있었으나 그보다는 동부여의 침략 압력이 있어서였다. 동부여의 대
소왕은 주몽을 쫓다가 놓친 후로 고구려를 쳐서 복수할 야심을 버리지

않았다. 유리왕은 적을 막는 데 환도성보다 위나암성이 지리적으로 유리할 것 같아 수도를 옮긴 것이다.

그런데 태자 해명은 새 수도로 따라오지 않고 환도성에 그냥 남아 있었다. 환도성도 나무랄 데 없는 성이어서 비워두기가 아까웠고, 해명의 입장으로서는 어머니 치희稚姬왕후와 계모 화희禾姬왕후의 암투가 싫었던 것이다. 유리왕은 정비인 송비가 죽자 골천鶻川 사람 화희와 한인漢人 치희를 계비로 삼아 화근을 키운 셈이 되었다.

화희는 두 아들 도체都切와 무휼無恤을 두고 치희는 해명을 두었다. 서열상 도체가 태자였으나 도체가 일찍 죽어 해명이 태자가 된 것이다. 무휼의 어머니 화희가 보고만 있을 리 없었다. 이런 사정을 잘 아는 해명은 두 왕비도 부왕도 싫어 환도성에 머물러 있었다.

도읍을 옮긴 지도 어느덧 5년이 되었다. 그러나 해명은 끝내 새 서울로 가지 않고 환도성에 머물렀다. 왠지 아버지와 뜻이 맞지 않았다. 그는 기골이 장대하고 인물이 뛰어나고 기운이 장사여서 이웃나라에까지 소문이 나 있었다.

유리왕의 계비 화희는 해명이 눈엣가시였다. 자기가 낳은 왕자 무휼이 무럭무럭 자라나는데, 해명이 버티고 있어 무휼이 설 자리가 없었다. 화희는 유리왕에게 해명을 모함했다.

"마마, 해명태자가 새 서울로 오지 않는 것은 마음속에 딴 뜻이 있는 듯하나이다."

"딴 뜻이라니? 그 무슨 말인가?"

"환도성에서 무예를 익히며 심복들을 모으고 있다는 소문이나이다."

"부질없는 소리로다. 해명은 용맹스러우나 마음이 고운 아이요. 다시는 그런 말 마오."

"아니옵니다. 신첩이 들은 바로는 태자가 야심을 품고 있는 것이 틀림없사옵니다."

유리왕은 화희의 거듭된 의문의 말에 마음이 흔들렸다.

'태자의 주변 인물들이 태자를 부추겨 반란을?'

유리왕은 아니라고 도리질을 했다. 그러나 화희의 입을 막으려고 여운을 남기는 말을 했다.

"내가 알아보겠소. 기다리시오."

한편, 이웃 황룡국黃龍國에서는 해명태자의 소문을 듣고 한번 시험해 보기로 했다. 사신에게 강궁强弓을 주어 해명태자가 활을 어떻게 다루는지 보고자 했다. 황룡국 사신이 가지고 온 활은 아무리 기운 센 장사가 시위를 당겨도 당겨지지 않았다. 해명은 사신이 선물로 준 활을 보고 피식 웃었다.

'황룡국에서 내 힘을 시험해보겠다 이 말이렷다? 본때를 보여주마.'

태자는 활을 손에 쥐고 감사의 뜻을 전했다. 사신은 태자의 눈치를 살폈다.

"내가 이 활을 한번 당겨보겠소."

"그리하소서, 태자마마."

사신은 이제 곧 태자가 망신을 당할 것이라며 기쁨을 속으로 감추었다.

태자가 힘을 모아 활을 당겼다. 좀체 당겨지지 않을 것 같은 활이 서서히 당겨지다가 어느 순간 '팽' 소리와 함께 활이 두 동강 나고 말았다. 사신의 두 눈이 휘둥그레지더니 얼굴이 잿빛으로 변했다.

"황룡국에서는 이따위 활을 강궁으로 치는 게옷? 활이 너무 무르도다!"

태자는 사신을 본 체 만 체 하고 안으로 들어가버렸다. 무례하기 짝이 없는 행동이었다.

황룡국에서 태자의 무례를 걸고 넘어졌다. 정식으로 사과하라고 유리왕에게 사신을 보내었다. 유리왕은 나라 망신을 시킨 태자에게 화가 나있었다. 화희가 유리왕의 화에 불을 당겼다.

"마마, 나라 망신을 시킨 태자를 보고만 있을 것이오이까? 이번 기회에 태자의 오만불손한 태도를 응징하소서."

유리왕은 말이 없었다. 그러나 태자의 행동에 의심이 갔다. 명령을 내려 태자를 소환했다. 태자는 오지 않고 임금의 명을 전하러 간 신하만이 돌아왔다.

"태자는 어이하여 오지 않는고?"

"사냥을 나가고 궁에 없었나이다."

실은 태자가 거짓 고하라고 신하를 매수한 것이다.

"사냥을 나갔으면 사냥터에 가서 데리고 올 것이지 혼자 왔단 말이냐!"

"태자마마께오서는 언제 환궁하실지 모른다고 하였나이다."

"이런 괘씸한지고!"

유리왕의 화가 끓어올랐다. 태자가 하는 짓마다 마음에 거슬렸다. 부쩍 의심이 들었다. 화희의 말대로 반역을 도모할지도 모른다는 두려움이 언뜻 들었다.

'이놈을 그냥 두고는 한시라도 마음이 편할 수 없겠구나. 옳지 좋은 방법이 있도다.'

유리왕은 황룡국 사신을 가까이 불러 귀엣말로 속삭였다.

"해명태자는 귀국에 무례를 저지른 데다가 내게도 불효막심한 자요. 서울을 옮긴 지가 5년이 되었는데도 이리저리 핑계를 대고 내 명령에 따르지 않고 환도성에 머물러 있소. 태자를 귀국에서 초청하여 감쪽같이 없애주오."

사신은 몸을 떨었다. 아비가 아들을 죽여달라니 세상에 이런 천륜도 있다는 말인가. 그러나 사신은 의외로 큰 수확을 올리고 황룡국으로 돌아가 임금에게 알렸다. 황룡국 임금은 즉시 태자를 초청했다.

'황룡국에 호랑이가 출범하여 민심이 동요하고 있소. 부디 태자께서 오셔서 호랑이를 잡아 놀란 민심을 달래주면 고맙겠소.'

황룡국의 초청을 받은 태자는 심복들을 거느리고 황룡국으로 갔다. 황룡국 임금을 비롯한 신료들이 태자의 늠름하고 활기찬 기상을 보고 절로 찬사를 터트렸다.

'과연 소문대로다! 과시 천하를 호령하고 고구려의 강토를 끝없이 넓

힐 태자로다!'

황룡국 왕은 태자를 죽일 마음이 추호도 없었다. 오히려 자기의 딸을 주어 태자와의 유대관계를 튼튼히 해놓는 것이 나라의 이익이요, 백성의 안위를 돕는 길로 여겨졌다.

황룡국에서는 태자를 극진히 대접했다.

"대왕마마, 호랑이가 어디에 출몰했나이까?"

"실은 태자를 내 사위로 맞고 싶어 호랑이 사냥을 빙자하여 초청한 것이외다. 무례했다면 용서하오."

황룡국 왕이 둘러대었다. 태자는 의심이 들어 바짝 긴장했다. 필시 함정이 도사리고 있는 것 같았다. 언뜻 살기마저 느껴졌다. 눈치를 채고 황룡국 왕이 가까이 불렀다.

"태자는 안심하오."

"무슨 말씀이요?"

"나는 살인 청부를 받았소. 태자를 죽이라는 그대 아버지의 청이 있었소. 허나 나는 태자를 오히려 사위로 삼고 싶소이다."

태자는 고개를 떨어뜨렸다.

"대왕마마, 차라리 이 몸을 죽여주오."

"나는 그대를 죽일 마음이 추호도 없소."

"아비에게 버림받은 몸이 어디에 머리를 두르고 이 세상을 살아간단 말이오? 죽고 싶소이다."

"진정하시오. 며칠 쉬고 고구려로 돌아가 아버지의 노여움을 풀어드리고 앞날을 기약하시오."

해명태자는 그 길로 환도성으로 돌아와 성문을 굳게 닫은 채 생병을 앓았다. 아무리 생각해보아도 아버지가 자기를 죽여야 할 만큼 지은 죄가 없었다. 태자는 며칠을 생각한 끝에 아버지의 마음이 무휼에게 있다는 것을 깨달았다.

'일이 그렇게 돌아가는구나. 내 운명은 내가 결정해야 할 때가 왔도다.'

해명은 만사가 싫었다. 때맞춰 유리왕의 명이 떨어졌다.

"해명은 듣거라! 너는 자식으로서 불효를 저지르고 불손한 마음을 품었으니 이 칼로 자결하라!"

유리왕이 칼을 내렸다. 자결을 하라는 칼이었다. 이 사실을 알고 태자의 측근들이 들고 일어났다.

"태자마마, 자결해서는 아니 되오. 잠시 숨어 계시다가 사태를 관망한 뒤에 대책을 세우소서."

"그리하소서."

"죄도 없이 죽는다면 영혼마저 구천을 떠돌 것이나이다."

"그만들 하오! 내가 살아 있으면 부자간에 갈등의 폭만 깊고 넓어질 뿐이오. 그리 되면 이웃나라가 얕잡아볼 것이고, 백성들의 불안이 증폭될 것이오. 나는 부왕의 명에 따르기로 결심했소."

"아니 되오! 그럴 수는 없소. 살아서 앞날을 도모해야 하오."

"부추기지 마오. 사람이란 태어날 때 이승에서 할일을 맡아 오는 것이오. 나는 부왕의 명에 따를 역할이 주어진 것이오. 이 세상 내 임무는 태자까지였소."

태자는 강가로 말을 달려 언덕으로 올라가 칼을 거꾸로 땅에 꽂아놓고 말 위에서 칼을 향해 엎어져 목숨을 버리고 말았다. 강바람이 스쳐가며 이런 소리를 내었다.

"착한 아들을 아비가 죽이니 강물도 슬퍼 흐르지 않네."

유리왕의 어이없는 명령이었다.

❋ 솔·말·러유의 활약

유리왕이 죽고 고구려 제3대 임금에 무휼이 등극하여 대무신大武神왕이 되었다. 대무신왕은 두 형인 해명과 도체를 대신하여 왕이 된 것이다.

그 무렵 동부여는 신흥국 고구려를 얕잡아보았다. 대무신왕이 어린 왕자 시절인 유리왕 14년에는 동부여왕 대소가 고구려에 사신을 보내어 조공을 바치라 하고 또 인질을 보내라고 압력을 넣었다. 유리왕은 동부여 대소왕의 압력에 굴복하여 그대로 따랐다. 대무신왕은 어린 시절 이러한 고구려의 모습을 보고 언제인가는 동부여를 정벌하리라 굳게 마음먹었다.

대무신왕 4년, 드디어 동부여 정벌군을 출정시켰다. 그러나 동부여의 세력을 얕잡아볼 수 없었다. 금와왕이 죽고 왕위에 오른 대소는 동부여의 영토를 크게 늘려놓았다.

대무신왕은 정벌군을 일으켜 비류수 상류로 올라갔다. 때마침 한겨울이어서 강물이 얼어붙어 병사들은 빙판 위를 행진했다.

선두에 선 대무신왕이 멀리 강 건너를 바라보았다. 한 여인이 큰 솥을 머리에 이고서 정벌군을 바라보고 있었다. 대무신왕은 기이하게 여겨 측근을 보내어 확인하도록 했다. 측근이 달려와 아뢰었다.

"여인이 큰 솥을 이고 서성거리나이다."

"고얀지고. 출정중에 여자를 만나다니, 불길한 징조로다. 가서 없애버려라!"

병사들이 여인을 향해 달려갔다. 금세 있었던 여인이 온데간데없고 큰 솥만이 덩그렇게 남아 있었다.

"이상하도다. 귀신이 곡할 노릇이 아닌가. 도망치는 것을 보지 못했거늘 여인이 어디로 사라졌단 말인가!"

대무신왕은 군사들을 솥이 있는 곳에서 잠시 쉬도록 했다. 때마침 점심때가 되어 취사병들이 점심을 지었다. 취사병들이 쌀을 씻어 큰 솥에 넣고 알맞게 물을 부었다. 그리고 불을 지피려고 했으나 웬일인지 불이 붙지 않고 자꾸 꺼져버렸다.

"어? 이 냄새가 뭐야? 밥 냄새가 아니냐?"

"그러게 말이다. 불도 때지 않았는데 솥에서 밥 냄새가 난다. 솥 뚜껑을 열어보자!"

한 취사병이 솥뚜껑을 열었다. 한솥 가득 흰 쌀밥이 다 되어 김이 모락 모락 피어올랐다.

"이변이 일어났다. 불도 때지 않았는데 밥이 되었다!"

취사병들이 외쳤다. 취사병들은 밥을 퍼서 대무신왕에게 올리고 이 사실을 알렸다.

"아니, 불을 때지 않아도 밥이 익는 솥이 있다더냐?"

"예에 마마, 여인이 버리고 간 솥이 그러하나이다."

"어디 한번 먹어보자."

대무신왕은 불때지 않은 밥을 먹어보았다. 불을 땐 밥과 다를 바 없었다.

"참으로 알 수 없는 이변이로다. 필시 하나님께서 우리 군사들에게 내린 선물임에 분명하도다!"

대무신왕이 대신에게 말했다.

"솥을 향해 감사의 인사를 올리시오!"

대신이 솥에 두 번 절하고 말했다.

"하나님께서 주신 귀한 선물, 고맙나이다. 이번 정벌에 유용하게 쓰겠나이다."

병사들이 점심을 맛있게 먹고 막 행군을 시작했다. 그때 한 사내가 나타나 말했다.

"아니, 며칠 전에 잃어버린 우리집 솥을 어이하여 정벌군이 갖고 있는 게요? 내 누이동생이 잃어버린 솥이오만 이제 대왕의 손에 들어갔으니 이 몸이 지고 따라다니며 병사들의 밥을 지어주겠소이다."

대무신왕이 듣고 흔쾌히 허락했다.

"솥 주인이 나타났으니 그가 하고 싶은 대로 하라 이르라!"

정벌군은 불을 때지 않는 솥 덕분에 언제 어디서나 손쉽게 밥을 먹을 수 있었다. 여간 편리한 게 아니었다.

대무신왕은 골구천骨句川에서 얻은 신마神馬를 타고 앞장서서 동부여를 향해 나아갔다. 군사들의 사기는 하늘을 찌를 듯했다. 정벌군은 이물

숲(利勿林)에 닿아 야영을 했다. 그런데 어디선가 쇳소리가 들리더니 밤새도록 그치지 않았다.

대무신왕은 바짝 긴장이 되었다. 측근에게 말했다.

"이 숲 어디에 동부여군이 매복해 있는 것 같다. 쇳소리가 어디서 나는지 알아보라!"

척후병이 숲을 뒤졌다. 소리나는 쪽을 샅샅이 살펴보았으나 아무것도 보이지 않았다.

"복병은 없나이다. 아마 바람소리가 아닌가 싶나이다."

대무신왕은 안심할 수 없었다. 여전히 쇳소리가 들려왔다. 영문 밖으로 나와 사방을 살폈다. 바람이 매서웠다. 눈에 덮인 숲은 달빛을 받아 은세계를 이루었다. 쇳소리는 여전했다. 대무신왕은 밤새 잠을 이루지 못했다.

날이 밝았다. 정찰대를 파견하여 쇳소리의 원인을 알아오라고 영을 내렸다. 정찰대가 쇳소리를 따라 나아갔다.

얼마 후 정찰대는 병기兵器를 한 아름씩 안고 왔다.

"어디서 가져왔느냐?"

"산 밑 골짜기에서 찾아왔나이다."

"오오, 하늘이 내게 준 병기로다. 이는 하나님께서 동부여를 치라는 뜻으로 보낸 것이다. 골고루 나누어 쓰도록 하라!"

고구려군의 사기가 드높았다. 만나는 일마다 상서로웠다. 대무신왕이 군사를 거느리고 이물숲을 빠져나왔다. 그때 거구의 사나이가 앞을 가로막았다. 키는 8척이 넘어 보이고 흰 얼굴에 눈의 광채가 불을 뿜는 듯했다.

"너는 누구냐? 어찌하여 행군을 가로막는 게냐!"

대무신왕이 나무랐다.

"이놈은 북명北溟에 사는 괴유怪由라 하옵니다. 대왕께오서 동부여를 정벌하신다는 소문을 듣고 달려왔나이다. 이놈은 동부여 대소왕의 오만

불손한 행동에 반감을 품은 지 오래이나이다. 이놈에게 선봉을 맡겨주시옵소서. 대소왕의 머리를 단칼에 베어 올리겠나이다."

"오오, 믿음직스럽구나. 네게 선봉을 맡기겠노라!"

"대왕마마 만세!"

괴유가 만세를 외쳤다. 그와 동시에 긴 창을 든 사내가 나타나 말했다.

"신은 적곡赤谷에 사는 마로麻盧라 하옵니다. 신이 정벌길을 훤히 꿰뚫고 있사오니 신에게 길 안내를 맡겨주시오소서."

"오오, 그런가? 이 모두 하늘의 뜻이거늘 어찌 물리치리오. 그렇게 하라!"

그런데 날씨가 너무 추웠다. 병사들의 사기는 충천했으나 의욕만이 넘칠 뿐 모진 추위를 감당하기에는 너무 벅찼다. 대무신왕은 진을 치고 날씨가 풀리기를 기다렸다. 그동안 병사들은 병영 주위에서 활쏘기 · 창쓰기 · 칼쓰기 연습을 게을리 하지 않았다.

날씨가 풀렸다. 대무신왕은 군사를 몰아 동부여로 쳐들어갔다. 소식을 접한 대소왕은 가소롭게 여겼다.

"하룻강아지 범 무서운 줄 모른다더니 무휼이 놈이 그 짝이로다. 고구려가 어느 새 대국이 되었기에 우리를 넘본다는 말이냐! 네 이놈을 요절을 내리라!"

대소는 군사를 움직였다. 날씨가 풀려 길이 진흙구덩이가 되었다. 대무신왕의 군사들이 진흙탕을 밟아 늪처럼 만들어버렸다.

대소왕은 수만 명의 군사를 몰아 고구려군의 늪 속으로 쳐들어왔다.

"네 이놈 무휼아! 은혜도 모르는 놈아! 네 할애비 주몽이 어느 땅에서 자랐더냐! 우리 부왕(금와왕)께서 키워 보냈거늘 그 손자놈이 은혜를 원수로 갚으려 하느냐!"

"대소야! 네 가슴에 손을 대고 물어보라! 네놈이 우리 아버지를 욕보인 일을 벌써 잊었단 말이더냐! 네놈은 우리 고구려가 약한 틈을 노려 걸핏하면 공갈 · 협박으로 부왕을 능멸했느니라. 내 오늘 동부여를 멸망시켜 버리겠다!"

"버르장머리 없는 놈! 입만 살아 있구나! 자 덤벼라!"

"선봉장 괴유야! 냉큼 달려가 대소의 목을 가져오너라!"

거구 괴유가 긴 칼을 들고 앞으로 나섰다. 그 뒤를 마로가 긴 창을 들고 따랐다.

"동부여 병사들아 항복하라! 너희 임금은 너희들을 괴롭히는 악마이니라!"

괴유가 말을 타고 진흙탕길을 거침없이 달렸다. 그 뒤를 마로가 역시 말을 타고 따랐다. 동부여 병사들은 작은 동산이 움직이는 듯한 괴유를 보고 그만 기가 질려버렸다. 드디어 두 나라 군사들이 백병전을 벌였다. 진흙탕에서 그야말로 이녕투구泥濘鬪狗였다.

괴유는 대소왕을 목표로 군사들을 피해 말을 달렸다. 화살이 비오듯 날아왔으나 박달나무 방패로 잘 막아냈다. 고함소리가 천지에 가득했다.

괴유가 드디어 대소왕과 맞대결을 벌였다. 치열한 한판 승부가 벌어졌다. 대무신왕은 멀리에서 두 사람의 싸움을 지켜보았다. 대소왕은 백전노장이었다. 괴유의 긴 칼을 요리조리 피하며 허점을 노렸다. 그러나 말을 마음대로 다룰 수가 없었다. 늪처럼 빠지는 진흙탕이어서 말이 깊은 수렁에 빠지면 낭패였다. 괴유는 힘으로 밀어붙였다. 일진일퇴의 숨막히는 접전이었다. 칼과 칼이 부딪쳐 쇳소리가 비명을 질러댔다.

"이얏!"

"으랴차!"

서로 주고받는 칼과 칼이 30합이 넘었다. 대소왕이 다소 지쳐 보였다. 말을 돌려 달아나려고 고삐를 당겼다. 말이 앞발을 들고 껑충 뛰어오르더니 그만 진창에 빠져버렸다. 그때였다. 기회를 놓치지 않고 괴유가 긴 칼로 대소왕의 목을 쳤다. 핏줄기가 하늘로 치솟았다. 대소왕의 목이 진창으로 떨어졌다.

고구려군이 환호성을 질러댔다. 대무신왕은 이 광경을 보고 괴유는 필시 하늘이 내려준 신이라고 여겼다.

대소왕의 목이 떨어졌는데도 동부여군은 물러서지 않았다. 해거름이 되자 날씨가 추워져 진흙탕이 금세 얼어붙기 시작했다. 이 기회를 이용하여 동부여군이 고구려군을 포위해갔다. 대무신왕은 싸움이 불리해지자 포위망을 뚫으라고 명령을 내렸다. 고구려군이 사력을 다해 포위망을 뚫었다. 그러나 동부여군의 포위망이 점점 좁혀지고 있었다.

대무신왕은 초조해졌다. 괴유를 불렀다.

"어찌하면 좋으냐? 전황이 우리에게 불리하구나."

"대왕마마, 심려 놓으소서. 적들도 지쳐 더는 포위망을 좁혀오지 않을 것이나이다."

"포위망을 뚫고 나갈 길이 없겠느냐?"

"곧 그리 될 것이나이다."

이때부터 꼬박 7일을 두 나라 군사들이 사투를 벌였다. 수적으로 우세한 동부여군이 포위망을 풀지 않았다. 7일이 지난 그날 밤 전쟁터에 깊은 안개가 덮쒸워졌다. 그야말로 한 치 앞이 보이지 않았다.

"대왕마마, 지금이 탈출할 기회이나이다."

괴유가 말했다.

"적들이 아군의 기미를 알아채면 안개 속에서 혼전을 면치 못하고 그리 되면 아군이 불리하다."

"군사들에게 짚으로 제웅(짚으로 만든 사람 형상)을 만들라 하고 제웅에게 헌 군복을 입히고 병기구를 쥐어준 뒤 감쪽같이 사라지는 것이나이다."

"오오, 그 작전이 좋겠구나."

고구려 병사들에게 이 명령이 은밀히 전달되었다. 짙은 안개 속에서 탈출작전이 벌어졌다.

대무신왕은 이 작전통에 신마와 불을 때지 않아도 밥이 되는 솥을 잃어버렸다. 포위망을 뚫고 도망친 고구려 병사들은 이물숲에 와서 전열을 가다듬었다. 그러나 고구려군은 너무 많은 것을 잃었다. 심지어 식량까지 죄다 버리고 도망쳤다. 대무신왕은 병사들에게 사냥을 시켜 겨우 굶주림을 면했다. 다시 행군이 시작되어 이틀 만에 고구려의 수도 위나암성으로 돌아왔다.

동부여에서는 대소왕이 죽자 자중지란이 일어났다. 대소의 동생 갈사가 동부여를 달아나 압록곡鴨綠谷에 이르러 해두국왕海頭國王을 죽이고 갈사국을 세웠다. 그리고 대소왕의 사촌 동생이 군사 1만여 명을 거느리고 대무신왕에게 항복하여 동부여는 망하고 말았다.

대소왕의 목을 벤 괴유는 오래 살지 못하고 전쟁이 끝난 그해에 죽었다. 사실 동부여를 멸망시킨 사람은 괴유였다. 대무신왕은 괴유를 그의 고향 북명산에 장사 지내주고 그의 공을 찬양하는 비를 세워주었다.

✸ 머슴이 왕이 되다

압록강변 수실촌水室村에 음모陰牟라는 부자가 있었다. 그 집에 얼굴이 희고 행동이 점잖은 머슴이 하나 있었다. 이름이 을불乙弗이었는데 다른 곳에서 흘러들어온 나그네였다. 음모는 을불을 심하게 부려먹었다.

음모는 을불이 어떤 신분인지 알아보려고 하지도 않고 다만 머슴으로서의 책임을 다하도록 늘 다그쳤다.

어느 날 밤이었다. 음모의 집 앞 연못에서 개구리가 울어댔다. 을불은 낮에 뼈빠지게 일을 하고 단잠에 빠져 있었다. 그러한 을불을 음모가 깨웠다.

"이놈아! 너는 개구리떼가 개굴개굴 우는 소리도 안 들리느냐? 냉큼 밖에 나가 저놈의 소리를 잠재우거라."

을불은 눈을 비비고 밖으로 나가 연못에 돌멩이를 마구 던져 개구리 울음소리를 멎게 했다. 사위가 고요했다. 그날 밤 따라 달이 휘영청 밝았다. 달빛에 비친 산천초목이 달그림자를 드리우고 낮은 목소리로 속삭이는 소리가 들리는 듯했다. 앞산 숲에서 소쩍새가 슬픈 가락을 뽑아냈다. 소쩍새의 울음소리에 맞춰 개구리의 합창이 이어졌다.

을불은 돌멩이를 연못에 던져 울음소리를 잠재우고 울컥 치미는 분노와 슬픔을 가까스로 참아냈다. 황도의 밤이 생각났다. 가까이 보이는 궁성이며 활기찬 젊은이들, 그리고 미색의 여자들, 을불은 짙은 한숨을 내쉬었다. 아버지의 죽음이 눈에 선했다.

아버지는 반역죄를 뒤집어쓰고 아버지의 형인 봉상왕烽上王이 보낸 군졸들에게 무참히 살해되었다. 을불은 그 광경을 몰래 지켜보고 있다가 화를 입을까 두려워 빈손으로 집을 뛰쳐나와 황도에서 멀리 달아났던 것이다. 봉상왕은 을불의 큰아버지였다.

을불은 당당한 왕족이었다. 귀한 왕족이 벽촌의 머슴으로 전락한 자신의 오늘이 을불은 원망스럽기만 했다.

저녁 내내 개구리 울음소리를 막느라고 잠을 설친 을불은 날이 새자마자 음모의 독촉을 받고 산으로 나무를 하러 갔다. 그는 말을 잃어갔다. 시골 무지렁이들과 말이 통하지 않을 뿐만 아니라 행여나 신분이 드러날까 봐 말과 행동을 절제하고 있었다.

"을불이 나무하러 가는가?"

알은체를 하면 을불은 애매한 미소로 답했다. 그리하여 수실촌 사람들은 처음에 을불을 벙어리로 알고 동정의 시선을 보내었다.

"인물이 아깝구나. 벙어리만 아니면 사위 삼고 싶구먼."

딸 가진 부모들이 욕심을 내었다. 그가 벙어리가 아니라는 것을 알고 표가 나게 접근하는 사람들이 있었다. 딸을 가진 부모들이었다. 무지렁이 출신치고는 군계일학으로 보이는 을불에게 딸 가진 부모들은 눈독을 들였다.

수실촌에 1년 가까이 있었다. 오다가다 만나는 처녀들이 은근슬쩍 추파를 던졌다. 그녀들의 부모들은 틈만 나면 식사 초대를 해왔다. 을불은 수실촌을 뜰 때가 되었음을 깨달았다. 한곳에 붙박이로 오래 눌러 있을 몸이 아니었다.

하루는 산에 나무를 하러 가서 수실촌 이웃의 동촌東村 사람 재모再牟를 만났다. 재모는 수실촌의 을불 소식을 듣고 있었다. 귀족 같은 머슴이 들어와 1년 가까이 되었다는 것이었다. 을불을 만난 재모는 십년지기처럼 반겼다.

"형씨 소문은 일찍 접했소. 오늘에서야 만나게 되었소이다. 반갑소."

"나를 아오?"

"압록강변에서 형씨를 모르면 불출不出에 끼지. 형씨는 이름난 머슴이오."

"머슴이면 머슴이지 이름난 머슴은 또 뭐요?"

"인기가 높다는 말이외다. 수실촌은 물론 이웃 동네 처녀들의 가슴을 죄다 불태우고 있소, 형씨가."

"관심 없소이다."

"아니 총각이 처녀한테 관심이 없으면 과부 취미요?"

"처녀건 과부건 관심 밖이오."

재모는 머리에 번개같이 스치는 생각이 있었다. 을불을 앞세워 여자를 상대로 하는 장사를 하면 돈을 억수로 벌 수 있을 것 같았다.

"형씨, 머슴 때려치우고 나와 동업할 생각 없수?"

"무슨 소리요?"

"나와 장사를 하잔 말이외다."

"내가 장사를 한다구요?"

"못 할 게 뭐 있수? 형씨는 내 옆에만 서 있으시오. 장사는 내가 할 터이니."

"무슨 장사를 하려오?"

"소금장사요."

재모는 여자를 상대로 하는 장사 중 소금장사가 제일 쉬울 것 같았다. 을불은 귀가 솔깃했다. 소금장사를 하면 한곳에 오래 머물지 않아도 좋고 전국을 돌며 민심을 살피는 데도 유익할 것 같았다.

"돈을 많이 벌 자신이 있소?"

"형씨와 동업이라면 돈 벌 자신 있소."

"어떻게요?"

"이유는 동업을 하면 자연히 알아질 게요."

"언제부터 시작할 거요?"

"형씨만 좋다면 내일이라도 길을 떠납시다."

"좋소. 내일 길을 떠납시다."

"정말 동업을 하겠소?"

"일부일언은 장천금이라고 했소. 나는 허튼 말 하지 않소이다."

"와! 이 재모가 돈벼락 맞게 생겼네. 얼씨구나 절씨구 좋구나 좋다…"

재모는 펄쩍펄쩍 뛰며 좋아했다. 두 사람은 내일 만날 장소를 약속하고 헤어졌다.

주인집으로 돌아온 을불이 음모에게 통고했다.

"주인 어른 그동안 고마웠소. 내일 주인 어른 곁을 떠나겠소."

"무슨 소리냐? 일이 고되어서 그러느냐?"

"아닙니다. 오랫동안 하고 싶었던 장사를 하려고 합니다."

"뭐? 장사를 하겠다고?"

"예에, 주인 어른."

"이놈아, 장사를 아무나 하는 줄 아느냐. 장사는 경험이 없으면 십중 팔구 밑천 말아먹고 쪽박 차게 마련이야."

"알고 있소이다."

"알면서 쪽박 차겠다는 게야?"

"오랜 꿈이라서 포기할 수 없소이다."

음모는 을불의 결심이 확고한 것을 알고 더는 말리지 않았다. 음모는 을불에게 새경을 깎아 노잣돈 몇 푼을 쥐어주었다.

이튿날, 을불은 재모를 만나 배를 타고 압록강을 건너 강동江東 사수촌

思收村에 닿았다. 이곳을 근거지로 삼아 소금을 사다가 적당한 마진을 붙여 팔았다. 입소문이 바람을 타고 퍼졌다.

"사수촌에 잘생긴 소금장수가 왔단다. 인물 구경 가자!"

여자들 사이에 여론이 일었다. 압록강변 마을의 여자들이 을불을 보려고 날마다 장사진을 이루었다. 을불은 소금장사를 재모에게 맡기고 옆에서 싱긋싱긋 웃어주기만 했다. 소금장사가 날이 갈수록 손님이 늘었다.

그런데 엉뚱한 곳에서 사고가 났다. 사수촌의 한 노파가 소금 한 말을 외상으로 가져가서 값을 치르지도 않고 또 한 말을 달라는 것이었다.

"할머니, 우린 흙 퍼다 장사합니까? 앞서 가져간 소금 한 말 값을 치르고 또 외상으로 가져가시오."

재모가 퉁명스럽게 쏘아붙였다. 노파는 두 사람에게 원한을 품었다.

"이놈들이 소금장사를 하는 놈들이라 짜기는 짜구나. 어디 두고 보자. 온전히 장사를 해먹는지 두고 보자구!"

노파는 몰래 소금 가마니 속에 자기의 신발을 집어넣고 압록강변의 관리에게 신발을 도둑맞았다고 신고했다. 그런 줄도 모르고 소금짐을 짊어진 두 사람이 다른 동네로 장사를 나가기 위해 길을 떠났다. 그때였다. 관리가 나타나 두 사람의 소금 가마니를 뒤졌다. 을불이 짊어진 소금 가마니에서 노파의 신발이 나왔다. 꼼짝없이 도둑으로 몰렸다.

재모와 을불은 관청에 잡혀가 며칠 동안 매를 맞고 고초를 당했다. 두 사람 다 모르는 일이어서 죄를 자백할 수 없었다. 을불은 언뜻 노파 생각이 나서 관리에게 말했다.

"신고한 노파를 심문해보시오. 그 노파가 우리에게 앙심을 품었을 게요."

"맞아. 그 노파야."

재모가 맞장구를 쳤다. 관리가 노파를 불러다가 자백을 받아냈다. 그들은 무혐의로 풀려났다.

그 무렵, 고구려 조정은 새 수상을 맞았다. 창조리倉助利가 새 수상이 된 것이다. 봉상왕은 궁궐을 증축하고 사치와 허영에 들떠 백성들을 돌보지 않았다. 백성들의 원성이 하늘을 찔렀다. 수상 창조리가 몇 차례 간했으나 봉상왕은 듣지 않았다.

창조리는 임금을 바꾸려고 은밀히 모반을 꾀했다. 북부의 조불朝弗과 동부의 소우蕭友 등을 우익으로 만들어 그들에게 을불을 찾아오도록 부탁했다. 두 사람이 군사를 풀어 고구려의 동서남북을 샅샅이 살폈다.

그 무렵, 을불은 자기를 찾는 줄도 모르고 배에 소금을 싣고 비류수를 건너고 있었다. 배가 강언덕에 닿았다. 군사들이 나와 배에서 내리는 사람들을 꼼꼼히 살폈다. 한 군사의 눈에 을불의 얼굴이 들어왔다. 입성이 남루하고 소금장수였으나 기품이 있어 보였다. 을불을 붙들어놓고 급히 소우를 데려왔다. 소우가 을불을 보고 땅바닥에 엎드렸다.

"얼마나 고생이 많으셨나이까? 왕손이시여, 이제는 안심하시고 저와 함께 황도로 가시오소서."

"왕손이라니 당치도 않소. 나는 소금장수올시다. 사람을 잘못 보셨소이다."

"을불 왕손임에 틀림없나이다. 더는 속이려 들지 마소서."

"아니라고 하지 않소. 공연한 백성 붙잡아놓고 이 무슨 황당한 짓이오!"

을불이 화를 버럭 내었다. 소우는 땅에 엎드려 얼굴을 들고 을불의 의심을 풀어주려고 열심이었다.

"지금 봉상왕이 무도하여 백성들의 마음이 떠나 수상 창조리께서 새 임금을 세우려고 왕손을 찾아오라 하시었나이다. 이제 방황을 끝내고 황도로 돌아가시어 백성을 위해 선정을 베푸는 임금이 되셔야 하옵니다."

을불은 어쩔 수 없어 자신의 정체를 밝혔다. 재모가 땅바닥에 달꽉 엎드렸다.

"이놈의 무례를 용서하소서."

"그대는 좋은 벗이었네. 일어나게나. 나와 함께 황도로 가서 나라 살림을 맡아주지 않겠나?"

"소금장수 주제에 어찌 나라 살림을 맡겠나이까?"

"그대의 장사 수완을 내가 알지 않는가. 사양 말게나."

을불은 재모를 데리고 소우를 따랐다. 소우는 황도로 돌아와 수상에게 알렸다. 창조리는 을불을 오맥남烏陌南의 집에 숨겨두고 거사에 박차를 가했다.

서기 300년 9월, 봉상왕이 후산음候山陰으로 사냥을 나갔다. 수상 창조리가 따라나섰다. 왕은 사냥에 정신이 팔려 있었다. 창조리는 장수들을 모았다. 그리고 말했다.

"나와 뜻을 함께할 사람은 갈잎을 꺾어 모자에 꽂으시오!"

장수들이 모두 갈잎을 모자에 꽂았다.

"이 갈잎이 혁명군의 징표요. 임금의 측근 장수와 구분하는 것이외다. 자, 봉상왕을 사로잡읍시다!"

혁명군들이 요소요소에 배치되었다. 임금의 측근 장수들을 따돌리거나 회유하여 저항하지 못하도록 해놓고 봉상왕을 피 한 방울 흘리지 않고 사로잡았다.

봉상왕이 자조 섞인 말을 했다.

"그대들이 나를 사냥했구나. 후회는 없다."

창조리는 사로잡은 왕을 별실에 가둬두고 곧 을불을 왕으로 삼았다. 즉위식이 거행되는 동안 봉상왕은 사내답게 자결하고 말았다. 두 왕자도 아버지를 따라 자결했다.

을불은 우불憂弗이라고도 하고, 고구려 제15대 미천왕美川王이다.

◉ 일곱 겹 소나무술의 사연

고구려 제9대 임금 고국천왕故國川王이 얻은 제일 큰 소득은 명재상 을파소乙巴素의 발탁일 것이다. 을파소는 유리왕 때의 대신 을소乙素의

자손이다. 그는 성격이 강하고 지혜가 많았다. 을파소가 조정에 들어오기 전에는 우왕후于王后의 친척 어비류飫卑留와 좌가려左可慮가 세력을 잡고 나랏일을 농단했다. 이들은 이것도 부족해 반역을 모의하다가 발각되어 숙청당했다. 고국천왕은 동부 사람 안유晏留가 현명하다는 소문을 듣고 그에게 수상직을 맡기려고 했다. 이에 안유가 사양하고 을파소를 천거했다.

"대왕마마, 소신은 그릇이 작아 수상의 중임을 맡을 수 없나이다. 소신이 알기에는 이 나라에서 수상을 맡을 적임자는 오로지 을파소 한 사람인 줄 아나이다."

"그 사람이 누구인고?"

"유리왕 때 대신을 지내신 을소의 손자이옵니다."

"어디에 있는고?"

"농사를 짓고 있나이다."

"농사꾼이 어찌 수상이 될 수 있다는 말인고?"

"그 사람은 농사를 아주 썩 잘 지을 뿐만이 아니오라 그릇이 커서 주周나라의 강태공姜太公(여상呂尙)에 비견할 만하나이다."

"그런 인물이 어찌하여 세상을 등지고 흙에 묻혀 산다는 것인고?"

"아마 때를 기다리고 있는 줄 아나이다."

"그를 부르라!"

고국천왕은 그가 농사를 짓고 있다는 서녘 압록골 좌물촌에 예물을 갖추어 사신을 보내었다. 사신은 을파소를 만나 예의를 갖추어 말했다.

"대왕마마께오서 선생에게 중외대부中畏大夫의 벼슬을 내리어 조정에 부르시었나이다. 저와 함께 가시오소서."

을파소는 눈을 지그시 감고 한참 동안 생각에 잠겨 있다가 정중히 거절했다.

"사신께서 수고하셨소이다. 허나 이 몸이 중외대부를 맡기에는 함량이 모자라 받아들일 수 없소이다. 잘 가시오!"

을파소는 방문을 닫아버렸다. 사신이 조정으로 돌아와 고국천왕에게 알렸다. 고국천왕은 을파소의 행위가 마음에 거슬렸으나 꾹 참고 안유를 불렀다.

"을파소가 짐이 내린 벼슬을 거절했소. 그대는 까닭을 아는가?"

"무슨 벼슬을 내리시었나이까?"

"중외대부의 벼슬을 내렸소."

"대왕마마, 을파소는 수상감이온지라, 중외대부는 그가 맡을 자리가 아니옵니다."

고국천왕은 그제서야 깨닫고 을파소를 수상으로 삼는다는 교지를 내렸다. 을파소는 흔쾌히 받아들였다.

"신 을파소 한낱 농부로서 보잘것없는 인물이오나 나랏일에 혼신의 힘을 기울이겠나이다."

자신감 있는 그의 말에 고국천왕은 믿음이 생겼다. 을파소는 조정을 장악하고 하나하나 개혁정치를 펴나갔다. 정치와 교육을 바로잡고 상벌을 공평하게 했다. 백성들이 그를 따르기 시작하고, 무사안일에 빠져 있던 조정 신료들이 바짝 긴장하여 맡은 바 책무를 다하려고 애썼다.

환자還子라는 제도도 이때 생겨났다. 백성들이 바쁜 농사철에 식량이 떨어져 고통을 받을 때 관에서 쌀·잡곡 등을 꾸어주는 것을 환자라고 했다. 꾸어간 쌀·잡곡 등을 추수가 끝난 동짓달에 약간의 이자를 붙여 갚았다. 이 제도가 을파소 때 생겨나 천 년 넘게 내려왔다.

을파소는 가난한 백성들을 챙겨 구휼을 했으며, 사궁四窮을 국고를 털어 보살폈다. 사궁이란 늙은 홀아비(환鰥), 늙은 홀어미(과寡), 어버이 없는 어린이(고孤), 자식 없는 늙은이(독獨)를 말한다.

고구려는 을파소라는 재상을 만나 제나라가 관중을 만나 부국富國이 되었듯이 나라가 부자가 되고 강성해졌다. 고국천왕과 을파소가 호흡이 맞아 백성과 나라를 잘 다스리고 있었다. 그런데 재위 19년 되는 5월, 임금이 갑자기 승하했다. 왕후 우씨는 국상을 발표하지 않고 한밤중에 고국천왕의 바로 밑 동생인 발기發岐를 찾아갔다.

"왕후마마, 한밤에 어인 일이옵니까?"

"긴히 상의할 일이 있소."

"한밤중에 상의라니요, 가당치 않소이다. 돌아가소서."

발기는 왕후를 음탕한 여인으로 오해하고 문전박대를 해버렸다. 우 왕후는 화가 나서 돌아서버렸다.

"나중에 나를 원망 마오. 크게 후회할 것이오."

발기는 못 들은 체했다.

우 왕후는 발기의 바로 밑 동생 연우延優를 찾았다.

"마마, 이 밤에 어인 일로 누추한 곳을 찾으셨나이까?"

"긴히 상의드릴 일이 있나이다."

"무슨 말씀이신지요?"

"나와 함께 궁으로 가셔야 하오."

"궁으로 가다니요? 어인 일이옵니까?"

"나를 따르겠소, 아니면 그만두겠소."

연우는 눈치가 빨랐다. 궁궐에 중대한 일이 생겼다는 것을 예감하고 선뜻 따라 나섰다. 우 왕후는 궁궐로 돌아오며 심사숙고했다. 그러고는 결론을 내렸다.

'연우가 내 말에 고분고분 따른다면 내 장래를 보장받으리라.'

우 왕후는 연우를 자기의 침실로 안내했다. 왕후의 침실을 보고 연우는 그만 눈이 휘둥그레졌다. 갑자기 우 왕후가 요염한 교태를 부렸다. 날씨가 덥다며 겉옷을 벗어버리고 연우를 은근히 쳐다보았다. 연우의 가슴이 방망이질을 쳐댔다. 온몸이 끓어올라 사지가 불덩이가 되었다. 왕후는 기회를 놓치지 않았다. 연우를 끌어안고 몸을 열어버렸다.

한바탕 폭풍이 지나간 뒤 왕후가 입을 열었다.

"내 말 잘 들으소서. 대왕마마께서 승하하셨소."

"네에?"

연우는 금세 죄책감에 사로잡혔다. 사사로이는 형인 임금의 시체를 궁 안에 놓아두고 형수와 짐승처럼 운우지락을 즐기다니, 사람의 짓이 아니었다.

"놀랄 것 없나이다. 지금부터는 당신이 왕이오. 알다시피 고국천왕에게는 후사가 없고, 왕의 임명권은 내가 쥐고 있소. 이제 당신이 임금이 된 게요. 다만 조건이 있소."

"말씀하소서."

"내가 새 왕비가 되어야 하오."

"여부 있겠나이까."

"그럼, 을파소 재상을 불러 국상을 발표하도록 하고 당신이 새 임금으로 정해졌다고 통고하겠소. 당신은 임금의 시체 곁으로 가시오."

연우는 우 왕후가 시키는 대로 했다. 임금의 침전으로 가서 곡을 했다.

그 시각 우 왕후는 재상 을파소에게 고국천왕의 서거를 알리고 나머지 일들을 일임했다. 을파소는 한밤에 중신들을 불러모아 국상발표와 새 임금의 등극식 준비를 서둘렀다.

연우가 새 임금이 되었다. 고구려 제10대 산상왕山上王이 된 것이다. 새 왕비는 우 왕후였다. 우 왕후는 형과 아우를 섬기는 여인이 되었다.

발기가 발끈했다. 서열을 무시하고 연우가 자기가 차지해야 할 임금 자리를 우 왕후와 짜고 약취해갔다며 반기를 들었다. 자기의 기병 수천 명을 동원하여 궁궐을 에워싸고 소리쳤다.

"이노옴 연우야! 네놈이 어찌 이럴 수가 있단 말이냐! 우리의 맏형인 고국천왕이 승하했으니, 차례에 따라 차제次弟인 내가 관례상 임금이 되어야 하거늘 네가 왕후와 짜고 내 자리를 찬탈했으니 이보다 큰 죄가 없다. 네 죄를 알거든 궁을 나와 내게 사죄하라! 만약 내 말에 따르지 않으면 형제끼리 피를 보아야 할 것이다!"

연우는 궁궐문을 굳게 닫고 발기의 군대와 맞섰다. 이후 싸움이 벌어져 다섯 차례 공방전을 벌였다. 발기편이 불리했다. 우선 백성들의 호응

이 전혀 없었다. 발기는 싸움에 지쳐 가솔들을 거느리고 후한後漢 땅 요동으로 달아났다. 요동은 공손씨公孫氏가 태수로 있었다. 이 공손씨가 강성하여 후한에서도 함부로 대하지 못했다. 공손씨는 요동을 독립국가로 삼아버렸다.

발기는 공손씨에게 매달려 통사정을 했다. 그에게 국가와 민족은 아무것도 아니었다. 오로지 복수심에 눈이 어두워 이성을 잃어버렸다.

"내게 군사 3만 명만 빌려주오. 고구려를 쳐서 내가 임금이 되면 태수에게도 큰 이득일 게요."

태수 공손도公孫度가 생각해보니 힘들이지 않고 고구려를 지배할 수 있겠다 싶어 발기에게 3만 군사를 선뜻 내주었다.

고구려에서 이를 알고 연우는 아우 계수罽須에게 군사를 주어 형을 치도록 했다. 싸움이 벌어졌다. 계수는 발기 형을 반역자로 보았다. 아무리 분하다고 나라와 백성을 파는 일은 형이라 해도 용서할 수 없었다. 고구려군은 사기 충천했다. 그러나 후한 사람들은 싸워야 할 명분이 없었다. 형제끼리의 왕권 다툼에 나서 목숨을 잃는다면 이는 개죽음이었다. 발기가 거느린 후한 군사는 뒷전에서 방관자의 자세를 취했다. 싸움은 해보나마나였다. 발기는 싸움이 불리해지자 동생 계수에게 외쳤다.

"이노옴 계수야! 네가 이 형을 죽일 작정이냐!"

"형은 엄청난 일을 저지른 게요. 순서를 무시하고 연우 형이 왕위에 오른 것은 잘못이나 그렇다고 나라와 민족을 배반한 형은 지하에 가서 선조들을 무슨 낯으로 보겠소. 썩 물러가 속죄하시오!"

발기는 정신이 번쩍 들었다. 동생 계수 말이 백번 옳았다. 발기는 배천 가에서 자결하고 말았다. 계수는 형의 시체를 정중히 모시고 돌아왔다. 계수는 하루 아침에 영웅이 되었다. 계수가 산상왕에게 말했다.

"대왕께 청이 있사옵니다."

"무슨 청인가?"

"사사로이는 대왕의 형인 발기 형의 시체를 모시고 왔나이다. 대왕께오서 형의 예로써 장사 지내주신다면, 온 백성들이 그 덕을 높이 칭송할 것이나이다."

"그렇게 하겠네. 자네는 내가 미처 생각지 못한 일을 깨우쳐주었네. 앞으로 나를 도와 백성들을 편안케 하고 나라를 부국으로 만들어보세."

산상왕은 발기를 후하게 장사 지내주었다.

나라는 평화로운 나날이 이어졌다. 재상 을파소의 선정이 날로 빛을 더해갔다. 그러나 왕과 왕후 사이에 일점 혈육이 없었다. 아무래도 우 왕후에게 문제가 있는 것 같았다. 후사를 걱정하면 재상 을파소가 위로했다.

산상왕은 후사를 점지해달라고 산천에 제사지내었다. 어느 날 밤 왕은 꿈을 꾸었다.

"내 너에게 후비로 하여금 생산케 하리라!"

하늘의 소리였다. 꿈이야기를 하고 산상왕은 한숨을 내쉬었다.

"하늘이 내게 후사를 준다고 했으나 내게는 후비가 없소."

"대왕마마, 하늘의 명을 헤아릴 수 없사오나 마마께오서는 좀더 기다리오소서."

을파소가 말했다. 산상왕은 을파소의 말대로 느긋이 기다리기로 했다.

임금의 충실하고 개혁적인 신하 을파소가 세상을 떴다. 임금은 억장이 무너지는 슬픔을 느꼈다. 후임에 고우루高優婁를 임명했다.

산상왕이 신하들을 거느리고 사냥을 나갔다. 때마침 멧돼지 한 마리가 나타나 임금이 활을 쏘았다. 화살은 빗나가고 놀란 멧돼지가 죽어라고 도망쳐 주통촌酒桶村에 이르러 온데간데없이 사라졌다. 신하들이 동네 인근 산을 샅샅이 살펴 그 멧돼지를 잡아왔다.

"대왕마마, 멧돼지를 잡을 때 무던히도 발버둥쳤사온데 한 여자가 나타나 멧돼지의 발을 잡자 죽은 듯이 가만히 있었나이다."

"이상한 여자로다. 몇 살쯤 되어 보이던고?"

"스무 살쯤 먹어 보였고 미색이 뛰어났나이다."

"그 여인을 한번 보고 싶구나."

임금은 그 여인의 얼굴이 어른거렸다. 궁으로 돌아온 임금은 그날 밤, 측근 한 사람을 대동하고 주통촌의 그 여인 집으로 미행했다.

그 여인 집에서는 임금의 미행을 미리 알고 음식을 장만해놓고 기다리고 있었다.

여인이 주안상을 들고 꽃단장을 하고 들어왔다.

"마마, 미천한 이 몸을 찾아주시니 몸둘 바를 모르겠나이다. 천행으로 후사를 얻게 되신다면 이 미천한 것을 버리지 마소서."

"염려 말게나."

그날 밤, 임금은 그 여인과 사랑을 나누었다. 아침 일찍 궁으로 들어와 시침을 뚝 떼었다. 그러나 낮말은 새가 듣고 밤말은 쥐가 들었다. 우 왕후의 귀에 여인의 소문이 들어갔다. 우 왕후가 임금에게 화를 내었다.

"대왕! 대왕이 보위에 오른 것이 누구 덕이오?"

"그야 왕후의 덕이지요."

"대왕은 은혜를 원한으로 갚을 생각이오?"

"그 무슨 섭섭한 말씀을…"

"주통촌 여자와 정을 통하는 것을 알고 있소이다."

"그야 후사가 급해서 잠시 외도를 한 게요."

"세상 떠난 을파소 재상의 말을 잊으셨소? 기다리라 하지 않았나이까."

"알고 있소."

"기다리소서."

임금은 대답이 없었다.

우 왕후는 주통촌에 사람을 보내어 그 여인을 죽이려고 했다. 무사가 그 여자의 목을 치려 하자 이를 제지하며 말했다.

"내 말을 들어보오."

"무슨 말이냐?"

"이는 나라의 중대사요. 대왕마마께서 알아야 하오."

"말해보라!"

"당신에게 묻겠소. 나를 죽이라고 명한 분이 대왕이오?"

"아니다."

"왕후시오?"

"그렇다."

"그렇다면 나는 죽을 수 없소. 나는 임금의 아기를 잉태하고 있소. 그러니 임금의 명이 아니면 나는 죽을 수 없고, 당신도 나를 죽일 수 없소."

무사는 그냥 돌아가 왕후에게 알렸다. 왕후는 더욱 노발대발하며 다른 무사를 보내었다. 그 무사가 이 사실을 임금에게 알렸다. 임금은 그 여자에게 값진 선물을 보내고 위로의 말을 전했다. 그리고 우 왕후를 만나 설득했다.

"왕후는 잘 생각해보오. 만약 주통촌의 여인이 아들을 낳으면 낳는 즉시 왕후의 아들로 삼을 것이오. 그래도 그 여인을 죽이겠소?"

우 왕후는 영리했다. 화사하게 웃으며 임금의 말에 따르겠다고 다짐했다.

그 후 열 달을 채우고 주통촌 여자는 아들을 낳았다. 임금의 기쁨은 말할 수 없었다. 아기의 이름을 멧돼지를 잡으러 가서 만난 여자의 몸에서 태어났다고 하여 교체郊彘라고 지었다. 이 교체가 후에 동천왕東川王이다.

우 왕후는 동천왕 8년에 세상을 떠났다. 산상왕은 그보다 훨씬 먼저 재위 31년 되던 5월에 승하했다. 우 왕후가 임종시에 이런 말을 했다.

"나는 실행失行을 한 여자다. 지하에 가서 무슨 낯으로 고국천왕을 보겠는가. 나를 산상왕 옆에 묻어다오."

동천왕은 어머니의 유언대로 산상왕 능 옆에 우 왕후를 장사 지내었다. 그러나 고국천왕의 능과 산상왕의 능은 가까워 서로 보이는 사이였다.

어느 날 무당이 동천왕에게 말했다.

"대왕마마 고국천왕의 영이 신에게 내렸나이다. 하온데 우 왕후께오서 산상왕의 능 옆으로 가시는 것을 보고 고국천왕은 분하여 산상왕의 영혼과 싸우고 계시나이다. 형제가 싸우는 것을 보고 우 왕후께오서 보기 싫다 하시었나이다. 두 형제의 능이 보이지 않게 능 사이에 나무를 심으소서."

동천왕은 두 능 사이에 소나무를 일곱 겹으로 심어 서로 보이지 않게 했다. 우 왕후의 영혼은 그제서야 안정을 찾았다.

❋ 중천왕의 무서운 결단

남옥저南沃沮 출신의 관나부인貫那夫人이 있었다. 그녀는 키가 크고 삼단 같은 머리채가 엉덩이까지 내려온 팔등신 미인이었다.

동천왕 때에 위魏나라가 고구려에 쳐들어와 수도 환도성이 점령당하고 동천왕은 남옥저 땅으로 도망친 일이 있었다. 그후 고구려는 다시 힘을 모아 위를 물리쳤다. 이때 남옥저 백성들은 고구려를 도와 열심히 싸웠다.

그리하여 고구려에서는 남옥저 인물들을 조정에 많이 기용했다. 남옥저에서 온 벼슬아치 딸 가운데 관나부인이 있었다. 이 부인이 중천왕中川王의 눈에 띈 것은 태자 시절이었다. 태자가 사냥을 나갔다가 돌아오는 길에 관나부貫那部의 어느 시골 부락을 지날 때였다. 삼단 같은 머리채를 엉덩이까지 늘어뜨리고 물동이를 이고 가는 여인이 태자의 눈에 들어왔다. 태자는 그 여인을 지나치다 힐끗 보고 그만 한눈에 반해버렸다. 희디흰 백옥 같은 갸름한 얼굴이 빼어난 미색이었다.

태자는 말 위에 앉은 채 여자에게 수작을 걸었다.

"이보오, 낭자. 목이 마려운데 물 한 모금 얻어 마실 수 있을까?"

여인이 가던 길을 멈추고 물동이를 땅에 내려놓고 표주박에 물을 떠서 태자에게 공손히 올렸다. 그 모습이 어찌나 아름다운지 태자는 넋이 나갈 정도였다.

"이 마을에 사시오?"

"예에."

"마을 이름이 뭐요?"

"영성촌永星村이라 하옵니다."

여자가 보조개를 보이며 샐쭉 웃었다. 그 웃음이 어찌나 고혹적인지 그만 정신이 아찔할 정도였다.

"그대의 이름을 알고 싶소."

"관나라 하옵니다."

"좋은 이름이오."

태자는 말을 달려 대궐로 돌아왔다. 그날부터 태자의 눈앞에 관나의 얼굴과 긴 머리채와 보조개가 패는 웃음이 어른거려 태자의 마음을 태웠다. 마음 같아서는 당장 궁으로 들이고 싶었으나 태자에게는 이미 태자비 연씨椽氏가 있었고, 동천왕이 무서워 엄두도 내지 못했다. 게다가 조정에서는 위나라를 칠 계책을 세우느라고 그 일에 매달려 있는 터에 후궁을 들이다니, 어림없는 수작이었다. 태자는 마음의 병을 앓으며 하루하루가 건조한 생활이었다.

관나가 생각나는 밤이면 말을 몰고 몰래 영성촌으로 달려가 고샅을 누비다가 돌아왔다. 태자의 마음이 관나에게 쏠려 있어 자연히 태자비 연씨에게 소홀해졌다. 태자비 연씨는 태자에게 사랑하는 여인이 생겼다는 것을 어렴풋이 알고 있었다.

부왕 동천왕이 위나라에 복수를 하지 못한 채 재위 22년 만에 서거하고 말았다. 태자가 왕위에 올랐다. 바로 중천왕이었다. 중천왕은 관나를 대궐로 들여와 후궁으로 삼았다. 이제는 거칠 것이 없었다. 신하들도 임금이 여자 하나 궁으로 데려오는 일을 아무도 탓하지 않았다. 그러나 왕후 연씨는 그날부터 심기가 매우 불편했다.

'내 앞에 시앗을 두고 볼 수 없다. 관나 그것을 어떻게든 왕과 떼어놓아야 한다.'

왕후는 관나 제거작전에 나섰다.

어느 날 밤, 중천왕이 모처럼 만에 왕후의 침전을 찾았다. 중천왕은 관나를 애지중지하면서도 왕후를 괄시하지는 않았다. 여자의 시기 · 질투로 인생을 망치는 일이 허다하므로 중천왕은 왕후를 가끔 챙겼다. 왕후는 주안상을 가운데 하고 임금과 나란히 앉았다.

"마마, 요사이 위나라와의 관계는 어떠하온지요?"

"왕후가 언제부터 나랏일에 관심을 두었소?"

왕이 의아해하며 물었다.

"신첩은 전왕이 절치부심하던 위나라 정벌을 이루지 못하고 승하하셨기에 마마의 의중이 궁금하나이다."

"위와는 그저 그런 관계요. 좋지도 그리 나쁘지도 않으오."

"마마, 신첩의 좁은 소견으로는 아직은 우리 고구려가 위를 제압할 만한 힘을 길렀다고 보지 않나이다. 양국간에 교린을 두터이 하여 화를 미연에 방지하는 것이 좋을 듯하나이다."

임금은 왕후가 달리 보였다. 기특하다는 생각이 들었다.

"옳은 말이오. 유념하리다. 왕후에게 두 나라 사이에 평화를 누릴 좋은 방책이 있는 게요?"

"마마, 혹 들으셨나이까?"

"무슨 소문이 난 게요?"

"위나라 왕이 머리채가 긴 여자를 구한다 하옵니다."

"뭐라구욧!"

임금의 목소리가 느닷없이 높아졌다. 임금은 왕후가 관나를 의식하고 질투심에서 나온 발상으로 여기고 몹시 기분이 상했다. 임금은 왕후든 관나든 시기 · 질투만은 결단코 막겠다는 평소의 소신이 뚜렷했다.

"마마, 명을 내리시어 긴 머리를 가진 여인을 구하시어 위로 보내시면 위에서 크게 기뻐할 것이나이다."

"그만! 왕후는 그만하시오!"

왕후가 임금의 눈치를 살피고 입을 다물었다. 임금의 용안이 붉으락푸

르락 분을 삭이는 모습이 역력했다. 그 모습을 보고 왕후는 심술이 생겨 다시 입을 열었다.

"마마, 신첩은 다른 뜻이 아니오라…"

"듣기 싫소!"

임금이 버럭 고함을 내질렀다. 왕후가 목을 움츠렸다. 그리고 속으로 욕을 했다.

'깜냥에 눈치는 빨라서 내 말귀를 얼른 알아듣는구만. 관나 그년을 내가 눈앞에 두고 볼 것 같은가? 두고 보라지…'

임금은 날이 밝는 대로 사냥을 떠나버렸다. 사냥터에서 임금은 궁리끝에 늙은 신하를 불러 명했다.

"이것을 왕후와 관나부인에게 전하시오."

"다른 말씀은 없으시나이까?"

"없소. 이 봉서만을 전하시오."

늙은 신하가 봉서 두 장을 왕후와 관나부인에게 전했다.

"시기·질투는 나의 적이오. 만약 시기·질투를 한다면 누구도 용납할 수 없소. 명심하기 바라오."

임금이 보낸 봉서에 이렇게 씌어 있었다. 왕후와 관나부인은 봉서를 보고 둘 다 파르르 떨었다.

'어느 한쪽이 사라져야 시기·질투가 끝날 것이다.'

두 여자 모두 한 치의 양보도 없었다.

임금은 사흘 낮밤을 사냥하고 궁으로 돌아왔다. 먼저 떠오르는 얼굴이 왕후보다 관나였다. 임금의 발걸음이 관나의 처소로 향해졌다. 관나의 처소에는 찬바람이 쌩했다. 관나는 임금이 찾아온 것을 알고 울음을 터뜨렸다.

"관나, 무슨 일인가?"

"마마, 소첩을 영성촌으로 돌려보내 주시오소서."

"별안간 무슨 말인고?"

"궁궐에 있으면 소첩, 언제 죽을지 모르나이다."

"그건 또 무슨 말인고?"

"이것을 보옵소서."

관나부인은 커다란 가죽 주머니를 보여주었다.

"이 가죽 주머니는 웬 것인고?"

"이 가죽 주머니에 소첩을 넣어 동해 바다에 던져버린다 하옵니다."

"누가 그런 짓을 한다는 말인고?"

"왕후마마께오서 그리 한다 하옵니다."

임금은 관나가 시기·질투로 흉계를 꾸미고 있다는 것을 알아차렸다. 순간 불덩이 같은 화가 치밀었다. 부러 봉서까지 보내어 시기·질투를 경고했거늘 그 사이에 흉계를 꾸미다니, 도저히 용서할 수 없었다.

"관나!"

"예에, 마마!"

"그대는 짐에게 거짓말을 하고 있다! 솔직히 말하고 용서를 빌라!"

"그 무슨 청천벽력 같은 말씀이나이까? 당치 않사옵니다. 소첩을 영성촌으로 보내주시오소서."

관나는 눈물을 뿌리며 임금에게 매달렸다.

"관나! 이 주머니에 관나를 넣어서 죽이려 했다는데 가죽 주머니를 관나가 어찌 갖고 있는가? 말해보라!"

"마마, 그것은…"

중천왕의 분노는 해를 활로 쏘고도 남을 만했다.

"여봐라, 밖에 아무도 없느냐! 관나를 이 가죽 주머니에 넣어 동해 바다에 던져버려라!"

"마마, 살려주소서!"

"꼴도 보기 싫다! 어서 거행하라!"

중천왕은 관나의 침전을 뒤돌아보지 않고 나와버렸다. 관나의 몸부림과 절규가 애처롭고 안타까웠다.

관나는 제가 판 함정에 제가 빠져버렸다. 가죽 주머니에 갇혀 동해 바다에 던져져 물고기 밥이 되었다. 중천왕은 금세 후회했으나 여자의 시기·질투는 결코 용서할 수 없었다.

그 뒤 관나에 대한 보상 심리로 남옥저 사람들을 더 많이 기용했으나 구멍 뚫린 가슴은 끝내 메워지지 않았다.

❀ 고구려를 먼저 찾은 부처의 빛

고구려는 미천왕과 고국원왕을 잃는 두 번의 무서운 싸움을 치렀다. 그전부터 고구려의 북쪽에서 수상하게 움직이던 선비족鮮卑族 모용괴慕容塊는 신성 태수 고노자高奴子가 있을 때는 별다른 움직임이 없었으나 모용괴가 죽고 그의 아들 모용황皝이 전연前燕이라는 나라를 세우고 또 다시 고구려를 넘보았다.

모용황은 고구려를 두 경로로 쳐들어왔다. 북도와 남도였다. 북도는 평탄하고 남도는 길이 험했다. 고국원왕 12년에 전연의 움직임이 수상했다. 고구려 조정은 전연이 만약 쳐들어온다면 평탄한 북도를 택할 것이라 여기고 고국원왕은 아우 무武에게 5만 병사를 주어 북도의 길목을 지키도록 했다. 그러나 고구려의 작전 실패였다.

적은 험준한 남도를 택하여 4만 명의 군사를 모용한翰과 모용패覇에게 나누어주어 쳐들어왔다. 북도로는 왕우가 1만 5,000 병사를 끌고 쳐들어왔다.

고구려는 북도에서는 대승을 거두었으나 남도에서 대패하여 환도성마저 짓밟혔다. 임금은 허겁지겁 단웅곡斷熊谷으로 도망쳤다. 적은 왕비 주씨周氏를 비롯하여 남녀 5만 명을 볼모로 잡아갔다. 그리고 미천왕의 시신마저 가져갔다. 고구려의 서울은 폐허로 변했다.

고국원왕은 할 수 없이 아우 무를 전연에 보내어 칭신稱臣했고, 공물까지 바쳐 모용황의 환심을 샀다. 고국원왕은 서울을 황성黃城으로 옮겼다. 모용황은 미천왕의 시신만 보내주고 왕비 주씨는 10년 후에 보내주었다. 고구려의 위기는 이때에 절정기였다. 엎친 데 덮친 격으로 고국원왕 41년에는 백제의 근초고왕近肖古王이 평양으로 쳐들어와 고국원왕이 피살되는 비운을 겪었다. 두 번이나 무서운 싸움을 치르고 난 고구려 백성들은 세상이 허무했으나 기댈 곳이 없었다. 그러던 중 소수림왕小獸林王 2년에 전진前秦의 왕 부견符堅이 서역의 중 순도順道에게 부도浮屠·불상·불경을 주어 고구려로 보내었다. 이것이 한반도에 불교가 들어온 시초였다.

불교가 중국에 들어온 것은 후한後漢의 명제明帝 영평永平 10년(서기 67년)이다. 한나라는 무제 때 서역 각국과 여러 차례 왕래하며 불교가 전래되었다고는 하나 일시적이고, 명제 때 채음蔡愔을 대월지大月氏국에 보내어 불경과 불상을 가져왔다. 대월지국의 왕 염고진왕閻膏珍王도 불교 신자여서 한나라의 사신을 우대하고 가섭마등迦葉摩騰과 축법란竺法蘭 등에게 불경과 불상을 백마에 실어 함께 보내었다.

먼 여행을 한 백마는 중국 낙양에 들어오자 그 자리에서 죽었다. 백마가 불경·불상을 싣고 와서 죽은 것을 인연이라 하여 죽은 자리에 백마사白馬寺를 짓고 가섭마등과 축법란에게 불경을 번역하도록 했다.

이때부터 불교의 경전이 식자에게 알려지기 시작했고 계속하여 월지국月氏國에서 지루가참支婁加讖, 안식국安息國에서 안세고安世高, 인도에서 축불삭竺佛朔, 강거국康居國에서 강맹상康孟祥 등이 들어와 역경譯經에 매달렸다. 상류계급에서부터 보급되기 시작한 불교는 후한 말에 널리 퍼져나갔고 위나라 때 더욱 번성해갔다. 처음에는 서역 스님이나 인도 스님에게만 스님이 되는 것을 허락했다. 위나라 문제 때 와서야 중국 사람에게도 스님이 되도록 허락했다.

위나라 때는 인도의 스님 담마가라曇隱迦羅가 계율戒律을 번역하고 진晋나라 때는 법호法護가 서역에 들어가 범경梵經을 얻어와 번역했다.

한편 인도의 스님 불도징佛圖澄은 후조後趙 때 들어와 석륵石勒 · 석호 石虎 등 국왕의 존신을 받아 불사를 일으키는 등 불법을 퍼뜨렸고, 후조 의 나랏일까지 돌봐주었다. 그의 제자 위도안衛道安은 전진으로 돌아가 바로 부견의 존신을 받아 불교를 널리 퍼뜨렸다. 그뿐만이 아니라 전진 의 부견이 세력이 강대하여 북쪽의 5호胡 나라를 거의 통일했다.

고구려는 전진과 국교를 맺어 불교가 들어왔다. 위도안의 권고로 부견 이 순도를 보내고 이어 아도阿道를 보내었다. 소수림왕 5년에는 초문사肖 門寺를 지어 아도를 두었다.

고구려의 불교는 그 당시 서역 승려들이 전파했으나 전파만 했을 뿐 불교의 학문적 전래는 없었다.

고구려 양원왕 9년의 교지에 '불법佛法을 숭신崇信하여 구복求福' 하라 했다. 또 유사有司에게 국사國社를 짓고 종묘를 잘 닦으라고 했다. 이로 보아 고구려의 불교는 구복 불교로 변하여 불교를 믿으면 누구나 복을 받는다고 믿게 되었다. 또 국사를 지었다는 것은 재래신과 불교가 어느 정도 융화되어간 것으로 보여진다. 유불교적인 행사가 이러한 국사에서 행해졌다고 보여진다.

광개토대왕 2년에는 평양에 9개의 절을 지어 백성들에게 부처를 믿게 했다. 이로 보아 환도성 중심의 불교가 전국으로 확산된 증거일 수 있다.

중원 북쪽에서 북위의 세력이 강성해지자 고구려는 북위와 교류가 빈 번했다. 장수왕 59년에 북위의 효문제孝文帝가 즉위하자 태무제太武帝 때 의 불교 탄압을 중지시키고 다시 불교 흥성을 도모했다. 효문제는 일곱 차례나 불교 부흥의 조서를 내렸고 스님에게 사원을 짓도록 권했다. 이 로부터 북위의 불교는 다시 흥하게 되었고, 다음 선무제宣武帝 때는 호승 으로서 중국에 머문 사람이 무려 3,000명이나 되었다. 선무제는 보리유 지菩提流支를 시켜 십지론十地論을 번역하도록 했다. 효명제孝明帝 때는 송운松雲 · 혜생惠生 등을 북인도에 보내어 경론經論 170여 부를 얻어오 도록 했다. 효문제 이후 불교가 크게 번성했다. 이 시기는 고구려 장수왕

이후이다. 북위의 숭불정책이 인근 고구려에도 크게 영향을 미쳐 불법이 성행했다. 《고시기古詩紀》에 고구려의 명승 정법사定法師의 '영고석詠古石'이라는 시 한 수가 전한다.

廻石直生空회석직생공
平湖四望通평호사망통
岩根恒灑浪암근항쇄랑
樹秒鎭搖風수초진요풍
偃流還漬影언류환지영
侵霞更上紅침하경상홍
獨授群峯外독수군봉외
孤秀白雲中고수백운중
둥근 돌은 하늘을 찌르듯
호숫가 있어 사방이 틔었네
밑뿌리의 돌은 물을 항상 뿌리고
나뭇가지는 바람을 막고 있네
흐르는 물에 그림자 잠겨 있을 적에
안개 헤치고 태양이 솟아오르네
홀로 여러 봉우리를 누르듯
백운 가운데 우뚝 솟았네

호숫가에 외로이 우뚝 솟아 있는 큰 봉우리를 보고 읊은 시로, 수도하는 스님의 심경을 담았다.

혜량惠亮은 고구려의 스님으로 신라로 들어가 승통僧統이 된 고승이다. 신라의 이찬 거칠부가 소년 시절에 중이 되어 고구려의 국정을 살피려고 혜량에게 불경을 공부했다. 혜량이 거칠부의 의중을 알고 고구려에 있으면 잡힌다고 돌려보내었다. 이때 혜량은 거칠부에게 이후 싸움터에서 만나면 서로 해치지 말자고 했다. 그후 고구려 양원왕陽原王 7년에 거칠부가 장군이 되어 죽령竹嶺 이외 고현高峴 이내의 10국을 점령할 때 혜량이 고구려를 탈출하여 내려오다가 그를 만났다. 혜량이 거칠부에게 말했다.

"고구려 정치가 문란하오. 나는 신라에 가서 불법을 펼까 하오."

"잘 오시었소."

거칠부는 혜량을 데리고 신라 수도로 돌아와 진흥왕에게 천거했다. 혜량은 승통이 되었다. 이때부터 신라에서 백좌강회百座講會와 팔관회가 시작되었다. 이로 보아 이때부터 고구려의 조정이 문란해 있었다는 것을 알 수 있다.

양원왕 2년에 안원왕이 재위 15년 겨울에 세상을 떠나 신왕을 세웠으나 다음해에 궁중을 중심으로 큰 싸움이 일어나 나라가 위태로웠다. 왕위 계승권 쟁탈전이 치열했던 것이다. 안원왕의 왕후가 셋이었는데 여기에 문제가 있었다. 정부인과의 사이에는 후사를 두지 못했고, 중부인이 왕자를 낳았는데, 외척은 추군麤群(대지大也)이었다. 소부인도 왕자를 낳았는데 외척이 세군細群이었다. 전왕의 병세가 악화되자 외척인 추군과 세군이 서로 자기편 왕자를 보위에 앉히려고 왕위 쟁탈전을 벌였다. 이 싸움으로 세군편에서 2,000여 명이 희생되었다. 이로 하여 나라 전체가 흔들리고 결과는 세군편의 완전 패배였다. 그리하여 양원왕이 겨우 8세의 나이로 보위에 오르고 외척이 정권을 거머쥐었다.

혜량은 당시 고구려의 고승으로서 궁궐에 출입하며 정치에도 관여했다. 거칠부가 염탐꾼으로 고구려에 잠입했을 때는 안원왕 시대로 혜량은 안원왕이 죽으면 혼란이 올 것을 미리 예측하고 있었다.

혜량은 거칠부의 두터운 신임을 얻어 신라에 들어가 승려의 최고 지위인 승통이 되었는데, 이는 당시 신라에 고승이 없었다는 증거이며 따라서 고구려 불교를 높이 평가했다는 증거이기도 하다.

혜관慧灌도 고구려의 스님으로 일본으로 건너가 원흥사元興寺에서 살면서 한여름 가뭄을 만나 그가 기우제를 지내어 영검이 있다는 이름을 날렸다.

혜자慧慈도 고구려 스님으로 일본으로 건너가 태자의 스승이 되어 교육을 담당했고, 기술 또한 특출하여 백공百工이 스승으로 삼았다.

혜편惠便도 고구려 스님으로 일본으로 건너가 환속한 명승이다. 위 세 스님은 점을 잘 치거나 기술이 뛰어난 명승으로 일본 사람에게 기술을 가르쳐 환영을 받았다. 이밖에 선신니善信尼는 나이 11세 때에 비구니가 되었고, 선장禪藏 · 혜선惠善 두 비구니는 선신니의 제자로서 이들이 일본 비구니의 시조가 되었다. 이 비구니들은 모두 혜편의 제자들이다.

또 고구려 스님 담징曇徵과 법정法定은 일본 추고推古 천황 18년에 일본으로 건너갔다. 담징은 5경을 달통했고, 일본 사람에게 채색彩色 · 종이 · 먹 등을 만들어주었으며, 또 곡식을 찧는 절구를 만들어주었다. 일본에서 절구가 생긴 시초이다.

고구려가 멸망할 때 남건男建이 최후까지 항전을 주장하며 신성信誠 스님에게 군사를 위임했으나 신성이 당나라 장군 이적李勣에게 내응하고 말았다. 그는 당나라에서 은청광록대부銀靑光祿大夫라는 직함까지 받았다.

고구려는 불교가 들어온 이후 임금의 좌우나 또는 집권자의 좌우에 늘 고승이 옆에 있어 정치적인 발언권을 행사했다. 신성의 경우에는 고구려 불교가 구복일교로 출발하여 나라를 망치는 데 역할을 하는 결과가 되고 말았다.

고구려 고승 가운데 나라 안에서는 제대로 활동하지 못하고 고국을 떠나 이름을 남긴 스님만이 그들의 전기나마 전해졌고, 나라 안에서 불심이 깊었던 스님은 찾아볼 수 없다. 예를 들어 백제의 개루왕을 타락시키고 국토까지 빼앗은 고구려 도림道琳 스님은 고구려로 돌아가 어찌 되었는지 기록 한 줄 남아 있지 않다. 고구려의 멸망과 함께 고승들의 기록이 모두 사라진 것일까? 안타까움을 금할 길 없다.

❀ 호태왕과 그의 아들

호태왕好太王은 고구려 제19대 광개토왕廣開土王을 말한다. 왕은 18세 때에 아버지 고국양왕故國壤王이 서거하자 그 뒤를 이었다. 왕의 이름은 담덕談德이다. 왕은 먼저 백제를 치고 신라를 원조해주었다. 또 동부여를 치는 등 20여 년 동안 국토를 크게 넓혔다.

왕은 백제의 비려성碑麗城을 치려고 친히 군사를 거느리고 부산負山을 넘어 염수鹽水가의 부락 세 군데를 습격하고 포로 67명을 얻었다. 이외에 소·말·양 등을 노획한 후 국경지대에서 여유작작 사냥을 즐겼다.

또 왕은 친히 수군을 거느리고 아리수阿利水(한강)가의 18성을 공격하고 백제의 도성 가까이 다가갔다. 백제군이 강하게 반발했다. 왕은 크게 화가 나서 소리쳤다.

"백제 왕은 들어라! 너는 우리에게 조공하더니, 선왕 고국천왕을 살해한 후 왜국의 군대까지 끌어들여 반항하고 있구나. 지금 당장 내게 용서를 빌면 목숨만은 살려주마. 현명한 판단을 하라!"

왕이 압박해 들어가자 백제왕은 남녀 1,000명과 세포細布 1,000필을 보내어 항복의 뜻을 표했다. 이때 왕은 58성을 얻고 700촌을 차지했다. 왕은 대승을 거두고 백제의 왕제王弟와 대신 10여 명을 볼모로 잡아갔다.

호태왕 9년, 백제가 또다시 고구려의 말을 듣지 않고 왜와 통교했다. 왕이 양나라에 갔을 때 신라에서 사신을 보내어 백제 국경에 왜인이 들끓는다고 고자질했다.

왕은 다음해에 군사 5만을 신라에 보내어 왜를 물리치도록 했다. 신라를 위한 배려였다. 호태왕 14년에는 왜가 대방군까지 침범했다. 왕은 대군을 이끌고 나가 친히 왜군을 물리쳤다. 3년 뒤 왕은 5만의 군대로 백제의 사구성沙溝城을 격파했다. 그리고 호태왕 20년에는 동부여를 쳐서 국위를 크게 떨쳤다.

왕은 18세에 등극하여 39세에 승하할 때까지 21년간 남정북벌南征北伐

하여 성 64곳, 부락 1,400여 곳을 차지했다. 대부분의 성과 부락은 백제의 것으로 백제는 이때 지금의 임진강 부근까지 고구려에 빼앗겼다.

나라가 전시체제에 들어가 살벌한 상황이었는 데도 고구려에 불교는 더욱 퍼져 평양에 40여 개의 절을 지어 신도의 수가 많이 불어났다.

호태왕은 웅대한 포부와 야심을 품고 있었다. 중원이 5호 16국 시대였으므로 이 기회에 중원으로 들어가 크게 위세를 떨치고자 했다.

그 당시 북연왕北燕王 고운高雲은 고구려 왕실의 자손으로 고구려와는 각별한 사이였다. 호태왕 17년에 북연에서 사신이 와서 자기 나라의 딱한 사정 이야기와 중원의 형편을 알려주었다. 중원을 싸고 도는 새외塞外 민족은 호시탐탐 중원을 노렸다.

고구려 서북쪽의 선비족이 강성하여 16국의 여러 나라를 만들었으나 오래 가지 못했다. 같은 선비족 중에 척발씨拓跋氏가 성공했다. 고구려가 남방보다도 일찍 이쪽에 눈을 떴더라면 중원을 크게 차지했을 것이다. 39세로 승하한 왕은 웅지를 겨우 펼 나이에 애석하게도 꿈을 접어야 했다.

지금 만주의 통구通溝 부근에 우뚝 솟은 왕의 비석이 지난 일을 증명할 뿐이다. 아쉬웠던 한 시대를 남기고 간 호태왕은 황량한 벌판에 큰 비석 하나로 남아 후세 사람들을 가슴 아프게 만들고 있다.

호태왕의 아들이 장수왕長壽王이다. 왕은 아버지의 대업을 이어받아 고구려를 강성대국으로 만들려는 꿈이 있었다.

중국의 고구려 동족의 나라 북연은 고운의 부하로 있던 풍홍馮弘이 임금이었다. 중국에서도 싸움이 잦아 북위北魏가 두각을 나타내더니 북연을 침략했다. 북연은 날로 세력이 약해지고 풍홍은 사세가 다급해지자 고구려에 기대어 재기해보려고 양이陽伊를 사신으로 보냈다.

"대왕은 북연왕의 친서를 보시고 저희 나라를 위기에서 구해주소서."

양이가 풍홍의 친서를 바쳤다. 장수왕은 친서를 읽었다. 매우 다급한 구원 요청이었다.

"…북쪽의 오랑캐 척발도(선비족)가 북연을 침범하고 있소이다. 북연의 처지는 풍전등화와 같으오. 대왕께서 여의치 않아 원병을 보낼 수 없으시다면 이 몸이 고구려로 가서 재기할 때까지 보살펴주소서."

장수왕은 동족의 나라가 위급존망의 상태라서 외면할 수 없었다.

"사신은 들으시오! 북연 왕께 구원해주겠다고 이르시오!"

"대왕마마, 이 은혜 자손 만대까지 갚으오리다."

장수왕은 이번 기회에 중원으로 들어갈 발판을 만들려는 야심을 품었다. 그리하여 흔쾌히 구원 약속을 한 것이다.

왕은 갈로葛盧와 맹광孟光 두 장수에게 수만 명의 군사를 나누어주고 북연을 구하라고 파병했다. 북연왕은 고구려 군을 환대하고 두 장군을 화룡성和龍城으로 안내했다. 화룡성은 북연의 수도였다. 북위군이 화룡성 가까이 와 있었다.

고구려군은 북연의 군복으로 갈아입었다. 완전히 북연군으로 위장한 것이다.

북위의 상서령 곽생郭生이 군사를 이끌고 쳐들어왔다. 고구려군은 전황을 재빨리 파악하고 동문으로 나아가 곽생을 죽이고 북위 군사를 막았다. 북위군은 장수가 죽었는데도 성을 에워싸고 풀지 않았다. 장수가 죽자 오히려 결사적으로 달려들었다.

갈로와 맹광이 머리를 맞대었다.

"장기전에 버틸 만큼 성안에 군량이 비축되어 있는지 모르겠소."

"아마 몇 달 버티지 못할 것이오. 기껏 한두 달 버틸 군량뿐인 줄 아오."

"그렇다면 아군의 희생을 줄이고, 힘이 남아 있을 때 탈출작전을 짜야하겠소."

"좋은 생각이오."

두 장군은 풍홍에게 고구려로 옮기라고 건의했다.

"그 방법밖에 없소이까?"

"의외로 북위군이 강하나이다. 잠시 고구려로 옮겨 힘을 기른 다음 본토 탈환작전에 나서야 할 것 같나이다."

"장군들의 의향이 그렇다면 따를 수밖에요."

탈출작전이 벌어졌다. 성안의 귀중품을 챙기고 여자들에게도 군복을 입히고 어린이·노인들은 수레에 태웠다. 수레와 여자들은 고구려군의 중간중간에 끼워넣어 보호하게끔 배치했다.

그믐밤이었다. 칠흑 같은 어둠을 틈타 북문을 열고 기병들을 내보내었다. 북위군은 북연이 탈출한다며 병력을 북문으로 집결시켰다. 이 틈을 노려 대부대가 남문을 열고 성을 탈출했다. 성이 텅 비워졌을 때 성에 불을 질러버렸다. 화염이 하늘을 찔렀다.

그제서야 북위군은 속은 것을 알고 사방의 문을 점검해보았으나 이미 늦어버렸다. 북위군은 추격전을 벌이려다가 매복이 두려워 그만두었다.

장수왕은 북연의 풍홍왕을 북풍北豊에 두고 고구려의 통제를 받도록 했다. 그러나 풍홍은 여전히 제 나라의 의식을 고집하여 장수왕은 풍홍의 태자 왕인王仁을 볼모로 잡아왔다.

풍홍은 고구려에 서운한 감정을 가져 송宋과 내통하고 송으로 달아나려고 했다. 장수왕은 풍홍이 줏대없이 보여 크게 화를 내고 장군 손수孫漱와 고구高仇에게 명하여 풍홍을 없애라고 했다.

송나라에서는 이 사실을 까맣게 모르고 왕백구王白駒를 보내어 풍홍을 데려가려고 했다. 고구려의 두 장수가 두고 볼 리 없었다. 왕백구가 먼저 고구려의 두 장수와 싸움을 걸어 고구가 전사하고 손수가 포로로 잡혔다.

장수왕은 분통이 터져 왕백구를 잡아 송나라로 보내고 손수를 돌려 받았다. 북연의 풍홍은 줏대없이 송나라에 붙으려다가 결국 패사하고 고구려는 모처럼 중원으로 나갈 기회를 놓쳐버렸다.

한반도에서는 신라가 점차 강해져 고구려의 변장邊將을 죽였다. 장수왕은 대노하여 신라를 치라는 영을 내렸다. 신라에서는 수습에 나서 장수왕에게 사죄하고 전쟁을 면했다. 그러나 이때부터 고구려와 신라가 삐걱거려 고구려는 신라의 실직주悉直州(강릉)를 점령해버렸다.

또 장수왕 63년 백제의 도성에 쳐들어가 개로왕을 죽이고 남녀 8,000

여 명을 잡아왔다. 이때부터 3국의 정세는 급변하여 신라와 백제가 동맹을 맺고 고구려를 견제했다. 그러나 동맹국이 고구려를 이기기에는 역부족이었다.

이 무렵 고구려의 영토는 제일 크게 확대되어 반도 안에서 한강선을 넘어 지금의 충청도 남부 일부에서 죽령까지 뻗쳤고, 강원도 일부분까지 차지했다. 북쪽으로는 만주의 대부분을 장악하고 서울을 평양으로 옮겼다. 결국 수도를 한반도로 옮겨 북쪽 만주 일대를 차차 내주게 되는 비운을 맞게 된다.

그러나 장수왕 때에 고구려 국토가 제일 넓고 강성했다. 장수왕은 수도를 평양으로 옮기고 신라와 백제를 멸망시키려고 했을까? 그냥 만주 땅에 수도가 있었다면 한반도의 지도는 어떻게 변해 있을까? 자못 궁금하고 서운한 대목이다.

◉ 고구려의 무속

원래 무당이란 말은 퉁구스 어에서 그 유래를 찾을 수 있다. 남자 무당을 박수라고 하는데, 이는 만주어의 박시에서 온 것으로 한문으로 박사博士라고 한다. 중국 음으로 사는 스로 발음된다.

고대의 무당은 만능의 신으로서 백성들을 총괄했다. 고대인은 무당을 숭배하여 그의 말을 전적으로 신뢰했다.

무풍巫風은 노래와 춤을 말한다. 춤이나 수렵은 아무 때나 하지 못한다. 무는 가무로써 귀신을 섬기므로 가무는 무격巫覡의 풍속이 된다. 고대에 나라를 세운 사람은 무격을 불러 가무만으로 세월을 보내지 않았다. 덕을 버리고 노래와 춤으로써 귀신을 섬기는 무당은 정치를 기울게 하는 것이라고 이를 경계했다. 무당도 가무만을 일삼지 말고 항상 덕을 닦고 쌓아야 한다고 경고하고 있다.

고구려의 무풍은 여러 가지로 보인다. 예를 들어 유리왕 19년 8월, 제사를 지내려고 교외로 나가 멧돼지를 잡으려다가 놓쳐버렸다. 왕은 탁리託利와 사비斯卑를 불러 쫓아가 놓친 멧돼지를 잡아오도록 했다. 두 사람은 장옥지長屋池에 이르러 겨우 그 멧돼지를 잡고 너무 분하여 멧돼지의 뒷다리 하나를 잘라버렸다.

이 소식을 듣고 유리왕은 대로했다.

"무엄하도다! 하늘에 제사지낼 제물을 상하게 하다니 불경스럽구나. 두 사람을 목베라!"

탁리와 사비는 목이 달아났다.

9월에 유리왕이 병이 들어 중태에 빠졌다. 무당이 점을 쳐서 점괘를 알렸다.

"대왕께오서 탁리와 사비를 죽여 그 탈로 병이 든 것이나이다."

병의 원인을 알았으니 치료방법도 알았다. 무당은 푸닥거리를 했다. 귀신을 쫓는 굿이었다. 유리왕은 푸닥거리를 한 후 병이 씻은 듯이 나았다.

왕의 최측근에 무당이 항상 대기하고 있었다. 무당은 신의 뜻을 알고 있어 사람들의 생로병사를 책임져주었다.

유리왕이 죽인 두 사람의 수祟, 즉 동티가 나서 임금이 병이 들었다는 것이다. 수는 신神의 화禍라고 했다. 화는 사람이 부르는 것으로 여기에 신이 붙어 나오고 수는 신이 자기 스스로 나타나 사람을 경계하도록 한다는 것이다. 따라서 수는 신이 주는 보복이었다. 그리하여 유리왕이 신에게 사죄하고 병이 나았다.

고구려 차대왕次大王 3년 7월, 임금이 평유원平儒原으로 사냥을 나갔다. 때마침 흰 여우가 '캐앵캥' 슬피 울었다. 임금은 곧 활을 당겼으나 빗나갔다. 왕은 화가 나서 따라온 무당에게 물었다.

"여우가 어찌하여 슬피 우는고?"

"여우는 요사스러운 짐승이나이다. 좋은 징조가 아닌 듯하오이다. 더구나 백여우는 여우 중에서도 요사스럽다고 알려져 있나이다. 하늘이 말씀을 선선히 하지 않고 요괴한 물건, 즉 여우를 나타나게 한 것이오. 대왕께오서는 덕을 닦으시어 장차 닥쳐올 화를 면하소서."

왕이 덕을 닦아 선정을 베풀면 요괴는 나타나지 않고 오히려 전화위복이 된다는 것이었다.

"그 무슨 소리냐? 흉한 것이 나타나면 흉하고 길한 것이 나타나면 길한 것이 세상 이치이거늘 네가 감히 나를 기휘하려 드느냐?"

차대왕은 화가 나서 따라온 무당을 죽여버렸다. 하늘·신·땅과 통한다는 무당도 임금의 권력 앞에서는 무력하기만 했다. 이는 차대왕이 정치를 잘못했음을 입증하는 얘기이다.

다음해 4월 4일에 일식이 있었고, 5월에는 5성이 동방에 모였다. 이것을 본 일관日官이 임금의 노여움이 두려워 거짓 고했다.

"대왕마마, 이러한 현상은 마마의 덕 때문이나이다. 따라서 우리 나라의 복이옵니다."

아첨으로 실은 거짓을 고한 것이다. 일관은 점치고 천기를 보는 벼슬아치였다. 이들은 특히 태양신을 받들었으나 무당과 다를 바 없었다.

산상왕山上王의 후궁이 잉태했을 때 무당을 불러 점을 쳤다.

"썩 좋은 점괘가 나왔나이다. 장차 태어날 아기씨는 왕후가 될 팔자를 타고 났나이다."

무당은 그야말로 무엇이든 알아내는 신통력을 지니고 있다는 설명이다. 무당은 영적 세계를 마음대로 왕래한다고 고구려 백성들은 굳게 믿었다.

보장왕 4년에 당나라 군사가 요동으로 쳐들어왔다. 이때 당태종도 함께 왔다. 당의 명장 이적이 요동성을 포위하고 20여 일을 계속하여 공격을 퍼부었다. 고구려 군사들은 성안 백성들과 힘을 모아 끝까지 저항했다.

어느 날 성안이 북치고 소리 지르는 등 천지가 진동하는 듯했다. 백성들은 웬일인가 하여 소리 나는 쪽으로 모여들었다. 요동성 안 시조 주몽의 사당에서 굿판이 벌어져 있었다. 사당 안에는 갑옷·무기 등이 갖추어져 있고 주몽의 위패가 모셔져 있었다. 이는 조상신을 모시는 것을 증명해주고 있다.

요동성이 당나라군에게 포위당한 채 고전을 면치 못하자 백성들이 무당에게 주몽 사당에 제사지낼 것을 건의하여 이뤄진 굿판이었다. 무당은 춤을 추면서 신에게 고했다.

"요동성이 급하오. 주몽신님께 새 장가 들여줄 터이니 요동성을 구하소서."

"이보시오. 무당. 신에게 사람을 어찌 혼인시킨단 말이욧!"

백성들이 물었다.

"신이나 사람이나 똑같으오. 아름다운 처녀를 구해다가 주몽신에게 시집보내어 요동성을 구해야 하오."

백성들은 무당의 말을 믿고 성안에서 제일 예쁜 처녀를 골라 사당에 넣어주었다. 처녀는 결혼할 때와 같이 예복 차림으로 신에게 시집을 갔다. 그러나 형세가 더 불리해져 요동성은 함락당하고 말았다.

고구려의 무당은 점도 치고 법도 고치고 예언도 하는 등 만능 인간으로 신의 대리인 역할을 했다. 그러나 시조 주몽을 장가까지 들여 요동성을 지켜달라고 했으나 허사였다. 원래 무속巫俗이란 이런 것이지만 현재까지 우리의 정서로 남아 전통문화가 되어버렸다.

❀ 대방 태수의 딸

고구려 안장왕安藏王 때는 비교적 평화를 유지했다. 중국의 남북조 시대도 평온했고, 나제羅濟동맹도 유야무야되어 천하가 태평했다. 안장왕은 양梁나라에 사신을 보내었다. 양나라에서는 고구려 사신을 후하게 대접하고 고구려 왕을 책봉해주었다. 앞으로 양나라 편을 들어달라는 수작이었다. 고구려 사신이 귀국길에 올라 위나라에 억지로 끌려가 위나라에서도 후대를 받았다. 거기서도 고구려 왕을 책봉하고 앞으로 위나라 편을 들어달라고 추파를 던졌다. 중국의 나라들이 경쟁이나 하듯 고구려를 자기 나라 편으로 끌어들이려고 안달이었다.

그런데 유야무야된 나·제동맹이 다시 군사를 일으키지 않아 안장왕은 슬그머니 욕심이 생겼다. 동맹군에게 빼앗긴 땅을 회복하고 싶어졌다.

안장왕 11년, 왕은 백제와 싸움을 걸어 친히 병사를 거느리고 오곡성五谷城을 쳤다. 결과는 대승리였다. 백제군 2,000여 명을 사로잡아 개선길에 올랐다.

안장왕의 정벌군이 한수를 건너 북으로 행진하다가 날이 저물어 야밤 행진이 계속되었다. 희미한 횃불 하나로 논둑 밭둑을 넘어가는 군사들이 지치고 넘어져 개선군 같지 않았다. 안장왕은 난감했다. 날이 저물기 전에 진을 칠 곳을 잡아 야영을 했어야만 했다. 뒤늦게 후회가 되었다.

그때였다. 앞산에 횃불이 비치더니 누군가 마중을 나오고 있었다. 안장왕은 경계심을 늦추지 않고 횃불이 다가오기를 기다렸다.

"횃불을 들고 오는 자가 누구냐?"

고구려 장수가 외쳤다.

"여자이옵니다. 하오나 염려 놓으소서. 대왕마마를 모시러 오는 길이오이다."

여자가 횃불을 앞세워 안장왕 앞에 와서 생긋 웃으며 허리를 굽혔다.

"그대는 누구인가?"

"소녀, 한씨漢氏 여자 사신이옵니다."

"이 밤중에 어인 일로 왔는고?"

"대왕마마의 앞길을 밝히고자 왔나이다."

"기특하도다. 어디 사는고?"

"소녀를 따라오시오소서."

안장왕은 한씨 사신의 뒤를 따랐다. 일행이 한참을 행진했다. 갑자기

불빛이 밝아지더니, 동산에서 한씨 여자가 횃불을 들고 내려와 말했다.

"대왕마마를 기다리던 한씨의 계집이나이다."

여자가 공손히 머리를 숙였다.

"고마운 일이로다. 뒤에도 일행이 많으니 불을 밝혀 인도해주오."

"염려 놓으소서. 밤이 깊었사오니 군사들은 오늘밤 이곳에서 야영을 하시고 마마께오서는 소녀의 처소에 드시오소서."

"고마운 일이오."

안장왕은 한씨의 여인이 인도하는 대로 따라갔다. 한씨의 여인 집은 동산 밑에 있었다. 겉으로는 허술해 보였으나 안으로 들어가보니 넓은 집터에 여러 채의 집이 있었다. 수백 명의 가솔을 거느릴 만한 규모였다.

안장왕은 여인의 안내로 잘 꾸며진 방안으로 들어갔다. 피로가 한꺼번에 몰려왔다. 여인이 밖에 나가 하인들에게 주안상을 들려 들어왔다.

"대왕마마께오서 이곳을 지나실 줄 알고 미리 준비해놓았나이다. 소찬이나마 정성껏 마련했사오니 즐겁게 드시오소서."

여인이 술잔에 술을 따랐다. 안장왕은 비로소 여인을 자세히 볼 수 있었다. 관솔불에 비친 여인은 빼어난 미인이었다. 이목구비가 뚜렷하고 얼굴에서 귀티마저 풍겼다. 임금은 술 한잔을 들이켜고 여인의 신상이 궁금하여 물었다.

"무슨 연유가 있는 게요? 내 눈에 그리 보이오."

여인이 수줍은 미소를 띠고 낭랑한 목소리로 말했다.

"소녀 한나라 사람이옵니다. 전에 대방군帶方郡이 이곳을 차지하고 있었을 때 소녀의 아비는 이곳 태수였나이다. 백제의 침략을 받아 아비는 전사하고 소녀 홀로 남아 이 집을 지키고 있나이다."

"오오, 그런 연유가 있었구만. 많이 힘들겠소."

"소녀, 오늘을 기다리며 견뎌냈나이다. 이곳은 이제 고구려의 땅이 되었나이다. 소녀 또한 고구려 백성으로 다시 태어났나이다."

"본토로 돌아가지 그러오?"

"본토 또한 어지러워 소녀 갈 곳이 없나이다. 대왕마마께오서 은혜를 베푸시어 고구려 백성으로 살도록 해주시오소서."

"그야 어렵지 않은 일이오."

"대왕마마께 한 가지 청이 있나이다."

"말해보오."

"아버지의 원수 백제를 쳐주시오소서. 하오면 소녀 대대로 그 은혜를 갚겠나이다."

"으음… 단단히 한이 맺혔구만."

"소녀 생전에 백제가 망하는 꼴을 보고 싶나이다."

"그대의 원한을 풀 수 있도록 노력해보겠소."

"마마, 고맙사옵니다."

여인이 감격에 겨워 안장왕의 품에 찰싹 안겼다. 전쟁 마당에서 헤어난 안장왕은 여인의 살냄새에 아찔한 현기증을 느끼며 여인을 안고 뒹굴었다. 여인은 안장왕을 마음과 몸으로 받아들여 만리장성을 쌓았다.

이튿날, 안장왕은 느지막이 길을 떠났다. 여인은 새색시처럼 꾸미고 나와 임금을 전송했다.

"마마, 소녀를 잊어도 좋으나 백제만은 기어코 쳐주시오소서."

"알겠네. 만날 날을 기약하세나."

"소녀 이곳에서 검은 머리가 파뿌리가 되어도 마마를 기다릴 것이나이다."

안장왕은 코허리가 찡했다. 비록 하룻밤 인연이었으나 고구려 여인과는 다른 체취를 풍겼다. 외로움에 떠는 한씨 여인에게서 안장왕은 여인의 한과 피맺힌 설움을 온몸으로 풀어내는 희열을 맛보았던 것이다.

고구려 군사들의 긴 행렬의 꼬리가 동산 모퉁이로 사라질 때까지 여인은 먼산 바라기로 서 있었다.

"대왕마마!"

여인이 메아리를 보내었다. 그러나 안장왕은 듣지 못했다. 후세 사람들은 여인이 살던 곳을 임금이 미녀를 만난 곳이라 하여 왕봉현王逢縣이라고 불렀다.

✸ 합중에서 분열로

서기 245년, 고구려의 동천왕은 자주 군사를 일으켜 그동안 단군조선의 땅에서 잠식당한 연나라 땅 회복에 나섰다. 그런데 중원의 새로운 강자로 떠오른 위나라는 유주자사 관구검을 사령관으로 삼아 고구려를 공격했다. 고구려군은 비류수에서 적을 맞아 크게 이겼다.

그후 두 달 뒤 10월, 관구검은 재차 고구려의 수도 환도성을 기습 공격했다. 동천왕은 졸지에 당한 일이어서 성을 버리고 달아날 수밖에 없었다. 동천왕은 백제에 구원을 요청했다.

구원 요청을 받은 백제는 진충 장군을 보내었다. 진충은 한족에 아첨하는 낙랑의 배후를 공격하여 고구려의 숨통을 틔어주었다. 고구려는 이에 힘을 입어 관구검을 반 년 만에 퇴각시켰다. 그러나 그 후유증은 엄청났다. 그들은 환도성을 쑥밭으로 만들어버리고 귀중한 문화재를 약탈해갔다. 동천왕은 환도성에서 평양으로 수도를 옮겨버렸다.

이듬해 동천왕이 죽었다. 고구려 조정은 왕위를 놓고 심한 암투가 벌어졌다. 동천왕의 뒤를 이어 아들 중천왕中川王이 보위에 올랐으나 별로 활약이 없었다. 중천왕의 뒤를 이어 서천왕西川王이 등극했다. 서천왕은 숙신·양맥 연합군의 도전을 받았다. 두 거수국이 고구려를 얕보고 조공을 거부해버렸다. 서천왕은 동생 달고를 사령관으로 임명하여 그들을 응징토록 했다.

달고는 숙신의 영토 깊숙이 들어가 단로성을 빼앗았다. 숙신은 부여의 남쪽 금천으로 쫓겨났다. 달고는 안국군으로 봉해지고 내외 병마사를 겸직했다. 그리고 점령지를 영지로 하사받았다.

서천왕이 죽고 봉상왕烽上王이 등극했다. 봉상왕은 백성들의 인기를 한몸에 얻고 있는 숙부 달고를 불안하게 여겼다. 봉상왕은 국경지대에 머물고 있던 숙부 달고를 불러 죄를 뒤집어씌워 죽여버렸다. 그래도 마음이 놓이지 않아 봉상왕은 달고의 동생 돌고도 죄를 뒤집어 씌워 죽여버렸다. 이때 돌고의 아들 을불은 난을 피해 도망쳐버렸다.

을불은 수상 창조리와 은밀히 내통하여 봉상왕을 사로잡았다. 봉상왕은 스스로 목숨을 끊게 해달라고 애걸하여 그의 뜻을 받아들였다.

을불이 왕위에 올랐다. 미천왕美川王이었다. 미천왕은 왕위에 올라 민심을 다독거리고 외교에 눈을 돌렸다. 백제에 사신을 보내어 동맹을 맺고 대방 · 낙랑 등 한족을 돕는 두 나라를 치고 연나라 세력을 꺾자고 제의했다. 백제는 고구려와의 동맹을 흔쾌히 받아들였다.

서기 313년 고구려와 백제는 낙랑과 대방을 동시에 공격하여 멸망시켜버렸다. 또 서기 317년에는 백제의 해군이 양자강 유역에 진출하여 북쪽에 선양군, 남쪽에 광릉군을 설립하여 양자강 입구와 하구를 완전히 장악해버렸다. 이로써 내륙 쪽에서 흘러나오는 상품을 독점할 수 있었다. 송과 진晉나라에서는 백제의 세력이 두려워 백제의 영지를 인정해주었다.

한편 고구려와 백제가 동맹작전으로 대방과 낙랑을 멸망시킨 결과 완충지대 역할을 하던 낙랑이 사라지자 고구려와 백제는 국경을 맞대게 되었다. 그리하여 시간이 흐를수록 두 나라 사이에 국경분쟁이 심심찮게 벌어졌다.

때마침 백제는 근구수近仇首를 총사령관으로 임명했다. 근구수는 근초고왕의 아들이었다. 사령관이 된 근구수는 고구려의 내막을 알려고 세작(첩자) 사기를 고구려군에 들여보냈다. 사기는 고구려군에 들어가 신임을 얻어 동향을 낱낱이 살핀 후 도망쳐 백제로 돌아왔다. 근구수는 사기의 첩보를 바탕으로 하여 작전을 짰다. 근구수는 연나라 모용황과 불가침동맹을 맺고 백제군을 고구려의 서쪽으로 진출시켰다. 고구려는 백제의 압박에 위험을 느꼈다.

서기 369년, 고구려의 미천왕이 죽고 고국원왕故國原王이 등극했다. 고국원왕은 연나라와 잠정적인 휴전조약을 맺고, 보기군단 2만 명을 이끌고 백제의 치양을 공격했다. 두 나라 사이에 전면전이 벌어졌다. 그 결과 백제군은 사기의 첩보에 힘입어 고구려군을 대파시켰다. 대륙을 종횡무진 누비던 고구려의 막강한 보기군단도 백제군의 첩보에 의한 작전에 휘말려 속수무책으로 무너졌다.

2년 후 고국원왕은 3만 명의 군대를 동원하여 복수전을 펼쳤다. 이번에도 백제의 첩보전에 걸려 패하고 말았다. 고국원왕은 전쟁터에서 백제군의 독화살을 맞고 쓰러졌다.

근구수는 백제에서 영웅이 되었다. 그는 연나라와의 동맹을 파기하고 북경을 공격하여 장악한 후 요서와 진평 2군을 설치했다. 그리고 북부여를 공격하여 수도 녹산鹿山을 빼앗았다. 북부여는 개원開原으로 수도를 옮겼다.

이 무렵, 진秦나라 부견符堅이 90만 명의 대군을 동원, 선비鮮卑를 쳐서 멸망시켰다. 선비의 모용씨가 패잔병을 이끌고 와서 근구수에게 구원병을 요청했다. 이에 근구수는 모용씨와 동맹을 맺고 진나라와 싸웠다.

진나라는 이보다 더 시급한 문제에 부딪혔다. 중원의 패권 다툼을 놓고 진晉나라와 싸웠으나 크게 패하고 말았다. 이 틈을 노려 근구수는 옛 청구의 땅을 부견에게 요구했다. 부견이 거부하자 전쟁을 치러 청구땅을 차지했다.

근구수는 그 여세를 몰아 진晉나라와 싸움을 벌여 대승한 후 양자강 하구의 선양군과 광릉군을 연결, 황해는 백제의 내해內海가 되었다. 옛 조선의 영지를 거의 다 회복하여 동이족의 세력을 중원에 떨쳤다.

근구수가 중원에서 세력을 떨치고 있는 사이에 고구려는 고국원왕이 죽고 소수림왕이 등극하여 백제의 수곡성을 빼앗았다. 근구수는 일단 중원의 정벌을 멈춰야 했다. 게다가 근초고왕이 죽자 왕위에 올랐다.

근구수왕은 서기 377년 10월, 3만 명의 군사로 평양 공격에 성공했다. 고구려는 강력한 백제군에게 전투마다 패했다. 소수림왕은 반격전을 폈으나 패하였다. 그야말로 백제의 전성기였다. 막강한 고구려군도 백제의 근구수왕에게는 연전연패였다. 두 나라 사이는 처음에는 합종으로 손을 잡았다가 곧 분열되어 적대국이 되었다. 나라와 나라 사이에는 영원한 우군도 적도 없었다. 상황에 따라 변하는 시세만이 있을 뿐이었다.

✿ 바보 온달

평원왕平原王의 딸 평강平岡 공주는 어렸을 적에 울보였다. 한번 울음보가 터지면 막을 길이 없었다. 한나절 내내 울음을 그치지 않아 궁궐 사람들이 머리를 내저었다. 임금 내외도 울보 앞에서는 속수무책이었다.

당시 수도 외곽에 온달溫達이라는 소년이 살았다. 사람이 어찌나 순하고 착한지 바보처럼 보였다. 그래서 세상 사람들은 '바보 온달'로 불렀다. 기실 '바보 온달'은 착한 사람의 대명사이기도 했다.

온달의 소문은 대궐에도 퍼져 임금 내외는 공주가 울음보를 터트리면 놀리느라고,

"울음 뚝! 그치지 않으면 온달에게 시집보낼 게야."

하고 어르었다.

공주는 울 때마다 바보 온달을 귀에 못이 박이도록 들었다. 조금 자라서는 임금 내외가 온달을 입에 담으면 신통하게도 울음을 그쳐버렸다. 공주에게 온달은 분신처럼 되어버렸다.

온달은 홀어머니를 극진히 모셨다. 동네 사람들은 착하고 사람 좋은 온달을 놀리고 심지어는 때리기까지 했다. 그래도 온달은 배시시 웃으며 대꾸조차 하지 않았다. 온달보다 작은 아이들이 따라다니며 괴롭혀도 절대로 힘으로 제압하지 않고 괴롭히는 아이들이 스스로 지칠 때까지 놓아

두었다. 아이들은 제풀에 지쳐 그만 나가떨어졌다.

온달은 산에서 나무를 하여 장에 팔아 생계를 꾸려갔다. 홀어머니는 안질에 걸려 실명하고야 말았다. 눈먼 어머니를 봉양하는 온달은 몹시 고달팠으나 언제나 웃는 낯이었다.

공주가 훌쩍 자라 혼인할 나이가 되었다. 명문대가의 사내들이 줄을 섰다. 평원왕은 신랑감을 골랐다. 그런데 정작 시집을 갈 공주는 관심이 없었다.

"애야, 명문가의 장부들이 너에게 장가들겠다고 줄을 섰느니라. 기쁘지 않으냐?"

왕후가 공주의 마음을 떠보았다. 그런데 공주의 입에서 기절초풍할 말이 튀어나왔다.

"어마마마, 소녀 마음에 둔 정인이 있나이다."

"공주! 그 무슨 발칙한 말이더냐! 정인이 있다니, 공주가 입에 담을 말이 아니니라!"

"어마마마, 소녀의 정인을 두 분 마마께오서 오래 전에 소개해주셨나이다."

"무어라? 우리가 소개했다고? 누구더냐?"

"바보 온달이나이다."

"무엇이야? 그 사람은 네가 하도 울기에 장난으로 한 말이니라."

"아니옵니다. 소녀 어릴 적부터 그분을 가슴에 담고 그리워했나이다."

"공주! 정신 차리거라! 그 사람은 바보이니라."

왕후는 평원왕과 상의했다. 보통 심각한 문제가 아니었다.

"공주가 바보가 된 게 아니오?"

"웃어 넘길 일이 아니나이다. 공주의 얼굴에 비장한 결의가 보이더이다."

"혼사를 서둘러야겠소. 왕후는 심려 마오."

평원왕은 신랑감을 골랐다. 고구려 최고 명문가의 신랑을 골라 국혼을 발표했다.

"공주야, 네 신랑감은 이 나라 최고의 집안에 최고로 똑똑하고 잘난 청년이니라. 내일이면 혼인 날짜가 잡힐 터이니 그리 알라!"

"아바마마, 소녀의 신랑은 따로 있나이다."

"온달 말이더냐?"

"예에, 그분이 제 배필이나이다."

"공주! 정신 차리거라. 그자는 이 나라에서 제일 가는 바보이니라."

"아바마마, 소녀는 부모님이 가르쳐주신 대로 오로지 법도에 따를 뿐이나이다. 두 분 마마께오서는 소녀를 어릴 적부터 온달님에게 시집보낸다고 하셨나이다. 소녀의 신랑은 오로지 온달님이나이다."

"듣기 싫다. 네가 하도 울음보가 길어 공연히 한 소리를 바보가 아닌 다음에야 어찌 곧이곧대로 믿는단 말이더냐!"

"소녀의 마음은 불변이나이다."

"잠자코 애비가 시키는 대로 따르렷다!"

"그럴 수 없나이다."

"그렇다면 궁궐을 나가거라!"

"알겠나이다."

그날 밤, 평강공주는 평복 차림으로 궁궐을 나왔다. 패물 보따리가 손에 들려 있었다. 그 길로 공주는 온달이 살고 있다는 수도 외곽으로 발길을 돌렸다. 밤새도록 걸어 이튿날 아침, 온달의 집에 닿았다. 공주가 상상하던 것보다 더 온달의 집은 초라하고 왜소해 보였다. 다 쓰러져가는 흙집 한 채와 대문 시늉으로 달아놓은 싸리를 엮어 만든 문이 삭아서 주저앉을 것 같았다.

"계셔요? 주인장! 저 좀 보셔요."

집안은 조용하다 못해 을씨년스러웠다.

"아무도 안 계셔요?"

"밖에 누구 왔수?"

찌그러진 방문이 열리고 노파가 보이지 않는 눈을 껌벅이며 물었다.

"온달님 계셔요?"

"여자 목소리 같은데, 우리 온달이는 어이하여 찾는 게요?"

"그럴 일이 있나이다, 어머님."

"뭐라고? 어머니라고?"

"예에, 어머님."

"내가 귀신에 홀린 것인가? 나더러 어머니라고 부를 여자가 세상 천지에 없거늘, 지금 도깨비가 장난치는 게요?"

"아닙니다 어머님, 하온데 온달님은 계시지 않나이까?"

"산에 덫을 놓고 살피러 갔소. 곧 올 것이니 들어오구려."

공주가 방문 앞으로 다가갔다. 부엌이 딸린 단칸방이었다. 방안에서 악취가 풍겼다. 어머니는 코를 킁킁거렸다. 공주의 몸에서 나는 향기를 맡았던 것이다.

"예사 여인이 아닌 것 같거늘, 우리 온달이 무슨 죄라도 지은 것이오?"

"아닙니다. 소녀, 어머님을 모시고 이 집에서 살려고 왔나이다."

"온달이 언제 색시를 보아두었단 말이오?"

"아마 하늘이 맺어준 연분인 듯하나이다."

어머니와 공주가 수작을 부리고 있는데 온달이 산토끼 두 마리를 잡아 가지고 집안으로 들어서다가 공주를 보고 우뚝 서버렸다. 공주가 온달을 보고 어여쁜 미소를 보내었다. 세상 사람들의 눈에 바보처럼 보일지 몰라도 공주의 눈에는 선하디선한 한 마리 숫사슴같아 보였다.

"온달님이셔요?"

"그렇소만. 이 누추한 곳에 어인 일로 오셨나이까?"

온달의 말솜씨를 보고 공주는 진흙에서 진주를 캔 듯한 기분이어서 환호성을 내지르고 싶었다. 공주가 보기에 온달은 가난이 흠일 뿐 빼어난 장부였다.

"소녀는 평강공주이나이다. 옥황상제의 명으로 온달님을 남편으로 받들려고 궁에서 나왔나이다."

"당치도 않은 말씀이요. 나를 농락하려 들지 마오."

"아닙니다. 소녀 궁궐을 나왔나이다. 며칠 있으면 장안에 소문이 좍 퍼질 것이오니 확인해보소서."

"그렇다면 더욱 받아들일 수 없소. 나는 어머님을 모시고 있어 죽어서는 아니 되오."

"어찌 죽는다 하시오이까?"

"내가 공주님을 받아들이고도 무사할 리 없지요. 그만 농락하시고 돌아가소서."

"일단 방으로 들어가서 말씀 나누시지요."

공주가 먼저 퀴퀴한 냄새가 나는 방안으로 들어갔다. 방안은 손바닥만한 봉창이 하나 있을 뿐 낮에도 어두컴컴했다. 온달은 할 수 없이 따라 들어갔다.

공주가 패물 보따리를 풀어놓았다. 화려한 귀금속이 찬란한 빛을 뿜었다.

"이래도 못 믿으시겠나이까?"

"나하고는 상관없는 일이오."

온달은 완강했다.

"온달님, 소녀는 자라면서 부모님께서 온달님께 시집보낸다고 수백 번도 더 약속의 말을 들었나이다. 그로 보아 우리는 전생에서부터 인연이 있었나 보옵니다. 하늘의 인연을 거부하고 무슨 일을 당하시려고 이러시는 겝니까?"

"나로서는 받아들이기 힘든 일이오. 내가 어찌 공주와 부부가 된단 말이요. 나를 파렴치한으로 만들지 마시고 궁으로 돌아가시오."

"온달님, 소녀와 부부가 되어 고구려에 보탬이 되는 일을 해보시오소서."

"일자 무식에다가 의식조차 해결 못 하는 내가 나라에 보탬이 되는 일을 하다니요. 가당치 않소이다."

"이 소녀가 온달님을 쓸모있는 나라의 일꾼으로 만들겠나이다."

"이 몸은 하루하루 어머님을 봉양하기에도 벅차오. 꿈 같은 소릴 하지 마오."

"꿈이 아닙니다. 당장 찬물을 떠놓고 예부터 올리시지요. 그런 후 사냥·나무 같은 것을 하러 나가지 마시고 글공부와 무예를 연마하시오소서."

"살림은 누가 꾸려간단 말이욧!"

"이 패물이 있지 않나이까? 예를 올린 다음 당장 집부터 넓혀야겠나이다. 어머님과 한방에서 신접 살림을 할 수야 없지 않나이까."

"나와는 상관 없대두 그러시네. 군사들이 들이닥치기 전에 제발 나를 살려주시오."

"온달님이 사는 길은 저와 혼례를 치르는 것이나이다. 병사들이 소녀를 데리러 온들 이미 혼례를 치렀는데 어찌하겠소."

"미치겠소. 이것이 생시요 꿈이요?"

"생시이나이다."

공주는 거친 온달의 손을 끌어다가 자기의 가슴팍에 대었다. 온달이 찔끔하여 뿌리쳤다.

"그것 보셔요. 생시가 아니나이까?"

"나는 모르겠소."

온달은 자포자기 심정이 되었다. 공주는 부엌으로 나가 주발에 맑은 물을 한 그릇 떠다가 방바닥에 놓았다. 그리고 온달에게 큰절을 네 번 올렸다. 온달이 두 번 답례를 했다. 그야말로 냉수 한 주발을 놓고 혼인식을 치른 것이다. 온달과 공주는 주발의 냉수를 똑같이 나누어 마셨다.

혼인을 한 공주는 우선 큰 집으로 이사를 했다. 그리고 살림도구를 장만하고 어머니와 온달의 입성을 깨끗이 바꿔놓았다. 그리고 온달의 하루 일과표를 짜서 무슨 일이 있어도 실천하겠다는 약속을 받아내었다.

공주는 무예가 출중한 장수를 온달에게 붙여주어 기초부터 가르쳤다. 밤에는 공주가 직접 온달에게 글공부를 가르쳤다. 바보 온달은 머리가 뛰어났다. 하나를 가르치면 열을 알았다. 1년쯤 지나자 무예 솜씨에도 재주를 보였다. 온달은 말과 창·칼·활을 갖추어 본격적인 무예 공부에 들어갔다.

3년 후, 온달은 문무를 겸비한 훌륭한 장부로 성장했다. 그 사이 바보 온달이라는 소문은 사라지고 온달 장군이라는 새로운 소문이 나돌았다.

고구려 조정에서 장수를 뽑으려고 무술대회를 열었다. 공주는 온달을 무술대회에 내보내었다.

"여보, 그동안 갈고 닦은 기량을 맘껏 발휘해보셔요. 성적이 좋으면 아바마마를 뵐 수 있고, 임금의 사위로 인정받을 수 있는 좋은 기회나이다. 분발하셔요."

"알았소. 당신을 봐서라도 기필코 최고의 성적을 올리리다."

궁궐 방목장에서 무술대회가 열렸다. 맨 처음에 창던지기를 했다. 멀리 던져 과녁을 정확히 꿰뚫는 시합이었다. 힘이 좋고 기술이 출중한 온달이 멀리 정확히 던져 두각을 나타내었다.

두 번째는 목검으로 대결을 벌였다. 무사 중에 온달의 적수가 없었다. 죄다 서너 합에 목이 떨어져 나가버렸다. 진짜 칼이었다면 수십 명이 목숨을 잃었을 것이다. 결승전에서도 온달은 상대를 간단히 제압했다.

세 번째는 말을 달리며 활을 쏘는 시합이었다. 장수들에게 스무 개의 화살을 나누어주었다. 온달은 스무 개의 화살을 정확히 과녁 한복판에 죄다 맞춰버렸다. 탄성이 궁궐 방목장에 메아리쳤다. 온달은 단연 돋보였다. 오늘의 최우수 장수는 온달이었다.

온달은 신하들의 안내를 받으며 평원왕 앞에 나섰다.

"그대의 이름이 무엇인고?"

"온달이라 하옵니다."

"온달이라… 어디서 많이 들은 이름이로다."

"대왕마마, 바보 온달이옵니다."

"그대가 그 유명한 바보 온달이란 말인가?"

"그러하나이다."

"공주는 이곳에 오지 않았는가?"

"예에 마마."

"공주를 대동하고 당장 궁으로 들어오라!"

"분부 받들겠나이다."

궁궐에 들어가 아버지와 딸이 화해하고 온달은 벼슬을 받았다. 온달은 임금의 부마(사위)로서 훌륭한 장수가 되어 평원왕을 최측근에서 도왔다.

그 무렵, 백제와 신라의 동맹이 깨졌다. 고구려로서는 고무적이었다. 고구려의 임금도 평원왕에서 영양왕嬰陽王으로 바뀌었다. 평원왕의 장자로서 평양왕平陽王으로도 불리웠다. 고구려에서는 장수왕대에 차지했던 한수 근처의 땅을 되찾자는 여론이 조정에 팽배했다. 신라가 80여 년 간 차지했던 땅을 단숨에 물리치고 차지해보겠다는 야욕으로 고구려 조정이 희망에 부풀어 있었다. 이 희망의 선두에 온달 장군이 있었다.

온달 장군은 바보에서 고구려의 영웅이 되어 있었다. 전쟁에 나가 여러 차례 공을 세웠고 덕장으로서도 널리 알려져 있었다. 온달은 조정 중신들을 대동하고 영양왕을 만났다. 영양왕은 온달의 처남이었다.

"대왕마마, 신라가 옛 우리의 영토인 한수漢水 부근의 땅을 차지했나이다. 그 땅의 백성들은 고구려를 자신들의 고국으로 알고 있을 것이나이다. 불초 신에게 군사를 주시면 신라를 쳐서 그 땅을 되찾겠나이다."

"그 일이라면 짐도 이미 생각한 바가 있소. 허나 장군 혼자서 갈 수야 없지요. 좀더 두고 보십시다."

고구려는 신라를 공략할 계획을 수립해갔다. 평원왕 시절 온달은 요동에서 북주北周가 쳐들어온다는 소식을 듣고 자청하여 전쟁터로 나가겠다고 임금에게 아뢰었다. 임금은 온달의 실력을 가늠해보려고 출전명령을 내렸다. 출전 전날 밤 온달 내외가 한 이불 속에서 속삭였다.

"장군! 오늘이 오기를 학수고대했나이다. 꼭 이기셔야 하나이다."

"염려 마오, 공주. 그동안 갈고 닦은 기량을 마음껏 펼쳐보리다."

"뒷일은 걱정 마셔요. 제가 어머님을 극진히 모시겠나이다."

"나는 공주를 믿소이다."

온달 내외는 전투를 치르듯 격렬한 사랑을 나누었다. 평강공주는 행복했다. 바보가 아닌 진주를 발견하여 갈고 닦은 자신이 대견스럽게 여겨지기도 했다.

평야지에서 북주의 군사들과 조우했다. 온달은 준마를 타고 임금이 하사한 부월(도끼)로 적의 머리를 수없이 쪼개었다. 질풍노도와 같이 달리며 종횡무진 적을 교란시키며 무찌르는 온달의 모습을 보고 적은 지레 겁을 먹고 숨거나 도망쳤다.

평원왕은 전쟁터에 나가 군사들을 독려하며 온달의 활약을 눈여겨보았다. 한마디로 온달은 전쟁터를 샅샅이 누비고 있었다. 온달의 말발굽이 닿는 데마다 적의 수급이 잘렸다. 드디어 적이 후퇴하자 고구려군은 함성을 내지르며 추격했다. 이 싸움에서 온달은 대승을 거두었다. 평원왕은 개선장군 온달에게 찬사를 아끼지 않았다.

"오! 용감한 장수로다! 바로 내 사위가 아닌가!"

"마마, 이 모두 마마의 하해와 같은 은혜 덕이나이다."

"아닐세. 그대는 훌륭한 장수일세. 내 사위로서 손색이 없도다!"

이 싸움으로 온달 장군은 백성들의 영웅이 되었다. 그 뒤에도 싸움을 여러 차례 치렀고 연전연승이었다.

드디어 신라와 싸울 날이 다가왔다. 영양왕은 온달에게 부월을 하사했다.

"신 온달, 신라를 정벌하러 떠나겠나이다. 기필코 이번 싸움에서 계립현과 죽령 이서 지방을 다시 점령하기 전에는 돌아오지 않을까 하오이다."

"오오, 그것은 짐이 바라던 것과는 다르오. 어떻게든 개선장군이 되어 돌아와야 하오."

온달은 북한산주로 내려갔다. 임진강부터는 신라 땅이었다. 온달은 임진강을 건너 북한산주를 목표로 신라군과 싸웠다. 한수까지는 잘 싸웠다. 그 뒤부터는 산악지대의 싸움이었다. 온달은 평야전은 잘 싸웠으나 산악전에는 약했다.

산악전에서는 활이 최고의 무기였다. 온달은 적진에 화살을 무수히 쏘았다. 옛날에는 백제의 땅이었는데 고구려가 80여 년 간을 차지했다가 신라에게 빼앗긴 아차성을 되찾았다. 한수를 끼고 등성이가 형성된 아차산은 보기와는 달리 산세가 순탄치 않았다. 온달은 아차성을 차지하고 자신감에 차 있었다.

신라군은 작전상 후퇴했다. 온달이 워낙 거세게 밀고 오자 잠시 후퇴하여 산세를 끼고 매복전에 나섰다. 이런 줄을 까맣게 모르고 온달 장군은 아차성에서 내려와 한수를 건너 남하하려고 했다.

온달은 복병을 만나 힘겨운 싸움을 벌였다. 온달은 선두에 서서 쉴 새 없이 활시위를 당겼다. 화살이 빗발쳐도 적의 기세가 꺾이지 않았다. '쌩' 적이 쏜 화살 하나가 온달 장군의 얼굴에 적중했다. 온달은 화살을 손으로 잡아 빼고 활을 쏘았으나 기운이 없어 말 위에서 떨어지고 말았다.

"장군!"

부장이 달려오고 고구려 군사들이 장군을 에워쌌다. 독화살은 장군의 온몸에 독을 퍼뜨렸다. 장군을 진중으로 데려왔다. 장군은 손을 들어 무엇인가를 애타게 갈망하는 듯했다. 부장이 장군의 입에 귀를 대었다.

"공주를 부르라!"

부장은 할 수 없는 일이었으나 그러마고 대답했다.

"공주에게 내 마지막 모습을 보여주고 싶다."

부장은 안타까워 눈물을 흘렸다. 그리고 장군을 모시고 회군을 서둘렀다.

"공주, 나의 공주여!"

외마디 비명처럼 공주를 부르고 온달은 숨을 거두었다. 그런데 어찌

된 일인지 장군의 시신이 옴짝달싹 하지 않았다. 아무리 기운 센 장수들이 장군을 그 자리에서 떼어놓으려고 했으나 허사였다.

"공주를 불러야 장군이 여기를 뜰 것이오."

한 장수가 말했다. 척후병이 평양으로 달려가 공주를 데리고 아차성으로 왔다. 공주는 온달 장군의 시신을 보고 그 앞에 쓰러졌다.

"장군! 이 공주가 왔나이다. 한번만 눈을 떠보소서."

장군이 살짝 눈을 뜨는 것 같았다.

"이제는 편히 쉬소서. 장군은 고구려의 영원한 장군이 되었소. 장하오, 장군. 이 몸도 곧 장군의 뒤를 따르겠나이다."

공주의 흐느낌이 어찌나 애절한지 고구려 군사들의 오열이 터졌다. 장군이 관속에 눕혀졌다. 공주가 관을 어루만지자 관이 움직였다. 공주는 장군의 관 옆에서 한시도 떨어지지 않았다.

평양에 돌아온 온달 장군은 온 백성들의 애도 속에 땅으로 돌아갔다. 홀로 남은 공주는 장군의 묘 옆에서 밤낮을 가리지 않고 눈물을 흘렸다. 결국 오래지 않아 공주는 장군 곁으로 갔다. 사랑이 넘친 부부였다.

✱ 승려 화가 담징

신라의 고분에서는 벽화가 발견되지 않고 있다. 백제의 고분에서는 벽화가 발견되고 있으나 고구려의 본을 뜬 것으로 알려져 있다. 벽화 미술은 유독 고구려가 눈에 띈다. 이 벽화 미술의 발달은 묘지의 구조와 깊이 관계가 있다.

신라의 고분을 보면 현실玄室을 크게 만들지 않으며, 광중壙中을 파내지 않고, 그 속에 관棺과 곽槨을 넣은 후 잡석을 모아 현실을 쌓았다. 현실의 4면이 잡석과 흙으로 되어 있으므로 벽화를 그릴 곳이 없다.

백제의 고분은 토분이며 종혈식縱穴式으로 되어 있고, 지면을 많이 파낸 후에 현실을 만들었는데, 공주와 부여 부근의 고분에서 벽화가 발견되었다.

고구려의 고분은 우선 광대하다. 그리고 백제의 종혈식에 비해 횡혈식橫穴式이다. 동굴에서 살던 옛날 사람이 죽은 사람을 굴 속에 넣어두었으므로 이러한 방법이 전래되어 횡혈식으로 묘를 만들었다는 추측이 가능하다.

평지 위에 화강석으로 현실을 만들고 다시 그 위에 흙이나 돌을 쌓아 굉장히 큰 무덤을 만들었다. 혹은 작은 산 한쪽을 동굴같이 파고 시체를 묻은 것도 있다. 횡혈식의 현실은 전실前室과 후실後室을 만들고 삼각형의 대석을 여러 면 겹쳐 현실의 천장을 좁게 한 후 맨 위에 큰 돌을 한 개 놓았다. 다시 주실主室에는 관곽을 올려놓을 장대석이나 대상臺床을 만들었다. 이것도 한 개가 아니라 부부 두 사람을 한 무덤 안에 두기 위해 대상을 두 개 만들었다. 이러한 무덤이기에 벽화미술이 발달한 것이다. 그림을 그리려면 현실을 화강암으로 만들어야 하고 다시 면을 잘 다듬어 그림의 색채가 고루 묻도록 해야 한다. 화공이 어두운 현실 내에서 그림을 그렸을 것을 상상해보면 그들의 예술혼이 얼마나 치열했을지 짐작이 간다.

산수를 장식하고 현실에 벽화를 그린 것은 일종의 미신 사상에서 나온 것이다. 고구려 사람들은 죽은 이를 위해 견고한 무덤을 만드는 풍습이 있었다. 그리고 고려장이라 하여 죽은 사람이 쓰던 물건을 무덤 속에 많이 넣어주었다. 이것은 자기의 것을 극락으로 가져간다는 사상에서 나온 것이다. 즉, 불교적 극락 사상으로 현실을 꾸밈으로써 그곳이 곧 극락인 셈이다. 따라서 그림 장식은 필수적이었다. 고구려의 벽화 미술은 이런 연유로 발달한 것이다.

고구려 고분의 내부 현실은 꽤 넓어 실내 같은 느낌을 준다. 4면 벽에 동쪽은 청룡, 서쪽은 백호, 남쪽은 주작朱雀, 북쪽은 현무玄武를 그렸다. 그리고 천장에는 승천의 그림을 그렸다. 이들 그림은 청 · 적 · 황 · 녹 ·

토색土色 등으로 사실적으로 그렸다. 그림 중의 4신神은 항상 무덤 주인의 영혼을 보호하고 있다.

청룡은 상서로운 동물인 동시에 하늘의 귀한 신이다. 백호는 서쪽의 귀한 짐승을 말하고 그 신은 태백太白이다. 주작은 주조朱鳥로서 봉황을 상징한 새이다. 현무는 북방의 신으로 거북과 뱀이 합체合体한 것이다. 이들 벽화는 좌청룡, 우백호, 전주작, 후현무라 하고 이는 고래로부터 내려온 사상이다. 고구려의 현무에서 보면 거북과 뱀이 서로 교접하는 그림으로 되어 있어 중국 특히 북위北魏의 사상을 그대로 나타낸 것으로 보인다. 왜냐하면 고구려와 북위의 통교가 빈번했기 때문이다.

어쨌든 이러한 벽화 예술의 발달은 고구려 승려 담징이 일본에 건너가 그렸다는 법륭사法隆寺 금당金堂 벽화에 미치면 고구려 벽화 미술의 진가를 확인하는 것 같아 가슴 벅차다.

고구려 영양왕 때 오경五經에 통달한 담징曇徵은 승속僧俗을 오가는 도량 넓은 승려였다. 그는 백제에도 머물러 있었고, 신라에도 한참 머물다가 일본으로 건너갔다. 벽화를 그리기 위해서가 아니라 일종의 수행과정으로 도일한 것이다. 그는 부처님 앞에 서면 중이요, 화필을 잡으면 화공畵工이었다. 일본 중들은 담징의 그림 솜씨를 소문으로 알고 있었다.

담징은 나라奈良 법륭사에 머물고 있었다. 나라는 나라시대의 수도였다. 나라시대를 천평天平시대라고 일컫는데 이 시대는 미술이 각광받았다.

나라 법륭사는 한 종파의 대본산大本山으로 이곳 금당의 벽화를 그려달라는 청을 받고 담징은 온갖 번뇌마에 시달렸다. 신라를 거쳐 일본에 들어올 무렵, 고구려는 위기의식이 팽배해 있었다. 수隋나라에서 대군이 쳐들어온다는 소문이 파다했다.

담징은 그 소문을 뒤로한 채 일본으로 건너와 고국의 앞날이 걱정되어 번뇌마에 시달렸다. 위기의 조국을 등지고 일본으로 피신했다는 자책감이 담징을 괴롭혔던 것이다. 담징은 부처님 앞에 나아가 조국을 위한 기도로 세월을 보내고 있었다. 법륭사 중들이 처음에는 담징의 기도를 벽화를 잘 그리기 위해 마음을 가다듬고 있다고 여겨 기쁘게 생각했다. 그러나 화필을 잡을 시기를 넘기자 의심의 눈초리를 보내었다.

"소문만 질펀히 난 게 아냐? 화승畵僧이라고 뜬소문만 요란하게 난 게야."

"그러게 말야. 줄창 기도만 드린다고 그림이 스스로 그려지나?"

"아무래도 그림쟁이가 아닌가 봐."

중들이 이죽거렸다. 단 한 사람, 법륭사 주지 스님만은 담징의 기도를 알고 있었다. 그리하여 중들에게 입단속을 시켰다.

"잡새가 어찌 대붕의 뜻을 알리. 공연히 그림쟁이가 아니니, 그림에 자신이 없으니 하는 허튼 소리를 하는 중생들이 있으면 법륭사에서 퇴출시키겠소!"

주지가 으름장을 놓았다. 중들은 겉으로는 입을 다물고 있었으나 속으로는 여전히 의심하고 있었다.

담징은 때로는 법륭사 뒷산 바위에 가부좌를 틀고 앉아 배고픔도 잊어버렸다. 불당과 바위를 오가며 오로지 기도와 참선에 몰두했다. 주지는 담징에게 벽화에 대한 얘기는 단 한 마디도 꺼내지 않았다.

어느덧 1년이 훌쩍 지나가버렸다. 그런 어느 날이었다. 주지가 오랜만에 담징에게 말을 걸었다.

"선사, 차 한 잔 나누실까요?"

"그러시지요, 주지 스님."

방장실에서 두 스님이 마주앉았다. 주지는 다기를 손수 다루어 차를 우려내어 담징에게 권하고 나서 어렵게 말문을 열었다.

"선사, 이제 번뇌마에서 그만 깨어나실 때가 된 듯싶소이다."

"예에? 주지 스님은 소승의 번뇌마를 알고 계셨소이까?"

"알고 있다마다요. 이제는 깨어나십시오."

"깨어날 까닭이 있소이까?"

"있지요. 고구려 을지문덕乙支文德 장군이 수나라 군대를 대패시켰다는 소식이오."

"주지 스님, 그 말씀이 참말이외까?"

"틀림없이 확인한 소식이외다."

"오오, 부처님 감사하나이다."

"선사의 그런 모습 소승도 기쁘오이다."

"주지 스님, 내일부터 당장 벽화일을 시작하겠소이다."

"선사, 그 말씀이 진정이오이까?"

"이 환희와 기쁨을 벽화에 쏟아붓겠소이다."

"만반의 준비를 갖추겠소이다."

이튿날 담징은 오래전에 채색을 정제해놓은 물감통과 붓을 들고 금당 벽 앞에 섰다. 그야말로 숨막힐 듯한 하얀 벽이었다. 담징의 머리에 아롱진 열반의 환상이 떠오르고 이어 고구려군의 열광이 환희의 도가니였다. 그 속에서 관음보살님이 빙그레 웃고 계셨다.

담징은 붓에 물감을 먹여 흰 벽에 갖다대었다. 붓이 춤을 추며 흰 벽을 색칠해갔다. 교차되는 선線에 고구려 남아의 의연한 기상이 배고, 관음상의 볼록한 젖무덤에 구슬 같은 염원이 맺혔다.

담징은 잠시 붓을 멈추고 멀리에서 윤곽이 드러난 관음보살상을 눈을 지그시 감고 쳐다보았다. 이어 상상의 날개가 손끝에 맺혀 신들린 듯이 흰 벽을 색칠해갔다. 이러기를 이틀 밤 사흘 낮이 이어졌다. 눈·코·입·귀·눈썹 등이 그려지며 웃음짓는 관음상이 한 점의 화룡점정畵龍點睛으로 달려가고 있었다.

초생달 같은 아미를 그릴 때 열반의 세계가 그 속에 있는 것 같아 몸을 떨었다. 넓은 듯 좁은 미간 밑에 눈방울 한 점, 담징은 그 한 점을 찍고 기진하여 쓰러져버렸다. 벽화가 완성된 것이다. 넓은 공간에 채색된 관음보살상, 담징은 이 보살상을 수나라를 이긴 백성들의 환희의 열광을 들으며 완성했던 것이다.

주지 스님이 금당에 들어와 보고 구현具現된 지상 열반의 세계에 도취되어 합장을 한 채 벽화 앞에 꿇어앉았다.

"나무관세음보살…"

주지의 입에서 염불이 쉴새없이 흘러나왔다.

마룻바닥에 쓰러져 잠이 든 담징은 하루를 꼬박 자고 일어났다. 법륭사는 온통 축제 분위기였다. 새로 모셔진 벽화의 관음상에 기도를 드리려고 밀려드는 신도들에게 관음상을 보여주기에 바빴다.

벽면의 관음상은 염화미소拈華微笑로 불자들을 대하고 타오르는 향과 목탁 소리는 평화와 자애를 갈구하고 있었다. 담징은 자신이 그린 벽화가 불자들의 사랑을 받는 모습을 보고 올 때와 똑같이 바랑을 짊어지고 온다간다 말 한 마디 없이 법륭사를 떠났다.

1948년, 일본의 자랑거리였던 이 금당 벽화는 소실되어 볼 수 없고, 담징의 이름만이 전설처럼 남아 있다. 금당 벽화는 고구려 벽화 미술의 백미였다.

❀ 울지문덕과 수나라

장수왕 이후 고구려는 서울을 평양으로 옮기고 서진정책을 펼친 결과 평원왕 때 온달 장군의 활약이 매우 컸다. 온달 장군은 외백제를 쳤다. 온달은 갈석산을 빼앗고 배찰산과 유림관楡林關까지 토벌했다. 이에 중국의 북주北周가 군대를 급파하여 고구려의 서진 공략을 막았다.

외백제는 비류천황沸流天皇이 대방 고지에 세운 후 약 590년 동안 누려온 발해만의 땅을 고구려에 빼앗겨버렸다. 이로써 산서성 동쪽은 고구려의 영토가 되어버렸다.

주나라 무제는 북제의 종주국 노릇을 하던 백제가 고구려의 온달 장군에게 발해만의 외백제가 일방적으로 짓밟히는 데도 지원군을 보내지 않는 것을 이상하게 여겼다. 그전의 백제와는 다른 모습으로 종이호랑이였다. 주 무제는 8만의 군사를 동원하여 북제의 진주晉州(산서성 임분)를 공격하여 점령했다. 이번에도 백제에서 지원군을 보내지 않았다. 완전히 종이호랑이로 파악한 무제는 북제의 왕성인 업성鄴城을 공격했다.

백제의 내분으로 지원군이 올 수 없다는 것을 안 북제는 성문을 열고 항복해버렸다. 백제는 거수국이 차례로 무너지는 것을 보고도 속수무책이었다.

당시 백제는 남부여계와 십제국의 졸본부여계 간에 왕권 다툼이 벌어져 거수국에 군대를 파견할 형편이 못 되었다. 북부의 외백제와 산동의 백제 세력이 허망하게 무너져버리자 양자강 상하구에 설치한 성양군 · 관능군도 더 이상 지원받을 곳이 없어 고립되어 있다가 진陳나라에 병합되어버렸다. 이로써 대륙에 있던 백제의 거수국들은 역사의 뒤안길로 사라져버렸다.

서기 597년 고구려의 영양왕 8년, 중원을 통일한 수나라 문제文帝가 고구려에 조공을 요구해왔다. 영양왕이 태자 시절인 평원왕 31년 수나라는 오랫동안 분열되어 있던 중원을 통일하고 고구려를 넘보았다.

영양왕은 태자 시절부터 국방에 관심이 많았다. 그는 왕위에 올라 국방정책에 심혈을 기울였다. 따라서 고구려 장수들은 국방경계에 철저히 대비했다. 방어보다는 오히려 선제공격을 노리고 있었다. 그런데 수나라에서 건방지게 조공을 요구해온 것이다.

화가 치민 영양왕은 장수들을 모아놓고 수나라의 무례를 성토한 후 군대를 동원했다. 수나라를 응징하려고 했던 것이다. 그리하여 대장군에 강이식, 부장에 을지문덕을 임명하여 3만의 기병으로 수나라 북천성 공격 명령을 내렸다. 이로써 고구려와 수나라 사이에 자존심이 걸린 1차전이 벌어졌다. 수나라 문제는 무려 30만 명의 천자군을 자신이 직접 이끌고 고구려를 침공했다. 6월, 때마침 장마철이라서 날마다 폭우가 쏟아졌다.

강이식 대장군은 수나라 군대와 정면 대결로 맞서고 을지문덕 장군은 적의 후방으로 들어가 그들의 수송로를 차단, 수나라 군사들을 분산시키는 데 성공했다. 수나라 군사들은 갈팡질팡 제대로 싸움 한 번 못 해보고 궁지에 몰려버렸다. 수 문제는 보급로가 끊겨 패전의 쓰라림을 안고 퇴각하고 말았다. 1차전은 고구려가 멋지게 승리했다. 이 싸움에서 을지문덕 장군이 두각을 나타내어 고구려 전국에 알려졌다.

수나라는 패전의 책임을 놓고 다투다가 반란이 일어났다. 양광이 난을 일으킨 것이다. 문제의 둘째 아들인 양광이 태자인 형과 아버지를 죽이고 왕위를 찬탈했다. 이 패륜아가 바로 양제煬帝였다. 양제는 국정을 쇄신하고자 100만 명을 동원하여 호화로운 궁전을 지어 왕권의 위엄을 보였다.

수나라 양제는 200만 명을 동원하여 황하에서 유주·양자강에 이르는 3,000리의 대운하를 뚫어 지방의 세공을 거두어들이는 데 용이하도록 했다. 그는 유림에서 동쪽의 만리장성 보수공사도 철저히 하여 북방 민족의 중원 침입을 저지했다. 그리고 임읍林邑·토곡吐谷·유구流求를 침략, 멸망시키고 수나라에 편입시켜 국토를 넓혔다.

양제는 또 아버지 문제가 치욕적인 참패를 당한 고구려와의 한판 승부를 기어코 승리로 이끌어야만 패륜아를 면할 수 있다는 신념으로 서기 611년 2월, 동원령을 내려 군사를 탁군으로 집결시켰다.

이듬해 1월, 양제가 탁군으로 왔다. 동원된 군사는 엄청난 숫자였다. 보병 113만 명, 수송 인원 200만 명, 전차 5만 대, 기병 30만 명, 수군 10만 명, 전함 3,000척이었다. 보병 113만 명은 30도道로 나누었다. 1도는 대략 3만 8,000명이었다. 좌군이 12도, 우군이 12도, 천자군이 6도였다. 날마다 1도씩 탁군을 출발하여 40일 만에 출발을 마쳤다. 선두에서 꼬리까지의 길이가 1,040리에 달했다.

또 전투함 2,200척, 수송선 800척 등 총 3,000척의 수나라 수군 전함은 발해의 요동만을 꽉 채웠다. 이 수군을 내호아 제독이 이끌고 부제독은 주법상이었다.

부제독이 선봉장을 맡아 발해만을 타고 올라와 육로보다 20일 먼저 패수의 하구에 집결했다. 이 무적함대를 교란하려는 일단의 고구려 전함이 있었다. 고구려 함대가 느닷없이 나타나 수나라 전함 사이를 누비더니 방향을 바꾸어 달아나기 시작했다. 부제독 주법상은 전공에 욕심을 부려 육군의 도착을 기다리라는 명령을 어기고 고구려 전함을 추격했다.

수나라 수군 제독 내호아는 이 광경을 보고 즉시 추격 정지 신호를 보내었다. 그러나 명령을 듣지 않았다. 주법상은 전속력으로 달려 고구려 전함을 바짝 따라붙어 물매암이 사나운 마魔의 강으로 들어갔다. 그곳은 패수와 살수가 합수되는 삼각주였다. 2,000여 척의 수나라 전함이 추격을 벌여 고구려 특전함을 바짝 따라붙었다. 마의 삼각주 오른쪽 강을 끼고 험준한 산이 있고, 거기에 고구려 매복병들이 함정 파괴용 화포를 설치해놓고 기다리고 있었다. 수나라 함정들은 주위의 지세를 살펴본 뒤에 비로소 함정에 빠져든 것을 깨달았으나 이미 때는 늦어버렸다.

갑자기 강 상류로부터 기름을 발라 훨훨 타는 뗏목선이 엄청나게 흘러내려왔다. 수나라 함정 2,000여 척은 불 붙은 뗏목선을 피하려고 우왕좌왕하다가 불이 붙어 아군 함정끼리 부딪쳐 파손되고 화염에 휩싸였다. 아리수와 살수, 그리고 패수가 합수되면서 넓은 늪지로 변하고 그 사이로 셀 수 없이 많은 물줄기들이 만주 벌판으로부터 실어온 강물을 요동만으로 흘려보내었다.

이곳의 지리에 어두운 수나라 수군들은 어디로 가야 할지 방향조차 잡지 못했다. 이러는 사이에 고구려 수군과 매복병들의 공격을 받아 2,000여 척의 수나라 전함은 물귀신이 되어갔다. 뒤에 무방비 상태로 남은 800여 척의 보급선은 남대황南大荒 앞바다에 대기하고 있었다. 보급선은 보병 113만 명이 아리수까지 닿은 후에 필요한 식량과 무기 등의 보급품을 싣고 있었다.

그런데 이 보급선 앞에 나타난 배는 수나라 것이 아니라 고구려 쾌속 화공선들이었다. 수나라 보급선은 불에 타버릴 위험에 처했다. 즉시 백기를 들고 항복해버렸다. 고구려는 엄청난 양의 수군 보급품을 노획했다. 이 보급선 탈취는 수나라 보병들을 굶주리게 만들어 전쟁을 고구려의 일방적인 승리로 장식하게 하는 원동력이 되었다.

무려 200만 명의 수나라 군대의 행렬은 장장 1,000리나 뻗어 있었다. 선두와 후미 사이의 연락이 원활하지 않고 행진 속도도 느려 많은 문제점이 생겼다. 게다가 고구려의 광활한 영토는 끝이 없어 보였고, 발해만을 끼고 도는 산악길과 늪지대의 연속, 그리고 헤아릴 수 없이 많은 강은 수나라에게는 상상도 할 수 없는 악조건이었다.

고구려군은 수나라군을 야금야금 요리해 먹었다. 매복병과 기병, 그리고 사수들을 지형에 따라 적재적소에 배치해놓았다가 그곳을 지나는 수나라 군대를 짜증스럽게 괴롭혔다. 고구려군은 잠시도 틈을 주지 않고 국지전을 벌여 수나라군의 넋을 빼버렸다. 더구나 보급병들과 보급을 실은 우마차들을 용케 찾아내어 보급로 차단에 귀신 같은 고구려 병사들이었다.

수나라의 전력이 눈에 띄게 떨어졌다. 오랫동안의 행진과 기습을 받아 지친 수나라군은 겨우 요수遼水에 닿았다. 수나라 선봉장 맥철장 장군의 기병대는 요수를 건너지 않으면 안 되었다. 맥철장은 부교를 설치했다. 이 기회를 고구려군이 놓칠 리 없었다. 끊임없는 고구려군의 공격으로 수나라 기병은 부교를 놓을 수 없었다. 뒤따라 온 수양제는 화가 나서 맥철장의 목을 베어버렸다.

"부교를 설치할 것 없다. 얕은 곳을 골라 강을 건너라! 서둘러라!"

수양제의 전진명령에 병사들은 강물에 뛰어들었다. 강언덕에서 고구려의 사수들이 화살을 무자비하게 쏘아댔다. 강물에 떠도는 수나라군의 시체가 핏물을 흘려보내었다. 양제는 무모하게 전진 명령을 내려 큰 희생을 치르고 요수를 건너 요동성을 포위했다.

요동성은 전쟁터 같지 않게 조용했다. 너무나 침착했다. 양제의 지휘 아래 공격이 시작되었다. 요동성은 늘상 겪는 전쟁이어서 태연했고, 철옹성이었다. 한 달을 공격했으나 요동성은 떨어지지 않았다. 양제는 체면이 땅에 떨어졌다. 불같이 화를 내며 병사들을 닦달했으나 허사였다. 게다가 보고되는 전황마다 수나라군의 패배였다.

양제는 작전을 바꾸었다. 난공불락의 요동성 공략에 세월을 허비할 수 없었다. 요동성을 포위상태로 놓아두고 보병 40만 명을 좌익위 대장군 우문술于文述과 우익위 대장군 우중문于仲文에게 나누어주어 기병을 앞세우고 평양성으로 달려가도록 했다.

고구려군은 수나라 기병들을 막지 않았다. 그들이 아리수 부근에 왔을 때 고구려군의 별동대가 수나라의 보급 수송대부터 공격해 들어왔다. 삽시간에 수나라의 보급부대가 전멸당하고 보급품이 화염에 휩싸여버렸다. 보급품은 겨우 10여 일분을 건졌다.

우문술은 마음이 초조하고 다급해졌다. 전진할 수도 후퇴할 수도 없는 진퇴양난이었다. 겨우 10여 일분의 식량으로 아리수를 건너고 살수와 패수를 건너 평양성을 공격하여 승리한다는 것은 귀신이나 할 일이었다. 그러나 우문술은 후퇴보다는 전진을 택했다. 양제의 질책이 무서워 무모한 작전을 감행하고 있었다. 아리수, 즉 압록강을 건너며 우문술은 엄청난 희생을 치렀다. 고구려의 별동대가 종횡무진으로 수나라군을 공격하여 아리수에 수장시켰다.

우문술은 아리수를 건넌 후 고구려군의 끈질긴 기습을 받으며 겨우 살수에 닿았다. 이곳에서 평양성까지는 100리 길이었다. 그러나 살수와 패수를 건너야 했다. 군량미는 떨어져가고 갈 길은 바빠 우문술은 강행군을 감행했다. 병사들을 몰아붙여 살수 도강작전을 폈다. 살수의 강폭은 넓었으나 물 깊이는 깊지 않았다. 우문술은 살수의 얕은 물에 의심 한번 품지 않고 병사들을 강으로 몰았다.

수나라군은 얕은 살수로 뛰어들었다. 그들이 떼몰려 강 한복판에 다다랐을 때였다. 갑자기 돌 구르는 소리를 내며 큰 물줄기가 굴러와 수나라 군사들을 휩쓸어 가버렸다. 고구려군이 강물을 막았다가 터놓은 것이었다. 수공작전을 편 것이다.

우문술이 고개를 들어 강언덕을 보았다. 고구려의 장군기가 펄럭였다. 우문술은 온 길을 뒤돌아보았다. 그쪽 강언덕도 어느 새 뒤쫓아왔는지 고구려의 장군기가 펄럭였다. 물살에 떠내려간 수나라군이 부지기수였고, 양쪽 강 언덕에는 활을 겨냥하고 고구려군이 기다리고 있었다. 재빠르게 강을 건넌 수나라군은 고구려군의 화살받이가 되어버렸다.

우문술은 속수무책이었다. 살 길을 찾아야 했다. 강 건너 언덕에 을지문덕 장군이 말 위에 올라 강을 내려다보고 있었다. 우문술은 40만 대군을 살수에 거의 수장시키다시피 했다. 완전 참패였다. 우문술이 겨우 빠져나와 병력을 점검해보니 40만 대군이 다 죽고 겨우 2,700여 명만이 살아남아 있었다. 이 싸움이 역사상 전무후무한 을지문덕 장군의 살수대첩이다. 한꺼번에 40만 명을 죽인 전쟁은 역사상 살수대첩뿐이다.

한편, 5월부터 11월까지 요동성을 공격한 수나라군은 끝내 함락시키지 못했다. 그때 우문술이 40만 병력을 다 잃었다는 기막힌 비보가 날아왔다. 양제는 피를 토하는 심정이었다.

"이번에도 을지문덕이란 말이더냐! 지난 1차전에도 그놈 때문에 우리가 패배했다. 그놈의 간을 씹어도 분이 풀리지 않겠다!"

양제는 마구 욕설을 해댔다.

살수에서 살아남은 수나라 군사들의 입을 통해 을지문덕 장군의 신화가 멀리 수나라에까지 퍼져갔다. 을지문덕은 사람이 아니라 신이었다. 수나라군은 고구려군의 검은 깃발만 보아도 공포에 떨며 숨을 곳부터 찾았다.

양제는 눈물을 머금고 요동성에서 퇴각명령을 내렸다. 퇴각하는 적을 고구려군이 그냥 놓아둘 리가 없었다. 요동성이 활짝 열렸다. 자신감에 넘친 고구려군이 창과 방패를 버리고 도망치는 수나라군을 마구잡이로 짓밟아버렸다. 가는 곳마다 고구려의 복병이요, 도망치는 곳마다 고구려군이 기다리고 있었다. 그리하여 200만 수나라 대군이 살아서 고향으로 돌아간 군사는 겨우 기만 명이었다.

양제는 화가 치솟아 등창이 날 지경이었다. 수나라 백성들의 원성이 하늘을 찔렀다. 양제는 복수심으로 피가 끓었다. 서기 613년 1월, 양제는 또다시 100만 대군을 동원하여 제3차 고구려 공략을 시도했다. 그러나 고구려군에게 참패를 당하고 7월을 넘기지 못하고 퇴각해버렸다.

이듬해 2월, 양제는 제4차 출병을 위한 동원령을 내렸다. 그러나 고구려 땅을 밟으면 살아서 돌아오지 못한다는 소문이 수나라 전국에 퍼져 동원령에 응하지 않고 또 응했다가도 도망치는 군사가 부지기수였다.

양제는 작전을 바꾸어 수군을 앞세워 비사성卑沙城을 공격했다. 고구려는 그동안 백제와의 전투에서 수군 전략을 익힌 터라 수나라 수군을 보기 좋게 무찔러버렸다. 양제는 화병이 나서 자리에 누워버렸다.

이에 대원大原의 성주 이연李淵이 황제의 복수를 하겠다며 군사를 모았다. 그러나 고구려 침략을 불평하는 군사들이 많았다. 이연은 군사들의 불만을 엉뚱한 데로 돌렸다. 장안長安으로 쳐들어가 양제를 잡아 양자강 근처의 작은 읍으로 보내었다가 죽여버렸다. 그런 후 7세의 양제 아들을 추대했다. 수나라 신제新帝였다.

서기 618년, 신제가 왕위에 오른 지 1년, 이연은 왕위를 탈취하고 스스로 왕이 되었다. 당나라를 세운 것이다. 그후 8년, 이연의 둘째 아들 이세민李世民이 아버지와 형을 죽이고 황제가 되었다. 그가 바로 정관貞觀의 치治로 유명한 당나라 태종이다.

수양제는 욕심을 부려 고구려를 세 차례나 공격, 참패한 후 국력이 약해지고 민심을 잃어 결국 멸망의 길로 간 셈이다. 수나라와 고구려의 싸움은 동이족과 중화족의 자존심을 건 승부였다. 고구려, 즉 동이족의 기상이 중화족의 거만한 콧대를 여지없이 뭉개버린 역사적인 쾌거였다.

그런데 을지문덕이 고구려 사람이 아니라는 설이 있어 논란거리가 되고 있다. 을지문덕이 언제 어디서 태어나고 죽었는지 사료에 기록이 보이지 않는다. 살수대첩을 승리로 이끈 해가 서기 612년으로 대략 6세기 후반경에 태어났을 것으로 추정할 뿐이다. 탄생지가 평안남도 강서군 석다산이라고 전해지나 증명할 길이 없다.

지금까지 알려진 사실은 서기 612년 수양제의 고구려 침입시 고구려군의 총사령관으로서 수나라군을 물리쳤다는 것과 이때 수나라 장수 우중문에게 보냈다는 시 한 편이 전해질 뿐이다.

> 그대의 신기한 책략은 하늘의 원리에 통했고
> 오묘한 꾀는 땅의 이치를 꿰뚫었으며
> 전쟁의 공 또한 높으니
> 족한 줄 알고 그만둠이 어떤가

패장을 조롱하는 시지만 문학적으로도 상당한 수준을 보이고 있다. 이 시로 보아 을지문덕은 무예와 병법에만 능한 것이 아니라 문무를 두루 갖춘 인물인 것 같다.

을지문덕이 고구려 출신이 아니라는 주장의 근거는 이렇다. 중국의 사서에 을지문덕을 울지문덕蔚支文德이라 기록한 것이 있다. 단순히 을이 울로 잘못 기록된 것으로 보기 쉽다. 그런데 여기에 주목할 필요가 있다.

울지는 원래 선비족의 성인 울지蔚遲로서 이들이 북조 말부터 수·당에 걸쳐 중국 왕조에 관료로 진출했다. 수·당대에 걸쳐 활약한 울지경덕蔚遲敬德이라는 사람은 을지문덕과 이름이 비슷한 것으로 보아 서로 친척관계일 것 같다. 곧 을지문덕은 선비족 출신으로 수나라가 중원을 통일할 무렵, 고구려로 망명한 사람이라는 것이다. 이 설은 큰 반향을 불러일으켰다. 민족의 영웅으로 떠받들리는 그가 선비족이라니, 하기야 선비족도 동이족이므로 우리 민족이었다고 말하면 할 말이 없지만, 어쨌든 일부에서는 식민사관에 물든 학자라고 비난을 퍼부었다.

과연 을지문덕은 중국에서 고구려로 귀화한 선비족이었을까? 또한 을지문덕의 출신을 성姓만 가지고 판단할 수 있을까? 고대인들은 오늘날과 같은 성과 이름을 갖고 있지 않았다. 밀우·모두루·온달과 같이 대다수 고구려 사람들은 성이 없었다. 성은 왕족과 일부 귀족만이 가질 수 있었던 특권으로 고구려 왕족의 해解씨, 고高씨, 연개소문 집안의 연淵씨, 낙랑 출신 귀족들의 왕王씨와 한韓씨가 그러한 것들이다. 그렇다면 을지문덕의 성은 무엇이었을까? 막연히 을지乙支가 아니었을까 추측할 뿐이다.

어떤 학자들은 을지를 과거 족장들이 받았던 관직명과 같은 의미로 해석하기도 하고, 또 을이 성이고 지는 존칭을 나타내는 말로서 을지문덕은 을파소와 같은 을씨 출신으로 보기도 한다. 이처럼 을지는 성일 수도 아닐 수도 있다. 또 어떤 학자의 주장대로 중국계 성일 수도 있다. 여러 가지 가능성이 있어 꼭 어떻다는 해답을 내릴 수는 없다. 더욱이 고구려는 다종족국가였다.

고구려는 만주와 한반도에 걸쳐 대제국을 형성했다. 거수국으로 말갈·거란족을 비롯하여 다양한 종족을 거느렸다. 또한 독자적인 세력권을 형성하여 중국 남북조, 대륙 아시아의 유목민족과 빈번하게 접촉했을 뿐만 아니라 초원의 길을 통하여 멀리 중앙 아시아 세력과도 접촉했다. 고구려에는 중국에서 망명온 자들도 많았다. 안악 3호분에 묘지명을 남긴 동수冬壽가 가장 널리 알려진 인물이다. 중국에서 혼란이 있을 때마다 많은 중국인들이 고구려로 망명해왔다. 그렇다면 을지문덕이 중국에서 망명해올 가능성을 군이 배제할 필요는 없겠다. 그러나 중요한 것은 그 출신이나 혈통이 아니라 을지문덕이 고구려 사람이었다는 것이다.

고대에는 아직 민족이 형성되지 않았으며 삼국은 한민족으로 형성되어가고 있던 각기 다른 세 부분으로 해석할 수도 있다. 그러므로 오늘날의 민족적 관념을 삼국시대에 적용하여 을지문덕의 혈통이 반드시 우리 민족이어야 한다고 주장할 필요는 없을 것 같다.

을지문덕은 고구려 사람일 뿐이다. 을지문덕이 중국에서 망명한 인물이었다고 해도 살수대첩이 우리 역사에서 지워지는 것은 아니다. 을지문덕의 국적을 둘러싼 논란의 밑바닥에는 민족이란 무엇인가? 역사란

한 사람의 영웅이 만들어내는가라는 역사학의 근본문제가 깔려 있다. 을지문덕은 고구려 사람이 아니었을까 하는 의문보다는 민족은 처음부터 고정된 형태로 출현한 것이 아니라 역사의 긴 세월 속에서 생겨난 산물이다. 그리고 인간의 역사는 한 사람의 영웅에 의해서가 아니라 일반민중에 의해서 발전되었음을 알 수 있으나 영웅이 필요한 시기도 있는 것이다.

☸ 연개소문의 등장

연개소문淵蓋蘇文의 선조는 봉성인鳳城人이었다. 아버지 연태조, 할아버지 연자유, 증조할아버지 연광은 고구려 조정에서 대대로 막리지(총리)를 지낸 명문가였다.

연태조는 나이 쉰 살에 아들을 얻었다. 그리하여 '갓 쉰'이라는 이름의 개소문으로 지었다. '갓 쉰동이'라는 뜻의 이름이다. 개소문이 세 살 때였다. 하루는 한 도사道士가 찾아와 개소문을 보고 깜짝 놀랄 말을 했다.

"이대로 집에 두어서는 안 되는 사내거늘 집에 두다니, 안타깝기 그지없도다."

이 말을 하인이 주워듣고 연태조에게 쪼르르 달려가 알렸다. 연태조는 그 도사를 사랑으로 데려왔다.

"우리 아이를 봤다구요?"

"예에, 유모와 노는 것을 봤나이다."

"헌데 어찌하여 집에 놓아두면 아니 된다 하시었소?"

"아이에게 큰 액운이 하나 있는데, 그 액운을 피하려면 집을 떠나 시골 촌구석으로 보내야 하오."

"당장 보내야 하오?"

"그렇소이다. 적어도 10년 이상 객지생활을 해야만 합니다. 빠르면 빠를수록 좋소이다."

연태조는 부인을 달래어 개소문을 평양에서 원주原州 두루미재로 보내었다. 이 두루미재에 유씨가 농사를 많이 짓고 있었다. 유 영감이 어느 날 꿈을 꾸었다. 마을 연못가에서 어린애가 울고 있었다.

"애야, 이름이 뭐냐?"

"갓 쉰동이야."

"어디서 왔느냐?"

"몰라, 우리 아버지는 높은 분이야."

"왜 이곳에서 울고 있느냐?"

"나를 이곳에 떼어놓고 가서 우는 거야."

"아가야 울지 마라. 우리 집으로 가자꾸나."

유 영감은 아이를 데리고 자기집 대문을 들어서다가 넘어지며 꿈을 깨었다.

이튿날 유 영감은 꿈에서 보았던 아이를 자기집 문앞에서 발견했다. 누군가 떼어놓고 가버린 것이다. 유 영감은 아이를 집안으로 들였다.

"이 아이는 예사 아이가 아니다. 각별히 보살피거라."

집안 식솔들에게 단단히 일렀다.

개소문의 나이 10세가 되었다. 일손이 딸리는 유 영감 집에서 연 소년을 일터로 보내었다. 유 영감으로서는 그동안 소중히 길러주었으니, 일로 은혜를 보답받아야 한다는 마음이었다.

연 소년은 꾀를 부리지 않고 열심히 일했다. 무슨 일이든 싫다 하지 않고 닥치는 대로 해내었다. 유 영감은 연 소년을 보배로 여겼다. 유 영감은 연 소년에게 글공부와 무예를 연습시켰다. 유 영감은 예사 농사꾼이 아니었던 것이다. 시골에 묻혀 사는 도인이었다.

어느 날, 연 소년을 찾아온 사람이 있었다. 유 영감과 사랑에서 한참 얘기를 나눈 다음 손님은 아무 말 없이 가버렸다. 유 영감이 연 소년을 불렀다.

"갓 쉰동아, 네가 조의선인皂衣先人(고구려 관직의 12등급의 하나)으로 뽑혔다는 소식이다."

"무슨 말씀이나이까?"

"네가 벼슬아치가 되었다는 말이니라."

"제 나이 겨우 열 살이나이다. 하온데 벼슬이라니요?"

"작년에 네가 조의선사로 뽑혔다는구나. 부러 한 해 늦게 알린 거란다."

"저는 어찌 되나요?"

"너는 이제부터 성을 쌓는 감독관으로 일해야 되느니라. 이 근방의 성 쌓는 일을 돌보며 부지런히 글공부도 하고 무예도 익혀야 하느니라. 오늘부터 농사일은 그만둬라."

연 소년은 객지생활 15년을 다 채우고 비로소 집으로 돌아와 조정에 나갔다. 개소문은 서부 대인으로 국경지방의 장성을 쌓는 감독관으로 일하며 새로 일어난 당나라의 움직임을 예의 주시하고 있었다.

그 무렵, 고구려 조정은 당나라로부터 노자老子의 상像을 들여와 백성들에게 도교道敎를 선교하느라고 정신이 팔려 있었다. 도교는 연개소문이 일으켰다는 설이 있다. 영류왕 7년인 서기 624년 당나라로부터 도교가 전래되었고 보장왕 때 연개소문에 의해 공인되었다고 한다. 연개소문은 연변 조선족 자치주에서는 지금도 신격화되어 있다. 이곳 연변 땅은 옛 고구려 땅이었다.

이 지방 사람들은 우리들처럼 연극·춤·음악을 좋아한다. 중화인민공화국이 수립되기 이전까지 이 지방 사람들이 가장 좋아하는 극이 '캐쉰'이었다. 캐쉰은 우리말로 '갓 쉰'이다. 갓 쉰은 연개소문의 이름으로서 개소문의 중국 발음이 '카이쑤원'인 점을 고려하면 개소문은 '갓 쉰'의 음차 표기임을 알 수 있다.

연개소문의 이름과 관련된 얘기는 민간에 전해지는 전설일 수도 있다. 그러나 연개소문이 이 지역의 전근대인들에게 가장 영웅적인 역사적 인물로 받아들여졌음은 분명하다. 그들은 연개소문을 도교의 중간 시조격으로 받아들였다.

연개소문은 불교를 중심으로 한 구세력에 대항하기 위해 신세력을 형성하는 사상적 기반으로서 도교를 받아들였다. 삼국시대의 불교는 체제와 형식을 중시하는 격의格儀불교로서 체제의 정비나 수호에 활용되었다. 연개소문은 이러한 격의불교에 긍정적일 수가 없었다. 그는 보다 진취적인 사상으로 도교를 선택했다.

노자·장자의 도교와 민간신앙으로서의 도교, 협객 상징으로서의 도교 등이 모두 도道라는 개념을 사용하고 있다. 어쨌든 당나라가 수나라의 참패를 만회하기 위해 전쟁준비에 광분하는 동안 고구려인들은 도교사상에 젖어 기강이 무너져가고 있었다. 이는 연개소문이 판 자기 함정이었다.

연개소문은 고구려의 세작(첩자)을 통해 당나라의 전쟁준비를 자세히 알 수 있었다. 그는 임금을 에워싸고 있는 대신들을 정면으로 비판하면서 국방에 눈을 돌리도록 임금에게 탄원서를 올렸다. 그러나 영류왕 역시 대신들과 함께 무사안일을 택했다. 더구나 도교사상에 젖어 현실과는 먼 이상론을 펴는 대신들의 말에 귀를 기울이는 영류왕이었다. 대신들은 연개소문의 전쟁준비론에 반발하여 그의 파면을 음모하고 있었다.

이러한 낌새를 눈치 챈 연개소문은 앉아서 당할 수만은 없었다. 음모에 가담한 대신들을 열병식에 초청한 다음 군사혁명을 일으켰다. 영류왕을 포함하여 200여 명의 중신들을 삽시간에 쓸어버렸다.

서기 642년 10월, 혁명을 성공시킨 연개소문은 영류왕의 조카 보장왕을 즉위시키고 그는 막리지가 되었다. 그는 선도해를 참모로 삼아 각 성의 방비를 철저히 했다.

서기 645년, 당나라 태종은 그의 야심을 채우기 위해 고구려 정벌의 총동원령을 내렸다. 당나라군이 장안을 출발하여 낙양에 입성한 후 4월에는 국경을 넘었다.

제1군은 이세적 총사령관의 지휘 아래 고구려의 회원진으로 향했다.

제2군은 요동으로, 제3군은 장험張險으로, 제4군은 장량의 해군이었다. 장량은 전함 800척과 수병 7만 3,000명을 거느리고 출전했다.

4월 12일 동래를 출발, 비사성卑沙城(지금의 대련)을 공격했다. 그리고 수송선단은 보병이 창려昌黎를 점령하자 대규모의 보급물자를 창려로 상륙시켰다.

그러나 당나라의 이러한 화려한 군단도 안시성安市城이라는 성 하나를 점령하지 못하고 비참한 참패로 끝을 맺었다.

그후에도 당태종은 두 차례나 더 고구려를 침략했으나 연개소문이 지휘하는 고구려군은 사기가 하늘을 찌를 듯했다. 두 차례 다 고구려군에게 격퇴되었다. 보장왕 8년, 당 태종이 죽어 한동안 고구려와 당나라와의 전쟁은 뜸해졌다. 고구려 조정은 도교사상에 물들어 현실과는 다른 분위기를 조성해가고 있었다. 이 무렵, 연개소문은 도교를 정치적 사상으로 만들기 위해 노력하던 때였다.

☉ 안시성을 사수하라

고구려는 사실 새로 태어난 당나라와는 원수 사이가 아니었다. 원수 관계인 수나라가 망해버린 이상 신생국 당나라에 원한을 가질 까닭이 없었다. 그런데 당 태종 이세민이 야욕을 드러내기 시작했다. 세작 진대덕陳大德을 고구려에 보내어 염탐작전을 펼쳤다. 진대덕은 고구려 산천을 구경한다며 이곳저곳을 두루 살폈다. 천연의 요새와 군사 배치도, 성의 견고성, 군사들의 사기 등을 자세히 살피고 고구려 관리들을 돈으로 매수하여 기밀사항까지 빼갔다. 이것을 토대로 이세민은 고구려 침략의 작전계획을 철저히 수립했다.

때마침 연개소문이 영류왕을 치고 보장왕을 세우자 당나라에서는 이것을 명분삼아 군사를 일으켰다.

"고구려가 자기의 임금을 죽였으니 용서 못할 이신벌군以臣伐君이다. 짐이 우리의 대병을 움직이면 쉬운 일이나 우리 나라 백성을 괴롭히기는 싫다. 거란과 말갈족을 싸움터로 보내면 어떻겠는고?"

당 태종의 건방진 말이었다. 이에 장손무기長孫無忌가 답했다.

"폐하, 연개소문이란 자는 스스로 죄가 많음을 알고 있나이다. 지금 우리 당이 칠까 봐 엄중히 방비하고 있나이다. 이 점 유의해야 될 줄 아나이다."

당 태종은 고개를 끄덕였으나 침략의 야욕을 버린 것은 아니었다.

이 무렵 신라의 김춘추가 당나라에 들어가 고구려를 정벌해달라고 외교를 펼치고 있었다. 연개소문은 그 소식을 접하고 몹시 분개했다. 때마침 당나라에서 사신이 왔다. 사신이 연개소문을 떠보았다.

"귀국에서 신라를 친다는 소문이 있소. 그것이 사실이오?"

"신라는 교활하오. 우리가 수나라와 싸우는 틈을 노려 우리의 영토를 500리나 점령했소. 남의 곤궁한 틈을 타서 어찌 그런 야비한 행동을 한단 말이오. 우리의 땅을 돌려주지 않는 한 신라를 가만 둘 수 없소이다."

"만약 귀국이 신라를 치면 우리 황제께오서 좌시하지 않을 것이오."

연개소문은 화가 치밀었다. 당나라가 대국이라고 고구려를 함부로 대하고 있었다.

"수나라 꼴이 되려거든 마음대로 하라고 하소!"

쏘아붙였다. 당나라 사신은 찔끔 놀라고 다시 위엄을 갖추어 말했다.

"이미 지난 일을 재론해서 무엇 하겠소? 지금 귀국땅으로 되어 있는 요동의 여러 성도 본래는 중국땅이 아니오?"

"보아하니 지금 오신 사신은 당나라 사신이 아니라 신라 사신 같소이다."

연개소문은 당나라 사신을 면박 주었다. 신라에서 뇌물을 받은 성싶었다. 사신은 더는 토를 달지 않았다.

사신이 다녀간 이듬해 당 태종은 군사를 일으켰다. 부대총관副大總官

강하왕江夏王 이도종李道宗이 먼저 신성新城을 쳤다. 고구려군은 성문을 굳게 닫고 맞섰다. 이도종은 또 건안성建安城을 쳤으나 이곳도 난공불락이었다.

제1군 이세적과 이도종은 개모성蓋牟城을 공략하여 어렵게 함락시키고 곡식 10만 석을 약탈해갔다.

한편 수군대장 장량은 사비성을 공략하여 20여 일 간을 싸우다가 정명진군과 왕대도군의 지원을 받아 겨우 함락시켰다. 당나라군은 쉽게 여겼다가 이곳저곳에서 고전을 면치 못했다.

당나라군이 가장 중요하게 여기는 요동성으로 몰려왔다. 고구려군은 신성과 국내성에 있던 4만 군사를 요동성으로 보내었다.

이도종의 4,000군사와 마문거 · 장군애의 군대가 연합하여 국내성에 있던 응원군과 싸웠다. 고구려군은 여기에서 처음으로 벌판 싸움을 벌였다. 고구려 기병의 활약이 대단했다. 여기에서 당나라군의 예기를 여지없이 꺾어버렸다. 이 응원군은 나중에 요동성으로 들어갔고 장군애는 패전한 죄로 참수당했다.

당 태종은 요수를 건너 요동성을 바라보았다. 당나라 전군이 요동성에 총력전을 펴고 당 태종은 뒤에서 독전했다. 요동성은 꿈쩍도 하지 않았다. 밤낮으로 열흘을 공격했으나 떨어지지 않았다. 그러나 요동성 내에서 성주와 장사長史 사이에 내분이 일어나 장사는 피살되고 성주는 백암성으로 도망쳤다. 결국 요동성이 당나라군에게 짓밟혀 양식 50만 석을 빼앗기고 남녀 4만 명이 포로가 되었다.

백암성은 성주 손대음孫代音이 적과 내통하여 성을 송두리째 바쳐버렸다.

당나라군은 안시성 공격에 나섰다. 이세적이 이끄는 제1군 15만 명이 안시성 공격에 투입되고 당나라 전군은 다시 10군으로 나누어 당산을 출발, 안시성을 포위했다.

안시성 성주 양만춘楊萬春은 성을 철통같이 수비하고 평양에서 지원군이 올 때까지 당나라군을 안시성에 묶어두려고 안간힘을 썼다.

안시성에는 성주 양만춘을 비롯하여 고구려 제일의 궁수弓手 양수봉 장군 등 용맹을 떨치는 장군이 많았다. 양수봉은 양만춘의 조카였다. 양수봉은 자신의 활솜씨를 부하들에게 전수하여 2,000보를 사정거리로 삼을 정도로 강궁들이 많았다.

며칠 후 평양성에서 연개소문이 보낸 지원군 1만 4,000명이 도착했다. 이들은 기병으로서 당나라군 배후를 습격하고 보급품을 차단하는 등 후반 교란작전을 폈다.

안시성은 천혜의 요새이기도 했다. 안시성과 건안성은 북쪽으로 아름다운 탕지 호수를 서쪽에 안고 동쪽으로 연산 고지에 의지하여 교묘하게 서 있어 난공불락의 성으로 보였다. 게다가 안시성주 양만춘은 지혜와 용기를 겸비한 인물로, 연개소문의 작전지시를 받고 조카 양수봉의 조언을 받아 당나라군을 오랫동안 묶어두는 작전을 펼 수 있었다.

뒤에서 독전만 하던 당 태종이 직접 지휘에 나섰다. 아무리 총공격을 펼쳐도 안시성은 눈 한번 꿈벅하지도 않았다. 당 태종은 화가 나기도 하고 초조해졌다. 정공법으로는 도저히 함락시킬 수 없다는 판단이 섰다.

한편 고구려의 북부 욕살褥薩 고연수高延壽와 남부 욕살 고혜진高惠眞이 말갈병 15만 명을 거느리고 안시성에 도착했다. 이들은 성안으로 들어가지 않고 연산 고지에 보루를 만들어 주둔하고 당나라 야전군과 대치했다. 당나라 설인귀薛仁貴의 야전군이 고구려군을 공격했다. 고구려군은 적군을 이리저리 끌고 다니며 지치게 만든 다음 역습을 감행, 당나라 야전군은 혼란에 빠져 고전을 면치 못했다.

당나라 안시성 공격군은 성 안으로 석포를 쏘아대고 온갖 욕설을 퍼부어 고구려군을 흥분시키려 했으나 말짱 허사였다. 성안에서 꼼짝하지 않았다. 당나라군은 사다리를 놓고 성벽을 기어올랐다. 고구려 궁수들이 그들을 맞아 화살을 쏘아댔다. 당나라군은 섣부른 공격에 막대한 희생만을 자초했다.

당 태종은 정공법으로는 성을 함락시킬 수 없다고 판단, 성 옆에 높은 돈대를 쌓고 성안을 정찰하려고 했다. 그러나 낮에 쌓아놓은 돈대를 밤에 고구려군이 성문을 열고 나와 허물어버렸다. 귀신이 곡할 노릇이었다. 당 태종은 화가 나서 안시성보다 더 높은 토산土山을 쌓도록 했다. 토산에서 안시성을 내려다보며 공격할 속셈이었다.

이 토산 공사에 50만 명이 매달려 60일 만에 안시성보다 높게 쌓아 올렸다. 높이가 100미터, 길이가 900미터, 폭이 300미터나 되는 거대한 인공 토산이었다. 토산이 완성되자 당태종은 큰 잔치를 벌여 병사들을 위로했다. 이제 안시성의 운명은 내일로 끝장이 날 판이었다. 토산에서 빤히 내려다보며 석포와 불화살을 쏘아대면 제아무리 날고 기는 양만춘일지라도 어쩔 수 없을 것이었다. 안시성이 함락되는 것은 시간문제였다.

"내일의 승리를 위해 오늘은 맘껏 먹고 마시고 푹 쉬어라!"

당태종은 군사들에게 술과 고기를 푸짐하게 하사했다. 당나라군은 오랜만에 허리띠를 풀고 맘껏 마시고 즐겼다. 그들은 포만에 겨워 토산 수비병만을 남겨둔 채 곯아 떨어졌다. 그동안 토성을 쌓느라고 녹초가 된 병사들이었다.

그날 밤이었다. 양수봉이 이끄는 별동대가 안시성 성벽을 타고 내려와 토산으로 접근했다. 토산 수비병을 독화살을 날려 죽여버리고 토산 파괴 작전에 나섰다. 토산은 겉만 흙주머니로 덮고 속은 통나무를 엮어 쌓아 올린 것이었다. 그 나무 기둥에 골고루 기름을 뿌리고 기둥마다 염초와 유황 뭉치를 묶어놓았다. 그리고는 불을 붙였다.

한밤중 토산이 화염에 싸여 무너져버렸다. 당태종은 어이가 없어 불타는 토성을 바라보고 화를 삭였다. 그때 어디선지 화살이 장대비처럼 쏟아졌다. 고구려의 궁사들이 당나라군을 무차별 사살해댔다.

그때였다. 당 태종과 최고 사령관 이세적이 있는 당나라 본진을 한떼의 기병이 질풍같이 말을 달려오며 화살을 쏘았다. 화살은 단 하나의 허실도 없이 적군의 심장·목·얼굴에 명중했다. 당 태종도 가슴에 두 개의 화살을 맞고 당황하는 사이에, 화살 한 개가 날아와 오른쪽 눈을 관통해버렸다.

"으윽!"

당 태종은 그 자리에 쓰러져버렸다. 가슴에 맞은 두 개의 화살은 다행히도 갑옷을 뚫지 못했다. 돌이킬 수 없는 참담한 패배였다.

안시성에 때 이른 눈이 내렸다. 당나라군은 미처 월동준비도 못 하고 겨울을 맞아 병사들의 사기가 바닥을 쳤다. 안시성은 건재한 채 당나라 진영을 비웃는 듯이 상처 하나 입지 않았다. 당나라군은 더는 버틸 수 없었다. 중국을 통일한 당나라의 황제가 고구려의 성 하나 함락시키지 못하다니, 온 천하가 웃을 일이었다.

추위와 굶주림에 지친 당나라군의 퇴각이 시작되었다. 고구려군은 퇴각하는 당나라군을 뒤에서부터 도마뱀의 꼬리를 자르듯 잘라나갔다. 이에 당황한 당나라군은 무거운 갑옷과 병장기를 마구 버리고 도망치기에 바빴다. 당나라군의 퇴각은 지옥행이었다.

당나라군이 포오거浦吾渠에 닿았다. 눈앞에 펼쳐진 광활한 늪지대를 병사들이 겁없이 달리다가 늪속에 빠져 허우적거렸다. 당 태종은 장손무기에게 명하여 병사들에게 풀을 베어 늪지대에 길을 내도록 했다.

그러나 이를 어쩌랴. 당나라군이 늪지대로 들어가자 고구려군이 늪지대를 에워싸고 마구잡이로 창·칼을 휘둘렀다. 당 태종은 겨우 목숨을 건져 달아났다. 포오거 늪에서 희생당한 당나라군은 헤아릴 수조차 없었다. 당 태종은 결국 수나라 양제의 참패를 되씹을 수밖에 없었다.

그후에도 당 태종은 두 차례나 더 고구려를 침략했으나 연개소문이 지휘하는 고구려군에게 격퇴당하고 말았다. 보장왕 8년, 당 태종이 세상을 떠난 뒤 당나라와 고구려는 한동안 전쟁을 하지 않았다.

❀ 하늘이 낸 효녀

고구려 시대에《심청전》같은 이야기가 있다면 과연 믿을 수 있을까? 《심청전》을 1천 몇백 년 앞당겨 놓으면 우리의 문학사를 새로 써야 할 것이다. 그런데《심청전》과 흡사한 이야기가 고구려 고국원왕 시대에 있었다. 비록 한 사찰의 사적事蹟에 쓰여 있는 기록이기는 하나《심청전》과 이야기 전개가 거의 같다.

고구려 고국원왕 6년은 중국 동진東晉 효무제 14년이다.

대흥大興(지금의 충남 서산 지방) 땅에 원량元良이라는 장님이 살고 있었다. 원량은 태어날 때부터 장님이었다. 게다가 가세조차 기울어 곤궁한 삶을 꾸려갔다.

동네 사람들의 보살핌으로 젊은 날 장가를 들었는데, 아내가 딸을 낳은 후 산후풍으로 세상을 떠나고 말았다. 원량은 그 딸을 동냥젖을 먹여 어렵게 키웠다.

그의 딸 홍랑洪娘이 어느 덧 열여섯 꽃다운 나이가 되었다. 어려서부터 머리가 비상하고 용모가 빼어나 동네 사람들의 귀여움을 받았다. 바느질·길쌈·방아찧기 등 못 하는 일이 없어 아버지를 봉양하는 데 궁색하지 않았다. 이제 원량은 참한 신랑을 골라 사위로 맞아 오순도순 살아갈 꿈에 부풀어 있었다. 홍랑의 효도는 인근 부락에 널리 알려져 하늘이 낸 큰 효녀라는 칭찬이 늘 따라 다녔다.

어느 날이었다. 원량이 대지팡이를 짚고 마실을 나갔다. 그런데 동네 고샅에서 화주승化主僧을 만났다. 이곳 홍법사弘法寺에 있는 성공性空 스님이었다. 성공 스님이 원량을 깜짝 반겼다.

"어디를 가시는 게요. 나 성공이외다."

"성공 스님께서 어인 일이신지요?"

"마침 원 처사를 만나러 가는 길이외다."

"스님께서 이 사람을 만나러 오셨다구요?"

"그렇다마다요."

"저 같은 눈먼 봉사를 만나 무엇 하시게요?"

"다름이 아니오라 이번에 홍법사를 중건하는데 원 처사께서 시주를 하십사 하고 권선책勸善冊을 끼고 나왔소이다."

"시주할 사람을 찾는다면 스님께서 잘못 고르셨소이다. 아시다시피 저는 어린 딸이 날품팔이를 하여 근근이 연명하는 처지라오."

"아니오. 내가 사람을 잘못 고른 것이 절대로 아니오."

이러면서 성공 스님이 꿈 이야기를 들려주었다.

권선책을 주지 스님에게 받고 성공 스님은 그날 밤 꿈을 꾸었다. 꿈에 부처님이 나타나 아무 날 아무 시에 아무 땅을 지나갈 것 같으면 한 장님을 만날 것이다. 그 장님이 네 소원대로 홍법사를 중건하는 데 크게 시주할 큰 시주님이시다라고 말했다. 그 시주님에게 꼭 시주를 받아야만 한다.

"원 처사님, 어떠시오? 그 시주님이 원 처사올시다."

"스님, 아시다시피 시주를 할 재화가 있어야 시주를 하고 말고지요. 답답하나이다. 재산이라고는 열여섯 먹은 딸 아이 하나뿐이외다."

"가만가만… 열여섯 먹은 딸이라 하셨소이까?"

"그렇소이다."

"그 딸이라도 시주하시구려."

"예에? 사람도 시주로 받나이까?"

"받다마다요."

"예끼 여보쇼. 아무리 스님이지만 그런 말이 어딨소. 다른 데 가서 알아보시오!"

원량은 소리를 버럭 지르고 가던 길을 되돌아서 집으로 돌아와버렸다. 성공 스님이 그 뒤를 따랐다. 원량이 발자국 소리를 듣고 화를 내었다.

"뭣하러 뒤를 밟는 게요?"

"따님의 의사를 들어보겠소."

"쓸데없는 소리 말고 다른 데 가보시라니까요."

"어여 집으로 가보십시다."

집으로 돌아온 원량은 성공에게 화를 내고 성공은 홍랑에게 시주 얘기를 꺼내었다.

"낭자께서 홍법사 시주에 참여하시면 아버님이 눈을 뜨시는 큰 복을 받을 것이오."

"스님, 시주할 것이 아무것도 없나이다."

"낭자가 절에 가서 홍법사를 중건할 때까지 허드렛일을 하면 그것도 시주가 아니겠소?"

"그리하면 아버님이 눈을 뜨시고 복을 누리신다고요?"

"그렇소이다."

"제가 시주로 절에 가겠어오."

홍랑은 주저없이 성공 스님을 따라 나섰다. 원량도 절에 허드렛일을 해주고 눈을 뜨고 복을 누릴 수 있다면 괜찮다 싶어 홍랑을 순순히 보내주었다.

"아버님, 조금만 참으셔요. 절을 중건하면 금방 달려와 아버님을 편히 모실 게요. 저 없는 동안의 불편을 잘 견디셔야 해요."

"내 걱정은 하지 마라. 고생하러 가는 너나 몸조심하거라."

성공 스님은 홍랑을 데리고 소랑포蘇浪浦(서산 지방)에 이르러 언덕에서 잠시 쉬었다.

그때였다. 서해 바다에 붉은 색으로 단장한 배 두 척이 쏜살같이 달려와 소랑포에 정박했다. 두 척의 배 안에는 금은보화가 잔뜩 실려 있었다. 비단옷을 입은 중국 사람이 나타나 홍랑을 보더니 땅에 엎드려 큰절을 올리고 말했다.

"오, 진정 황후마마시옵니다. 틀림없사옵니다."

홍랑은 얼굴이 빨개져 어찌할 바를 모르고 있다가 겨우 입을 열었다.

"그 무슨 말씀이오? 내가 황후라니, 장난이 지나치오!"

"우리는 중국 동진에서 왔나이다. 3년 전에 황후마마께옵서 돌아가신 후 황제 폐하께오서 슬픔으로 나날을 보내시며 황후마마를 잊지 못하셨나이다. 어느 날 꿈에 신인神人이 나타나 폐하께 아뢰기를 황후께오서 동국東國에 태어나시었다며 방년 열여섯 살이시며 용모가 단아하시고 덕행이 숙정叔貞하시기를 돌아가신 황후마마보다 배승하시니 과히 슬퍼 마소서 하며 그 신인이 초상화를 내주며 찾으라고 했다 하오. 그리하여 황제께서 꿈에 본 황후마마를 화공에게 그리게 하여 우리가 이렇게 찾아온 것이라오. 황후마마께오서는 초상화와 한 점도 틀리지 않나이다."

동진 사람이 초상화를 보여주었다. 홍랑을 빼어닮은 얼굴이어서 성공 스님도 놀랐다. 홍랑이 말했다.

"나는 이 한몸 마음대로 할 수 없다오. 이 스님에게 맡겨진 몸이어서 내가 동진으로 가고 못 가고는 이 스님 마음에 달렸나이다."

그러자 성공 스님이 자초지종을 자세히 설명했다. 동진의 신하가 명쾌히 대답했다.

"그런 문제라면 이 배 안의 금은보화가 해결해줄 것이오. 절을 중건하려면 많은 재화가 소용될 것이니 스님께서 죄다 가져가시지요."

성공 스님은 뜻밖에 횡재를 하여 동진 신하의 말에 동의했다.

동진의 신하들은 금은보화를 소랑포에 쌓아놓고 홍랑을 붉은 배에 태워 동진으로 돌아갔다. 홍랑은 아버지를 못 보고 가는 것이 마음에 걸렸다. 소랑포를 떠난 지 닷새 만에 홍랑은 동진의 서울에 닿아 궁으로 안내되었다.

황제는 홍랑을 보고 죽은 황후를 빼어닮아 깜짝 놀라며 기쁨을 감추지 못했다.

"오오, 저승에 간 황후가 다시 돌아왔구만. 어서 이리 가까이 오오."

황제는 홍랑과 성대한 혼인식을 치르고 정식으로 황후로 봉했다. 황제의 사랑이 유별났다.

홍랑은 무엇 하나 부러울 것이 없었으나 아버지 소식을 몰라 얼굴에 그늘이 져 있었다. 홍랑은 아버지를 위해 부처님에게 복을 비는 뜻으로 불상과 탑을 만들어 홍법사에 봉안시켰고, 또 자기의 원불願佛로서 관세음보살을 만들어 배에 실어 동국으로 띄워 보내면서 배가 닿는 곳에 봉안하라고 일렀다. 그 배는 바다에서 1년을 떠돈 후에 마침내 서해 낙안樂安 땅 단교斷橋 근처에 닿았다. 마침 이 근처를 지나던 성공 스님이 관세음보살을 발견하고 등에 업고 발길이 닿는 데까지 걸어갔다.

처음 관세음보살을 업었을 때는 무거운 줄을 몰랐다. 옥과玉果(전남 곡성땅) 땅 성덕산聖德山 고개 위에 이르렀을 때 태산같이 무거워 한 발자국도 옮기지 못했다. 관음보살상을 등에서 내려놓은 자리에 절을 짓고 보살을 모셨다. 이 절이 곧 원황후의 원불을 모신 관음사이다.

원량은 딸이 멀리 동진으로 갔다는 소식을 듣고 세상을 떠돌다가 관세음보살이 낙안 땅 단교에 닿는 날 우연히 눈을 떠 광명을 보게 되었다. 그리하여 배를 타고 동진으로 건너가 황후가 된 딸을 만났다. 그 뒤 원량은 딸의 효도와 황제의 후의에 힘입어 95세까지 장수했다. 효도가 하늘을 감동시킨 결과였다.

❀ 기우는 고구려

서기 655년 2월, 당나라 고종은 연개소문이 와병중이라는 소식을 접하고 즉시 군대를 동원, 또다시 고구려에 도전했다. 고구려와 당나라의 관계가 처음부터 악화된 것은 아니었다. 연개소문은 도교의 유포를 요청하는 등 화평책을 써서 가능한 당나라와의 전쟁을 피해보려고 노력했다. 그러나 연개소문이 당나라에 강경한 입장으로 돌아선 것은 당나라와 신라의 동맹이 이뤄진 이후이다.

당나라의 침략 의도가 분명해지자 더 이상 온건한 입장을 유지할 수가 없었다. 연개소문이 끝까지 당나라에 항전을 계속한 것은 타협의 여지가 없었기 때문이다. 당나라 태종은 중국 중심의 천하 질서를 실현하려는 강한 욕망으로 하여 주위의 어떤 세력과도 공존하려는 뜻이 없었다. 그는 이미 중원과 막북의 유일한 '황제천가한黃帝天可汗'으로 자처했다. 그의 야심은 동방 3국마저 자신의 지배 아래 거느리는 명실공히 최고의 황제가 되는 것이었다. 고구려라고 예외일 수는 없었다.

온 천하에 중화적 법과 질서를 구현하고 있는 자신의 치세에 왕을 죽이고 권력을 독단하는(서기 642년 10월 영류왕 시해 사건) 연개소문과 같은 대역죄인이 중원에 공존한다는 것은 도저히 용납될 수 없는 일이었다. 따라서 당나라의 고구려 정벌은 당태종의 야심과 자존심이 걸린 문제로서 필연적으로 일어날 수밖에 없었던 일이었다.

당나라의 침입이 시작되면서 일단 고구려는 내부의 권력투쟁을 중단하지 않을 수 없었다. 전쟁을 조정에서 지휘하면서 연개소문은 자신의 권력을 강화할 수 있는 절호의 기회를 얻게 되었다. 또 전쟁 과정에서 지방의 군사력이 소실되면서 연개소문은 그의 정적들을 굴복시킬 수 있었다. 대외적인 강경노선이 자신의 대내적인 정치적 입지를 강화할 것이라는 판단도 크게 작용했을 것이다. 이러한 강경노선의 결과 당나라와는 앙숙으로 늘 전운 속에서 날밤을 새워야 했다.

연개소문이 와병중이라는 소문은 당나라 고종에게는 절호의 기회였다. 그리하여 즉각 군대를 동원, 고구려를 침공했다. 이에 연개소문의 장남 연남생淵男生이 아버지를 대신하여 막리지에 올라 고구려와 당나라의 9차 대전을 맡게 되었다. 남생은 용맹스러운 고구려군을 잘 통솔하여 당나라의 정명진程名振 군대와 소정방 군대를 귀단수貴湍水에서 격퇴시키고 9차 대전을 승리로 마감했다.

서기 657년, 당나라에서 동북의 대호大虎라고 부르던 연개소문이 오랫동안 병마와 싸우다가 파란만장의 생을 마감했다. 연개소문의 죽음은 고구려 조정에 큰 혼란을 가져왔다.

고구려 조정은 24세의 남생을 대막리지로 임명하고 그에게 병권을 쥐어주었다. 남생은 고구려의 모든 권력을 한 손에 쥐게 되었다.

서기 658년 6월에 연개소문이 죽었다는 소식을 들은 당나라 대장군 정명진과 설인귀는 9차 대전 때 고구려에 빼앗겼던 요서의 땅을 되찾고 동진東進을 계속했다. 그러나 이번에도 남생의 새로운 방어선을 뚫지 못했다. 이 전쟁의 승리로 남생은 아버지의 후광에서 벗어나 홀로서기를 할 수 있었다.

당나라는 10차전에도 실패하고 이듬해 9월, 또다시 11차 원정길에 올랐다. 남생은 온사문溫沙門을 대장군으로 삼아 당나라군과 횡산橫山에서 결전을 벌여 격퇴시켰다. 고구려의 국력을 드높였다.

당나라는 단독으로는 고구려를 정복할 수 없다는 것을 알고 신라와 나ㆍ당 동맹을 맺어 백제를 치는 동안 설필하력에게 요동을 공격하게 하여 고구려군이 백제군을 돕지 못하도록 했다. 백제를 3개월여 만에 멸망시킨 나ㆍ당 연합군은 고구려로 눈을 돌렸다. 설필하력은 고구려군과 싸워 고전을 면치 못했다. 당나라는 백제 정벌에 나섰던 소정방을 요수 전선에서 맥을 못쓰고 있는 설필하력의 지원군으로 보내었다. 소정방은 평양을 공격했다. 고구려군은 남과 북으로 전선이 벌어져 작전이 불리하게 되었다.

남생은 집권 이후 큰 위기를 맞았다. 게다가 해마다 이어지는 전쟁으로 고구려의 경제가 파탄 직전에 놓이고 말았다. 당나라의 경제도 거덜이 나고 있었다. 두 나라의 패권싸움은 경제를 파탄시키고 백성들을 도탄으로 몰아넣었다. 이번 싸움에 당나라가 고구려를 이기지 못한다면 당나라는 멸망의 길을 걸을 수밖에 없었다. 두 나라는 그만큼 소모전을 해왔던 것이다.

서기 661년 4월, 당나라는 67주에 총동원령을 내려 35만 명의 추가 병력을 모집, 76세의 노장 소정방이 이끄는 평양 공략에 27만 명을 투입했다. 당나라군이 평양성을 겹겹이 포위하고 항복하기를 기다렸다. 고구려도 만만치 않았다. 연개소문 시절부터 전쟁터를 누빈 노장 선도해를 비롯하여 내로라하는 장수들이 평양성 사수에 나섰다.

고구려군은 끝까지 저항했다. 고구려군이 보기에 당나라군 27만 명은 종이호랑이로 보였다. 게다가 고구려군의 사기가 하늘을 찌를 듯했다. 또한 당나라군의 고구려군에 대한 공포심은 도를 넘고 있었다. 고구려 땅에 들어가면 귀신이 되어서야만이 돌아올 수 있다는 소문이 당나라에 쫙 퍼져 당나라군은 싸움보다는 어떻게 하면 목숨을 보전하여 고향으로 돌아갈 것인지에 매달려 있었다.

서기 661년 8월, 남생이 이끄는 요수 방위군이 오랜 동안 소강상태에서 벗어나 설필하력을 쳐부쉈다. 당나라군은 허겁지겁 달아났다. 고구려군은 추격하지 않았다. 남부전선이 위태로워서였다.

이듬해 정월, 당나라는 방효태에게 10만 병사를 주어 또다시 북방전선을 교란시켰다. 살수와 패수로 들어오는 방효태의 당나라군을 고구려 수군이 작전을 멋지게 구사하여 10만 당병을 물속에 수장시키는 쾌거를 이루었다. 방효태도 이 싸움에서 살아남지 못했다. 이른바 제2의 살수대첩이었다.

남생은 주력부대를 이끌고 평양성으로 갔다. 그리고 평양성을 포위하고 있는 당나라군을 역포위해 버렸다. 그러는 한편 살수에서 대승을 거둔 고구려 수군이 당나라군과 평양 사이의 수로를 완전히 차단해버렸다. 27만 명의 당나라군은 심각한 식량난에 부딪혔다. 수로를 이용하던 보급로를 고구려 수군이 장악해버린 것이다.

소정방은 웅진도독부의 유인원에게 도움을 청했다. 그러나 유인원도 백제의 재건 장군 복신에게 부여성이 포위당해 신라에게 보급을 구걸하는 참이었다. 소정방은 신라에 동맹임을 내세워 보급을 요청했다. 신라에서는 돕는 시늉이라도 해야 될 판이었다.

이 무렵, 신라는 태종 무열왕이 죽고 태자 법민이 즉위하여 조정의 의견이 서로 맞지 않는 상황이었다. 게다가 백제를 멸망시킨 후유증으로 몸살을 앓고 있었다. 군사적으로나 경제적으로 손실이 너무 컸던 것이다. 그러나 신라 조정은 소정방을 돕지 않을 수 없어 김인문·김양도 등 9명의 장수를 동원하여 대거大車 20량에 쌀 4,000섬, 보리쌀 2,000섬을 당나라 진영으로 보내었다.

신라의 보급지원에 크게 고무된 소정방은 군량미 인수작전을 벌일 준비를 서둘렀다. 그런데 신라의 보급지원이 고구려 세작의 감시망에 걸려들고 말았다. 평양으로 향하던 신라의 보급 수송선이 칠중하七重河에 닿았을 때였다. 미리 대기하고 있던 고구려의 복병이 급습하는 바람에 신라의 군량은 고스란히 고구려의 수중에 떨어지고 말았다. 이 보급로 차단으로 당나라군은 굶주림에 지쳐 궤멸되고 겨우 수천 명의 결사대만이 소정방을 호위하여 장안으로 도망쳤다.

무려 12차례의 전쟁으로 당나라는 200만 이상의 귀중한 생명을 고구려 땅에 바쳤다. 남생은 당나라와 세 차례 싸워 전승하자 기고만장해졌다. 감히 그에게 도전해올 사람이 아무도 없었다. 남생은 서기 666년 연개소문의 뒤를 이어 태대막리지太大莫離支가 되었다. 고구려의 정권·병권을 거머쥔 명실공히 제1인자였다. 임금인 보장왕은 실권은 없고 상징적인 존재였다.

남생은 조정의 조직을 개편하고 인사를 서둘렀다. 그동안 정치에 관여하려는 보장왕의 세력을 꺾고 연개소문 시절부터 조정에 몸담고 있는 구세력들을 신진세력으로 교체했다. 이러한 남생의 독단은 구세력의 거센 반발에 부딪혔다. 남생은 반대 세력들을 죄다 무시했다. 자만심에 취해 있었던 것이다.

남생은 소수의 근위병만을 거느리고 변방 순찰에 나섰다. 언제 또다시 밀고 내려올지 모르는 당나라의 침략에 대비하여 변방을 튼튼히 지켜야만 했다. 그가 도성을 비우자 구세력들이 힘을 모아 남생 제거 음모에 나섰다. 이들을 부추긴 인물이 남생의 동생 남건男建이었다. 게다가 보장왕의 불만이 커서 구세력들의 음모는 쉽게 이뤄졌다.

남건은 반란군을 이끌고 국내성으로 쳐들어갔다. 이 소식을 들은 남생은 국내성을 즉시 요새화하고 자구책을 강구했다. 남생편에 개천달開泉達 장군과 안시성주 양장하楊長夏가 섰다. 남건 편에는 노장 선도해, 수곡성주 옥세강玉世江, 그리고 연개소문의 셋째 아들 남산男産이 섰다.

고구려는 내전상태로 들어갔다. 시간이 흐를수록 관군의 깃발을 휘두르는 남건이 우세해지자 남생은 심리적으로 압박을 받기 시작했다. 남생은 국내성을 버리고 안시성으로 도망쳤다. 남생은 안시성에서 남건의 움직임을 자세히 분석했다. 그리고 억울하고 분하여 미칠 것 같았다. 남도 아닌 두 동생 남건·남산이 형을 치러오다니, 이는 천륜을 어기는 짓거리였다. 궁지에 몰린 남생은 앞뒤 가리지 않고 당나라에 도움을 청했다. 이제껏 동이족과 중화족은 자존심을 걸고 치열하게 싸우던 적이었다. 남생의 선택은 신라가 당나라와 동맹을 맺은 것보다 더 치욕이었다.

남생은 아들 헌성獻誠을 당나라에 인질로 보내고 구원병을 요청했다. 당나라로서는 행운이었다. 싸움에 한번도 이겨보지 못한 당나라로서는 고구려의 내란은 하늘이 준 좋은 기회였다. 남생은 또 남건을 진압한 후 스스로 당나라의 신하국이 되겠노라고 자청했다. 당나라 고종은 30만 대군을 남생에게 보내기로 했다.

서기 667년 9월, 당나라 30만 대군이 남생이 있는 안시성으로 들어왔다. 당나라에서는 남생에게 요동도독겸 평안도 안무사의 벼슬을 주었다. 기가 막힌 일이었다. 고구려의 태대막리지가 요동제독이라니, 말이 되는 소리인가. 남생은 이제 당나라를 위해 동족을 죽여야 하고 형제와 조국마저 멸망시켜야 하는 민족 반역자가 된 것이다.

남생이 당나라군을 지휘하여 움직이기 시작했다. 남생을 태대막리지로 모시던 고구려의 성주들은 대혼란에 빠졌다. 고구려를 위해 남생과 싸워야 할 것인지 아니면 태대막리지였던 남생편에 서야 할지 마음의 갈등이 생겼다. 막상 남생이 당나라군을 이끌고 오자 고구려 요동산성이 항복해버렸다. 모두 남생이 심어놓은 성주였다.

서기 668년 2월, 남생은 북쪽의 고구려 요새 부여성을 함락시켰다. 그리하여 요동성 · 안시성 · 부여성 등을 확보했다. 또 6월에는 기습공격으로 방위군을 분쇄하고 압록책을 격파하는 데 성공했다. 이제 평양까지의 중간에는 군성軍城인 욕이성辱夷城 하나만을 남기고 있었다. 지금까지 당나라 수군은 아리수를 타고 올라와 패수를 끼고 있는 평양성을 공격하는 작전을 폈기 때문에 남대황에 펼쳐놓은 평양의 수비 성책은 실로 가공할 만한 위력을 발휘했다.

그러나 이번에는 남생 자신이 당나라군을 이끌고 왔으므로 자신이 펼쳐놓은 고구려군의 강약 지점을 파악하여 전진해갔다. 욕이성의 수비대장도 남생의 수하였다. 나라를 위해서는 남생에게 칼을 들이대어야 하지만 역시 옛 상관에게 인정상 그럴 수는 없었다. 결국 남생에게 성을 열어주고 말았다. 남생이 이끄는 당나라 30만 대군이 평양성을 에워쌌다.

성밖의 남생이 화살에 서찰을 달아 궁성으로 쏘았다. 최후의 통첩을 보낸 것이다. 서찰의 내용은 이랬다.

'나는 다만 남건의 반역을 괘씸하게 여기는 바이요. 만약 보장왕께서 중립을 지켜주신다면 목숨을 보장해드리겠소.'

보장왕은 살길을 찾았다. 남생의 원한이 남건에게 있음을 안 보장왕은 남건을 대막리지에서 해임하고 국사 신성信城 스님을 내세워 난국을 수습하도록 했다. 남생의 어린 시절 교육을 담당한 신성은 남생의 의중을 꿰뚫고 있었다. 남생이 한순간 이성을 잃고 나랏일을 크게 그르치고 있지만 지금은 후회하고 있다는 것을 신성은 알고 있었다. 남생이 3일 동안 성을 포위한 채 한번도 공격하지 않는 이유를 알 것 같았다.

만약 성을 공격하여 당나라군이 함락시킨다면 궁궐의 귀한 문화재가 당나라로 넘어가고 또한 고구려의 기밀문서가 적의 수중으로 들어간다면 그들의 지배를 영영 벗어날 수 없을 것이라는 생각을 남생이 하고 있는 것 같았다.

"대왕마마, 소승의 생각으로는 남생이 당나라군이 성을 짓밟고 우리의 기밀문서를 훔쳐가기 전에 미리 처분하라는 뜻에서 시간을 주고 있는 것 같나이다. 소승이 남생에게 사람을 보내어 공격을 며칠 더 늦추어보겠사오니 그동안 대왕께오서는 처분할 것을 미리 처분하시오소서."

"그러하리다."

보장왕이 힘없이 대답했다.

신성은 오사烏沙와 요묘饒苗 등을 비밀리에 남생에게 파견, 7일간의 여유를 주도록 부탁했다. 남생은 신성이 자기의 뜻을 알아차려 기뻐하며 당나라 장군에게 공격을 7일간 늦추면 보장왕을 설득해보겠노라고 거짓말을 했다.

며칠 후, 성안에서 검은 연기가 치솟았다. 신성의 건의에 따라 수백년간 고구려가 소장해온 나라의 기밀문서와 문화재가 불태워지고 있었다. 성을 포위한 당나라군이 어리둥절해 궁궐을 멀거니 쳐다보고만 있었다. 작전권이 남생에게 있으므로 가타부타 말은 못 하고 속으로 애를 태우고 있는 명나라 장수들이었다.

남생은 불타는 궁성을 바라보며 깊은 후회의 가슴앓이를 했다. 속좁은 한순간의 잘못 판단이 결국 나라를 망친 역적이 되었으니, 죽어서 무슨 낯으로 아버지를 뵙고 선조들을 뵈리. 궁성은 온통 화염에 싸여 밖에서 지켜보는 당나라군마저 숙연케 했다. '고구려땅을 밟으면 살아서는 돌아오지 못한다'는 그 고구려의 억센 궁성이 한 줌 재로 변하는 모습을 당나라군은 처절한 마음으로 지켜보고 있었다. 7일 동안 궁성의 불꽃은 꺼지지 않았다. 약속된 7일이 지나자 신성은 보장왕과 98명의 신하를 데리고 성에서 나와 항복하고 말았다.

이미 잿더미로 변해버린 평양성에 입성한 남생은 약속대로 평안도 안무사가 되어 고구려의 주권을 당나라에 넘겨주었다. 남생은 보장왕과 대신들을 거느리고 장안으로 들어가 당나라 황제에게 항복했다. 당나라 조정은 남생에게 저택을 하사하고 장안에서 살도록 했다. 당나라 포로 신세로 전락해버린 것이다.

당나라에서는 설인귀를 검교안동도호檢校安東都護로 삼아 평양총독으로 임명했다. 이로써 874년의 장구한 역사와 전통을 지닌 고구려는 숨이 넘어갔다.

서기 670년 4월, 보장왕의 외손 안승安勝은 후일을 기약하고 고구려 땅을 떠나 남쪽으로 옮겨갔다. 그때 무려 4,000호가 넘는 고구려 사람들이 안승을 따라갔다. 안승과 망명집단이 모여들자 신라는 이들을 내세워 당나라 군사를 몰아내려고 음모를 꾸몄다. 그리하여 안승에게 금마저金馬渚(전라북도 익산)에 새 왕국을 세우도록 지원했다. 그후 금마저의 이름을 보덕성으로 고치고 안승을 보덕왕으로 삼아 새 나라의 이름을 고구려국이라 했다.

서기 672년 12월, 안승의 고구려군과 신라의 연합군이 당나라군과 백빙산에서 싸워 패했다. 서기 675년 5월, 남하하는 당나라군을 맞아 연합군은 오로하에서 싸워 이김으로써 당나라군의 남하를 막았다. 그리하여 당나라는 웅진도독부와 연결하려던 전략에 큰 차질을 빚었다.

신라는 한때 당나라와 동맹관계였으나 백제를 멸망시킨 뒤 그 땅을 차지하려는 문제로 동맹관계가 자연히 파기되었다. 신라는 고구려의 망명정부인 안승과 고구려군을 은근히 지원해 당나라군과 싸우도록 배후 조종을 했다. 이러한 신라의 정책은 성공적으로 수행되었다.

그리고 비록 남쪽 멀리 떨어져 있기는 하지만 고구려 구국의 망명정부인 안승의 뒤를 이어 고구려 구석구석에서 구국운동이 일어났다.

평양도독부의 설인귀는 점령군의 무력만으로는 고구려의 구국운동을 진압할 수 없게 되었다. 특히 당나라의 힘이 미치지 못하는 변방지역에서 강력한 집단들이 힘을 모아 고구려 땅에 들어와 있는 당나라 병사들을 괴롭혔다. 설인귀는 장안에 구원을 요청했다. 당나라 조정에서는 백제에 맞불을 질러 멸망시킨 경험을 토대로 안승의 기세를 꺾기 위해 보장왕을 이용하기로 했다. 장안에 인질로 잡혀 있는 보장왕을 요동주도독 조선왕으로 책봉했다. 보장왕은 철없이 다시 고구려의 왕이 된 것을 감지덕지했다. 평양으로 돌아온 보장왕은 폐허가 된 궁성을 보고 잠깐 비탄에 잠겼다. 설인귀는 신성新城에 새로운 궁궐을 짓고 보장왕을 모셨다.

고구려의 구국 병사들은 보장왕이 나타나자 몹시 당황했다. 어떻게 대처해야 할지 난감했다. 당연히 국왕으로 모셔야 했지만 당나라 꼭두각시여서 석연치 않았다. 게다가 보장왕은 당나라의 사주를 받고 고구려 구국 병사들에게 투쟁을 즉각 중지하라고 명령을 내렸다. 수많은 구국 장수들은 보장왕의 어리석은 설득에 넘어가 투쟁을 포기하고 항복해버렸다. 불길같이 일던 구국항쟁은 일시에 꺼지고 말았다.

금마저의 보덕왕 안승은 보장왕이 평양에 돌아와 조선왕이 되자 매우 거북스러웠다. 서기 680년 3월, 신라는 안승의 망명정부가 아직도 이용 가치가 있다고 판단, 문무왕의 딸을 안승에게 시집보내었다.

당나라는 보장왕이 평양에 들어가 구국운동을 완전히 잠재워버렸다고 여겨 다시 장안으로 불러들였다. 설인귀가 총독이 되었다.

서기 682년, 나라를 잃은 보장왕은 장안에서 굴욕적인 생을 마쳤다. 남생은 당나라에서 벼슬을 받아 편히 살다가 죽었다.

당나라는 신라와 해결해야 할 문제가 산적해 있었다. 신라가 안승을 부추겨 금마저에 고구려의 망명정부를 세우게 한 것을 알고 있었다. 당나라가 이 문제를 집요하게 물고 나오자, 한 발 물러설 수밖에 없었다. 전쟁으로 맞섰다가는 승산이 없었다. 신라는 안승을 경주로 불러들이고 고구려의 망명정부를 없애버렸다.

서기 683년 10월, 문무왕은 안승에게 신라의 왕성王姓인 김씨 성을 하사하고 위로했다. 이로써 줄기차게 항쟁하던 고구려의 마지막 희망도 영원히 사라져버리는 듯했다. 그러나 신라의 배신 행위에 분노한 수많은 용사들이 구국투쟁에 나서 새로운 집단을 형성했다. 고구려의 구국항쟁은 끊임없이 이어졌다.

당나라 조정은 서기 685년 보장왕의 손자 보원寶元을 조선 군왕으로 삼아 고구려로 보내어 항쟁을 잠재우려고 했다. 이 책략은 성공을 거두지 못했다. 당나라는 보원왕을 좌응양위대장군 충성국왕으로 봉했다. 그러나 보원왕은 꼭두각시 노릇이 싫어 고구려 항쟁을 배후에서 지원하다가 끝내 왕위를 버리고 항쟁에 뛰어들었다.

보원왕의 뒤를 이어 보장왕의 아들 고덕무高德武를 또다시 고구려 왕으로 봉했다. 그러나 고덕무도 얼마 후 왕위를 버리고 항쟁에 가담해버렸다. 당나라는 고구려를 어떻게 요리할 줄 몰라 쩔쩔매었다. 이후 고구려는 고덕무를 끝으로 무려 905년의 왕조를 기록하고 역사에서 사라졌다.

하지만 고구려 유민들은 끈질겼다. 유민들이 뭉쳐 발해를 세우고 고구려 정신을 이어가고 그 뒤를 이어 궁예가 후고구려를 세웠고, 그 뒤를 왕건이 고려를 세우고, 옛 고구려의 본토를 회복하겠다고 야망을 불태웠다.

✦ 고구려가 통일의 주체국이 되지 못한 이유

연개소문이 죽으면서 세 아들을 불러 당부했다.

"내가 죽으면 너희들이 권력을 잡을 것이다. 허나 벼슬을 두고 서로 다투어서는 절대로 안 된다. 너희 형제들이 물과 고기처럼 서로 화목한다면 고구려는 더욱 강성해질 것이다. 만약 화목하지 못하면 너희들은 당나라에 치욕을 당할 것이다. 내 말 명심하라!"

자식들은 죽어가는 아버지의 유언을 꼭 지키리라고 마음에 새겼다. 연개소문은 아들들이 죄다 야심만만한 청년이어서 마음에 걸렸다. 그리하여 죽음을 앞두고 유언으로 당부했던 것이다.

연개소문의 걱정은 불행하게도 현실이 되어버렸다. 아들 3형제가 권력 쟁탈전을 벌여 자신들을 망치고 나라까지 멸망시키는 결과를 초래했다. 고구려가 망한 이유를 여러 가지로 말하지만, 남생과 남건의 싸움이 결정적인 것만은 사실이다. 그러나 형제간의 싸움이 벌어지기까지 연개소문에게는 문제가 없었는지 짚어봐야 할 것이다.

연개소문은 권력을 잡은 후 독재를 일삼았다. 독재가 무너지면 새로운 독재가 생겨나기까지 치열한 권력다툼은 필연적이다. 연개소문은 그것을 미리 예상하고 아들들에게 화합을 유언으로 남겼을 것이다.

연개소문이 독재를 한 것은 남다른 이유가 있다. 당나라와의 관계 때문이었다. 그는 당나라와의 화합 차원에서 도교를 들여와 크게 장려했다. 이 도교정신이 만연하여 현실 정치와는 거리가 먼 조정 대신들이 나라의 앞일을 소홀히 했을 가능성이 많다. 도교는 이상향이지 현실의 땅은 아니다. 연개소문은 자기가 들여온 도교로 하여 함정에 빠진 것이다. 조정의 기강은 해이해지고 백성들이 이상향을 꿈꾼다면, 연개소문은 독단하지 않을 수 없었고, 그 독단이 뿌린 씨앗이 형제간의 권력다툼으로 번졌다. 더구나 그는 아들들의 권력다툼이 있을 것을 알고도 왜 대책을 세우지 않은 것일까. 사실 독재의 피를 마시고 자란 풍토에서는 독재만이 최선이라서 뾰족한 방법이 없었을 것이다.

따라서 연개소문 가문의 독점적 권력행사는 정상적인 정치 운영체계를 파탄시켰다. 연개소문의 권력독점에 불만을 품은 귀족과 지방세력들은 그의 아들들 사이에 권력다툼이 벌어지자 하나 둘씩 떨어져나갔다. 요동과 만주 일대에서 당나라군을 저지하고 있던 수십 개의 성들이 변변한 저항도 없이 당나라군에게 투항했다.

그렇다고 연개소문이 고구려를 멸망시켰다고는 볼 수 없다. 그 이전부터 고구려는 서서히 기울어가고 있었다. 그러나 그의 당대에, 그의 시대에 종언과 더불어 고구려가 멸망했다는 점에서 그 책임은 면할 수 없을 것 같다. 그런데 후세 사람들은 한번쯤 '신라가 아니라 고구려가 삼국을 통일했더라면 만주의 저 넓은 대평원은 우리땅이 되었을 텐데…' 하는 아쉬움을 갖는다.

고구려 하면 남으로 한반도 반 이상을, 북으로 넓은 만주땅을 차지한 지도가 얼른 떠오른다. 그러나 고구려 영토가 처음부터 그처럼 광대했던 것은 아니다. 4세기 무렵부터 영토 확장에 나서 미천왕 때에 낙랑군·대방군을 멸망시키고 요동평원으로 진출하기 시작했다. 그리고 5세기 초

광개토대왕대에 이르러 강국의 기틀을 마련하고, 장수왕이 평양으로 천도하여 선왕의 업적을 견고히 다지면서 동북 아시아의 패자로 군림했다.

고구려는 그때 남북조로 나누어진 중국으로부터 최상의 대우를 받으면서 대등한 외교를 펼치고, 멀리 몽골 고원의 유연柔然이나 중앙아시아 여러 나라와 관계를 맺는 한편, 북방 유목세력과 남중국의 외교관계를 중계할 정도로 독자적인 외교망을 구축했던 것이다. 이때의 고구려를 생각하면 '고구려가 삼국을 통일했어야 하는데…' 하는 아쉬움을 곱씹게 된다. 그렇다면 과연 고구려가 삼국을 통일할 수는 있었는가?

장수왕 때 고구려는 백제를 웅진으로 쫓아내고 신라에도 군사적 압력을 강화, 광개토왕비를 축소해놓은 것 같은 모습으로 남한강 상류에 세운 중원 고구려비는 신라를 '동이'라 부르면서 신라왕과 그 신하들에게 의복을 하사한 사실이 기록되어 있다. 왜 이때 고구려는 그 막강한 힘으로 삼국을 통일하지 않았을까.

고구려의 지배세력들은 백제와 신라를 통일해야 할 대상으로 여기지 않았다. 다만 신라와 백제를 거수국 정도로 알고 있었다. 또 설사 고구려가 백제와 신라를 통일하려는 생각을 가졌다 하더라도 일방적인 병합은 힘들었을 것이다. 힘은 비록 열세였으나 나ㆍ제동맹을 맺어 고구려의 남하를 어느 정도 저지했을 것이다.

당시의 동아시아의 국제질서를 보더라도 고구려가 신라와 백제를 병합하려고 했다면 당연히 중국 세력의 견제를 받았을 것이다. 한반도와 만주 전체를 장악한 대제국 고구려는 중국 남북조에 위협적인 존재였을 것이기 때문이다. 고구려의 삼국통일은 당시의 여러 조건으로 볼 때 이루어지기 힘들었다.

그런데 신라는 대동강 이북을 당나라에 내주면서까지 삼국을 통일했다. 고구려는 더 강대한 국력으로도 삼국을 통일하지 못한 이유가 과연 어디에 있을까. 고구려는 5세기 초부터 6세기 중엽까지 약 150년 동안 동북아시아의 최강국으로 군림했다. 그러나 6세기 중엽 무렵부터 대외정세가 급변했다. 서기 551년 고구려는 나·제 동맹군의 공격을 받아 한강 유역을 잃었다. 또 서기 556년에는 동해안의 원산만까지 신라에게 내주었다. 북으로는 새로운 강자로 부상한 돌궐의 위협을 받았다.

그동안 분열되어 있던 중국을 통일한 수와 당의 도전을 고구려는 수없이 받았다. 수와 당은 주변국들에게 중국 중심의 국제질서를 강요하고 이를 거부하는 나라는 무력으로 정복했다. 그러나 고구려는 수와 당의 정책에 따를 수 없었다. 그것은 곧 항복이거나 멸망을 의미했기 때문이다.

하지만 중국과 육지로 맞닿아 있는 고구려를 하나의 중국을 표방한 그들이 가만히 놓아둘 리 없었다. 더구나 백제와 신라는 그 정책에 편승하면서 수와 당에게 고구려 공격을 집요하게 요청하고 있었다. 그러나 200만 대군을 동원한 수나라는 고구려의 성 하나 제대로 빼앗지 못하고 결국은 망하고 말았다. 서역과 북방의 여러 나라를 휩쓸어버린 당나라도 고구려를 침략하여 겨우 요동 평원의 몇 개 성을 점령하는 데 성공하고 퇴각해야만 했다.

이때 신라의 사신 김춘추가 당나라에 갔다. 백제에게 시달림을 받던 신라는 고구려에 지원요청을 했다가 거절당하고 당나라에 구원의 손길을 뻗었다. 신라는 당나라에 '백제를 먼저 멸망시키고 그 여세를 몰아 고구려를 공략하는 것이 어떠냐'고 제안했다. 고구려 정벌에 매번 실패한 당나라는 구미가 당겼다.

그리하여 나·당 동맹을 맺고 당나라는 백제를 먼저 멸망시키고 고구려를 쳤으나 참패했다. 남생 형제가 내분을 일으켜 남생이 투항해오는 바람에 고구려를 무너뜨렸던 것이다. 삼국간의 치열한 공방전에서 열세에 몰린 신라 지배층들이 살 길은 당나라를 중심으로 한 국제질서에 편승하는 길밖에 없었을까. 나·당 동맹은 두고두고 후세 사람들의 아쉬움으로 남는다. 나·당 연합군은 서기 660년에 백제를 멸망시키고 8년 뒤에 고구려마저 무너뜨렸다. 고구려는 왜 삼국을 통일하기는커녕 자기 나라도 지키지 못하고 멸망의 길을 걸었는가.

서기 545년 어느 겨울날, 평양성은 피비린내로 가득 찼다. 안원왕安原王이 위독하자 왕위를 놓고 둘째 왕비 추군麤群 세력과 셋째 왕비 세군細群 세력이 무력충돌을 일으킨 것이다. 추군이 세군을 누르고 양원왕陽原王을 즉위시키는 데 성공했다. 그러나 도성은 2,000여 명의 피로 붉게 물들어버렸다. 새로운 점령지에 대한 이권과 기존 영토에 대한 지배권을 놓고 간간이 벌어지던 지배 귀족 사이의 다툼이 왕위 쟁탈전으로 발전하면서 고구려는 더욱 큰 내분으로 빠져들었다. 대외정세가 급변하고 있었지만 내분에 빠져 있어 민첩하게 대응하지도 못했다. 내분은 일단 귀족 연립체제로 고착되었다.

수나라가 중국을 통일한 것이 이 무렵이었다. 이 소식을 들은 귀족들은 일시적으로나마 다시 단결하여 수의 침략을 물리쳤다. 그런데 당나라는 수나라와는 달랐다. 중국 중심의 국제질서를 고구려에 강요하면서 금방 쳐들어오지 않고 고구려의 조정을 치밀하게 염탐해가면서 침략의 기회만을 엿보고 있었다. 그후 당나라와 고구려 사이에 오랫동안 싸움이 계속되면서 귀족들은 강경파와 온건파로 나뉘어졌다.

서기 642년 강경파의 거두 연개소문이 쿠데타를 일으켜 영류왕과 온건파 귀족 200여 명을 죽이고 권력을 장악했다. 그는 독재체제를 강화하기 위해 강경한 대외정책을 추진하여 정적들의 입지를 약화시켰다. 그러나 그의 반대파들이 전국 각지에서 여전히 성주로 자리잡고 있었으며 중앙 귀족들의 내분도 언제 재연될지 모르는 상황이었다.

서기 666년, 연개소문의 죽음은 일인 독재체제의 붕괴와 함께 내분의 불씨에 불을 당겼다. 그의 아들들은 적을 눈앞에 두고 권력투쟁에 정신이 팔려 있었다. 동생 남건·남산과의 권력투쟁에서 실각한 남생은 당나라에 항복하고 구원을 요청했다. 연개소문의 동생 연정토도 12성을 신라에 내주고 투항했다. 그밖의 중요한 투항자를 앞세운 나·당 연합군에게 고구려는 차례차례 점령되었다. 그리하여 고구려는 마지막 순간에 싸움 한 번 제대로 해보지 못하고 무너지고 말았다.

연개소문의 일인 독재체제 수립으로 귀족들의 내분이 해소된 것처럼 보였으나 실제로 안으로는 계속 곪아가다가 한번 터져버리자 고구려 사회 전체가 걷잡을 수 없이 붕괴되어갔던 것이다. 통일된 중국이 삼국에 강요한 중국 중심의 국제질서가 고구려 멸망의 대외적 조건이었다. 그러나 보다 깊은 원인은 안으로 귀족들이 분열되어 정세변화에 능동적으로 대응하지 못했다는 데 있다. 귀족 내분의 이면에는 또 다른 문제가 숨어 있었다. 그것이 더 근원적인 문제였는지 모른다.

　수·당의 침입, 삼국간의 치열한 전쟁, 귀족들의 끊임없는 내분, 그 와중에서 가장 고통받는 것은 백성들이었다. 백성들은 전쟁터로, 공사장으로, 권력투쟁의 마당으로 끌려다니면서 제때에 농사도 짓지 못하여 곡식을 거두어들이지 못했다. 그런데도 귀족들은 백성들을 위한 정책을 펴지 않고 그들을 다스리는 엄한 법을 만들기에 급급했다. 수나라의 침입을 물리치고 삼국간의 전쟁을 주도하고 있었지만, 위로는 지배계급들의 내분과 아래로는 백성들의 생활이 도탄에 빠지면서 고구려 사회 전체가 밑에서부터 무너져내렸던 것이다. 결국 고구려의 멸망 원인과 삼국을 통일하지 못한 가장 큰 원인은 고구려 사회의 내부 모순에 있다고 봐야 하겠다.

백제 편

◉ 백제의 건국

고구려의 눌현 신궁에서 도망치다시피 빠져나온 소서노와 두 아들 비류·온조는 그들을 따르는 오간·마려 등을 앞세우고 남쪽으로 길을 떠났다. 이때 그들이 가는 곳마다 많은 추종자들이 뒤를 따랐다. 옛 비류국의 유민을 비롯하여 우태왕의 신하들이 소서노 밑으로 모여들었다.

소서노 일행은 패대에 닿았다. 뒤에는 험한 산이 가로막고 앞에는 평평한 벌판이었다. 동쪽은 공터가 넓고 서쪽은 산이 연이어 있었다. 게다가 바다가 가까워 아쉬운 대로 살 만한 땅으로 보였다. 오간과 마려 등은 땅이 좁아 도읍할 곳이 아니라며 반대했다. 그러나 비류는 소도를 만들고 하늘에 제사지낸 후 스스로 천황이 되고 나라 이름을 백제百濟라고 했다.

비류 천황이 처음 도읍한 곳은 낙랑의 영지로서, 북쪽 산너머로 패수와 대수의 물이 흐르는 패대의 땅이었다. 이때가 기원전 19년 5월이었다. 나라를 세우자 비류 천황은 낙랑의 변경지대를 침략하여 마수성과 병산책을 쌓았다. 낙랑은 자기네 영지에 들어와 나라를 세운 것도 못마땅한데 더구나 변경마저 빼앗겨 결전의 날을 기다렸다. 백제는 날마다 밀어닥치는 옛 비류국의 유민들 때문에 패대의 땅이 미어터질 지경이었다. 영토를 넓히거나 더 큰 영토를 찾지 않으면 안 될 처지였다.

백제에게 변경을 빼앗긴 낙랑군이 말갈군과 연합하여 백제의 북쪽 국경인 곤미천과 청목산으로 쳐들어왔다. 백제로서는 사활이 걸린 싸움이었다. 비좁은 땅에 인구가 넘쳐 탈출구를 모색해야 할 단계에 와 있던 백제로서는 이번에야말로 낙랑을 차지할 절호의 기회였다.

그러나 청목산 싸움에서 백제는 낙랑의 기습작전을 당해 쓰라린 패배를 맛보았다. 이듬해 낙랑은 또다시 말갈과 연합하여 병산책 탈환작전에 나섰다. 백제로서는 병산책이야말로 최후의 보루였다. 온조가 지휘하는 백제군은 목숨을 걸고 싸웠으나 말갈의 기마군단에게 당하고야 말았다. 백제는 병산책마저 내어주고야 말았다.

백제는 낙랑에 조공을 바칠 것을 맹세하고 휴전조약을 맺었다. 전선은 소강상태에 빠졌다. 두 차례의 싸움으로 무참히 패한 비류왕은 위례성을 쌓고 낙랑군의 침략에 대비했다. 패대의 임검성은 해변에 위치해 있어 방어에 약점이 되었다.

위례성은 험한 산을 최대한 이용하여 철옹성 같았다. 그러나 성이 너무 좁아 불편이 많았다. 낙랑을 정벌하여 영토를 늘리려던 꿈은 두 차례의 패전으로 깨어지고 말았다. 비류왕은 패대지방을 떠나 더 넓은 신천지로 가고 싶었다.

기원전 7년, 백제를 건국한 지도 12년이 되었다. 비류왕은 큰 배를 만들고 천도준비를 서둘렀다. 드디어 위례성을 떠나는 날 비류왕이 말했다.

"나는 바다로 나가 남쪽으로 가려고 한다. 앞으로 어떤 일이 닥칠지 아무도 예측할 수 없다. 이곳 위례성은 난공불락의 성이다. 이곳에 머물고 싶은 자는 머물도록 하라!"

백제에는 담로왕擔魯王(담로는 읍성邑城을 의미함) 제도가 있었다. 지방을 독립 자치정부로 하여 담로왕을 임명하고 그 왕에게 모든 권한을 주었다. 비류왕은 위례성을 담로왕에게 맡기고 떠났다. 남고 싶은 백성들이 남아 성을 지키기로 한 것이다. 이때부터 백제는 두 곳 이상이 존재하게 되었다. 비류 천황이 있는 곳을 백제라 하고, 패대에 두고 온 백제를 외백제라고 불렀다.

패대를 떠난 비류왕은 미추홀에 닿았다. 이곳은 목지국目支國으로 알려진 곳이었다. 비류왕 일행은 미추홀에 상륙하여 도읍지를 찾아 나섰다. 그리하여 한산 부아악負兒嶽을 발견했다. 북쪽에는 한수가 푸르고 남쪽은 기름진 평야가 펼쳐져 있고 서쪽은 큰 바다였다. 이곳은 지금의 용인 근처이다.

온조는 이 땅에 욕심이 생겨 형을 졸랐다. 비류왕은 처음에는 반대했으나 온조가 나라를 갖고 싶어한다는 것을 알고 허락하고 말았다. 그리하여 형제는 각각 헤어져 나라를 세웠다.

비류는 용인 근처에 도읍을 정했다. 온조는 거기에서 조금 떨어진 지금의 천원天原 근처로 옮겼다. 온조는 비류와 헤어질 때 오간·마려를 포함한 10명의 신하를 하사받았다. 그리고 평소에 온조를 따르던 백성 일부를 할애받아 십제국十濟國을 세웠다. 십제란 백제의 동생 나라라는 뜻이다. 기원전 7년의 일이다. 온조는 성을 쌓고 중국 내륙에 있는 외백제의 성 이름을 본떠 하남 위례성이라 지었다.

그리고 온조는 성씨마저 바꿔버렸다. 아버지 고씨 성을 버리고 부여의 해씨 성을 취하여 정통성을 이으려고 했다. 그리고 비류왕과는 달리 중앙집권제도를 선호했다.

미추홀로 돌아간 비류는 목지국을 장악하고 마한 정복의 계획을 세웠다. 소서노는 온조가 10여 명의 신하와 백성 일부를 데리고 하남으로 갔다는 말을 듣고 몹시 언짢아했다. 형제가 힘을 합쳐도 어려운 시기에 온조가 욕심을 부려 형을 떠난 것을 가슴 아파 했다.

소서노는 온조에게 원망의 눈길을 보내었다. 그러나 야심만만한 온조가 한번 떨어져나간 이상 되돌아오기는 어려웠다. 백제의 장래가 걱정이었다.

온조가 비류한테서 떨어져나오기까지는 오간·마려의 힘이 컸다. 두 측근은 온조에게 새나라 건설을 귀가 아프도록 역설했다. 온조의 야욕에 불을 당겼던 것이다. 뒤늦게서야 이런 낌새를 알아챈 소서노는 오간과 마려를 응징하기 위해 하남 위례성으로 쳐들어갈 궁리를 했다. 그런 줄도 모르고 비류는 영토확장 준비에 매달렸다.

백제의 남하정책에서 비류가 도읍을 정한 미추홀과 온조가 십제를 세운 하남 위례성의 위치문제는 앞으로 상고사의 중요한 과제로 남아 있다. 한반도에 두 지명이 없었다는 설도 있다. 지나 대륙의 하남성에 위례성이 있었다는 설이다. 단 미추홀은 패수와 대수의 두 물줄기가 흘러가는 곳에 있다고 했다. 지금의 하남성 개봉이 아닌가 싶다.

이렇게 되면 백제는 지나 대륙에 있어야 옳다. 앞으로 미추홀과 하남 위례성은 사서를 종합하여 검토 분석하는 가운데 정확히 밝혀질 역사적 미지의 땅이다.

◉ 백제의 내분과 서라벌

온조는 하남 위례성에 도읍을 정한 후 한시도 마음이 놓이지 않았다. 어머니 소서노의 마음을 훤히 읽고 있어서였다. 소서노는 온조의 십제국, 즉 십제 백제를 인정하고 싶지 않았다. 고주몽에 대한 반발에서 오는 심리도 작용했지만 실은 비류 쪽에 미래를 걸고 있었다.

비류는 남부지역의 영토확장에 온갖 계획을 서두르고 있었다. 우선 백성들과 군사를 늘리기 위해 외백제에서 백성들을 수송해왔다. 수송은 순조롭게 이루어졌다. 하지만 아직도 일찍부터 자리잡은 한韓의 눈치를 보고 있었다.

온조는 형 비류가 영토확장을 위해 외백제의 백성들을 수송해오고 군사훈련에 힘쓰고 있다는 말을 듣고 위례성을 포기하기로 했다. 그리고 외교적으로 한과 손을 잡고 비류의 세력을 견제해야만 자신의 입지를 넓힐 수 있다고 보았다.

온조는 위례성을 한에게 넘겨주고 한산으로 옮겨버렸다. 기원전 5년 정월의 일이었다.

비류는 온조가 위례성을 한에게 넘겨주었다는 소식을 듣고 위례성 수복작전에 나섰다. 위례성은 어디까지나 비류 자신이 온조에게 떼어준 땅이었다. 한과의 일전이 불가피했다. 비류는 이 기회에 한의 굴레에서 벗어나고 싶었다. 위례성을 쉽게 수복했다. 비류의 정예부대의 공격에 한의 거수가 지키던 위례성은 너무나 무력했다. 위례성 거수는 슬그머니 도망쳐버렸다.

비류는 욕심이 생겼다. 한과 떳떳이 맞서기로 했다. 그러는 한편 한산으로 도망친 온조를 추격하여 혼내주고 싶었으나 한과의 일이 시급하여 그만두었다. 비류는 한의 비위를 거스르려고 일부러 웅천에 방위 요새를 구축했다. 바로 한의 턱 밑이었다. 한은 협상을 요구해왔다. 백제가 웅천에서 요새를 철거하면 한도 거발성으로 들어가겠다는 것이었다.

비류는 한을 속이기 위해 협상을 받아들였다. 서기 7년, 비류는 금산성을 빼앗은 후 원산성을 공략했다. 한은 백제군에 연전연패를 당했다. 백제군은 거발성을 맹공했다. 한은 거발성을 내놓고 익산의 금마국으로 달아나버렸다.

그러나 한도 만만찮았다. 전열을 가다듬어 백제군을 괴롭혔다. 국지전이 심심찮게 벌어져 일진일퇴를 거듭하고 있었다.

서기 16년, 백제와 한의 대결전이 무곡성에서 벌어졌다. 주군이 이끄는 한군은 무곡성에서 최후의 결전을 벌였다. 그러나 사기충천한 백제군을 이기지 못했다. 한의 달왕은 금마국을 사수했으나 끝내 지켜내지 못하고 비류에게 무릎을 꿇고 말았다. 이리하여 한의 일부가 백제로 넘어왔다.

비류는 거발성으로 서울을 옮겼다. 옛 한의 거수국들이 머리를 숙이고 백제로 들어왔다. 비류의 꿈이 다소 이루어진 것이다. 곰나루에 새로이 고사부리성을 쌓고 십제국을 비롯하여 12개국을 거수국으로 삼았다. 그러나 그의 나이 이미 79세, 곰나루에서 타계하고 말았다. 이보다 앞서 어머니 소서노는 비류가 위례성을 수복한 후 온조를 원망하며 끝내 파란 많은 세상을 떠났다.

한편, 한산으로 서울을 옮긴 십제국의 온조는 서라벌과 국경을 마주하여 마찰이 잦았다. 서라벌 제3대 유리이사금儒理尼師今은 십제국과 언젠가는 결전을 치러야 할 날이 오리라고 예견했다. 마음 같아서는 신흥국 십제국을 굴복시키고 싶지만 배후에 백제가 버티고 있어서 함부로 다루지 못했다.

이사금은 백성을 지켜야 했다. 그리하여 아리수를 떠나 새로운 땅을 찾아 나섰다. 그런데 뜻밖의 행운이 이사금을 맞았다. 복암성覆岩城(충북 진천)에 닿자 한의 거수 맹소가 성을 바쳤다. 맹소는 한의 달왕이 비류에게 무릎을 꿇자 스스로 살 길을 찾아야 했다. 종주국이 사라진 이상 스스로 종주국이 되거나 새로운 주인을 찾아야 했다. 그는 뜻밖에도 아리수의 맹주 서라벌의 병사들을 보고 정벌군으로 착각하고 항복해버렸다.

유리이사금은 자신감이 생겨 옛 한의 작은 거수국들을 흡수했다. 복암성 남쪽에 있는 한의 거수국 낭자곡성을 빼앗고 보니 버리고 온 아리수 근처의 옛 서라벌 땅만큼이나 되었다. 특히 낭자곡성은 백제의 임금이 있는 거발성과도 가까워 백제의 전략을 살피는 데도 안성맞춤이었다.

그 무렵, 백제는 주력부대를 노령 이남의 땅으로 파견하여 삼한 세력들을 정벌해갔다. 백제는 낭자곡성에 서라벌 군대가 들어왔다는 보고를 받고도 설마 그들이 거발성을 노리고 있는 줄은 꿈에도 몰랐다. 그런데 서라벌의 낌새가 수상했다. 낭자곡성을 떠나지 않고 옛 한의 영지를 야금야금 흡수해가고 있었다.

백제는 결단을 내렸다. 만약 낭자곡성을 떠나지 않으면 성을 공격하여 쫓아내려고 했다. 서기 63년, 역사적으로 맨 처음 기록인 백제와 서라벌(신라)의 접촉이 이루어졌다. 백제가 낭자곡성 유리이사금에게 특사를 보내어 성을 떠나라고 했다. 그러나 서라벌은 호락호락하지 않았다.

백제의 낭자곡성 공격은 의외로 쉽게 이루어졌다. 서라벌군은 혼신의 힘을 다해 싸웠으나 역부족이었다. 서라벌군은 낭자곡성을 비워주고 와산성으로 퇴각했다. 와산성은 지금의 보은 땅이었다. 백제군은 다시 와산성을 공격했다. 서라벌군은 견디지 못해 속리산을 넘어 상주 땅으로 도망쳤다.

서라벌은 상주 땅을 차지하고 사벌沙伐이라고 했다. 그곳에는 옛 한의 유민들이 모여 살고 있었다. 서라벌 백성들은 유민들과 잘 어울렸다. 백제는 서라벌의 사벌 정착을 원하지 않았다. 서라벌의 세력이 더 커지기 전에 세를 꺾어놓아야만 했다.

서기 70년, 백제군은 사벌로 쳐들어갔다. 그러나 이번 싸움의 양상은 전과는 달랐다. 적개심에 불타는 한의 유민들과 서라벌군이 의기투합하여 죽기를 각오하고 싸웠다. 백제군은 후퇴하고 말았다. 그후 백제는 소백산맥을 중심으로 서라벌을 공격하지 않았다. 오로지 호남·호서의 땅을 지키고 다스리기에 전념했다. 그리하여 소백산맥을 따라 국경이 저절로 그어졌다.

서기 93년, 사벌을 떠난 서라벌은 고노부리를 거쳐 이듬해에 건모라에 닿았다. 그곳에는 석탈해칸이 성을 쌓고 지키고 있었다. 서라벌은 이서국을 공격했다. 그러나 이서국의 건모라는 쉽게 무너지지 않았다. 그동안 철기를 다루며 무기를 발달시킨 옛 용성국의 후예들은 서라벌과의 알천 전투에서 승리를 거두었다.

그러나 이기고도 고민이었다. 얼마나 더 버틸 수 있을지 걱정이었다. 그동안 무역에 치중하여 땅을 넓힌다거나 백성을 늘리는 데 소홀히 한 이서국이었다. 싸움이 길어지면 그만큼 버틸 힘도 없었다. 드디어 협상으로 두 나라가 합치는 방법을 찾기에 이르렀다. 서라벌측과 이서국측의 군장회의가 열렸다. 결론은 박씨 · 석씨 · 김씨들이 연합 공화정부를 세워 왕을 돌아가면서 하기로 했다.

서기 101년 건모라에 성을 쌓고 월성月城이라 이름지었다. 이곳을 서울로 삼아 옛 동호족의 후예와 동이족의 후예가 힘을 합쳐 나라를 발전시켰다.

❀ 백제의 왜 열도 쟁탈전

왜 열도에 맨 먼저 나라를 세운 것은 삼국 가운데 고구려였다. 고구려의 개국공신 협보가 삼도에 다파라국을 건설한 것이 왜 열도의 최초 조선 거수국이었다. 그뒤 다파라국은 백제의 월야견 정벌군에게 정복당해 맥이 끊겨버렸다. 신라도 일찌감치 왜 열도 진출을 위해 석탈해칸의 건모라를 합쳐 월성으로 도읍을 옮긴 후 대마도에 기점을 마련했으나 가야 6왕자에게 쫓겨 대마도 남당에서 겨우 명맥을 유지하다가 역시 백제의 월야견 정벌군에게 짓밟혀버렸다. 그러나 고구려 · 신라가 왜 열도 진출을 포기한 것은 아니었다.

백제의 왜 열도 세력이 워낙 강성하여 기회를 노리고 있었다. 그런데 왜 열도에 여러 거수국을 두어 담로왕으로 하여금 다스리게 한 백제의 영향에는 한계가 있었다. 그동안 천황天皇제가 되어 자기들끼리 내분이 일어나 국력이 약화되었다. 그들은 천황가의 혈통을 유지하기 위해 근친상간도 서슴지 않았다. 그리하여 천황가는 차차 약해져갔다.

백제에서는 약해져가는 천황가를 일으켜 세우려고 신무왕神武王을 왜 열도로 파견하여 천황으로 삼았다. 신무왕에게는 천황가를 노리는 동부지역 정벌이라는 짐도 아울러 지워져 있었다. 신무왕은 왜 열도에 도착하자마자 현지의 군대를 합하여 대군단을 편성하고 정벌에 나섰다.

신무왕의 대군단은 동부세력을 하나하나 격파해나갔다. 토협·안예·남속·하내·기이 등 작은 나라들이 차례로 떨어졌다. 이어 토전현의 추장 형활과 기성읍의 80명 거수 및 고미장읍의 적통 80 거수들이 항복해 왔다. 그리하여 신무왕은 왜 열도에서 무서운 존재로 부각되었다.

신무왕의 대군단은 삼도지방을 통일하고 혼슈〔本州〕로 진출했다. 그런데 뜻밖에도 강적을 만났다. 이제까지 신무왕의 대군단이 가는 길에는 거칠 것이 없었다. 대군단이 아소산을 넘어 안라安羅를 공격하고 혈천을 건널 때였다. 한떼의 군마가 들이닥쳐 좌충우돌 대군단의 전열을 흩뜨려 놓았다. 신무왕은 오뢰명 장군에게 명하여 적을 섬멸토록 했다.

그러나 오뢰명 장군은 적의 화살을 맞고 힘없이 쓰러졌다. 신무왕은 처음 맞는 강적이어서 약간 긴장되었다. 척후병을 내세워 적의 정체를 알아보도록 했다.

"아뫼도 왕 요속일饒邐日이랍니다."

척후병의 보고였다.

신무왕은 깜짝 놀랐다. 그제서야 자신의 실수를 깨달았다. 정벌에 몰두하여 동족의 영토를 짓밟고 만 것이다. 신무왕은 요속일에게 사람을 보내어 사과했다. 그리하여 두 사람이 만나 서로의 잘못을 뉘우쳤다. 요속일은 오뢰명 장군을 죽인 것을 후회했다.

신무왕은 요속일 왕의 군사 염토노옹에게 소중한 지도를 얻었다. 동정東征하는 데 없어서는 안 될 지도였다. 신무왕은 지도를 보고 작전계획을 다시 세웠다. 축자국의 강수문을 거쳐 길비국吉備國에 상륙한 후 오랫동안 그곳에 머물렀다. 군사들을 충분히 쉬게 한 다음 신무왕의 원정군은 오사카(大阪)에 무사히 상륙, 거점 확보에 성공했다. 이어 주변의 작은 나라들을 항복시키고 선주세력인 하이족을 추방해버렸다. 그리고 계속 동쪽으로 나아가 부현 및 고미장읍에 닿았다. 그곳에는 토지족이 살고 있었다. 왜 열도의 원주민들이었다. 뜻밖에도 이들의 저항이 거세었다.

며칠 동안 계속되는 싸움에 수많은 희생자를 내고도 토지족은 조금도 굴하지 않고 생사를 초월하여 영토를 지키려고 했다. 신무왕은 그들의 씨를 말려버릴 작정이었다. 그들의 삶의 터전을 불질러버리고 대학살극을 벌였다. 이때 토지족은 멸종당하다시피 했다.

신무왕은 동정을 마무리하지 못했다. 동쪽 끝에 넓은 옥토가 있고 그곳의 원주민들은 옛 조선족의 유민들과 한반도에서 건너온 한韓의 유민들이었다. 신무왕은 그들이 고구려의 지원을 받는 데다가 같은 동족이어서 정벌을 포기해버렸다. 그리고 나니와 지역을 확보하고 강원궁을 지어 나니와 왜를 세웠다. 그런데 나라를 세운 지 얼마 안 되어 엄청난 재앙을 만났다.

갑자기 악질이 퍼져 전국을 휩쓸었다. 인구 반 이상이 희생되었지만, 손을 쓸 수가 없었다. 신무왕은 이를 귀신의 장난으로 생각하고 곰나루 백제에 이 사실을 알렸다. 백제 천황은 제사를 주관할 숭신왕을 파견했다. 숭신왕은 악질의 피해가 극심한 나니와의 이웃에 자리잡고 그곳에 백제가 통치하는 나라(奈良)를 세웠다. 그곳이 오늘의 일본이다.

숭신왕은 소도를 세우고 제사를 지냈다. 그러자 악질이 서서히 사라져 갔다. 이 소식을 듣고 나니와 왜와 사이가 나쁜 하이족이 숭신왕에게 항복해왔다. 그후 신무왕이 죽고 숭신왕은 나니와 왜마저 흡수하여 나라국의 시조가 되었다. 이후 본국의 백제와 활발히 교류하여 기내畿内 일대를 완전히 통일했다.

숭신왕이 죽고 태자 수인이 왕위를 이어받았다. 나라국은 사정이 달라졌다. 스스로 항복해온 하이족들이 반기를 들었다. 이러한 실정을 안 신라에서는 왜 열도 영토확장의 호기로 보고 왕자 천일창을 원정군 대장으로 삼아 왜 열도 정벌에 나섰다.

천일창은 대마도에 닿아 아직도 섬 남단을 거점으로 무역을 하고 있는 용성국의 후예들을 설득하여 그곳에 성을 쌓고 왜 열도 정벌의 중간 거점으로 삼았다. 천일창은 북규슈의 박다博多에 상륙하여 그 일대를 정복,

신라의 영지로 삼았다. 그동안 백제군의 탄압에 반감을 품고 있던 조선의 유민들이 신라의 천일창 밑으로 들어와 정벌군은 사기가 충천했다. 천일창은 여세를 몰아 돌진하여 세토나이해를 따라 길비를 무너뜨리고 나니와로 진격해 들어갔다.

나라의 제2대 수인왕은 파죽지세로 번마국까지 쳐들어온 신라군을 대우주·장미시 장군에게 막도록 영을 내렸다. 그러나 두 장군은 초전에 참패당하고 말았다. 수인왕은 싸움에 승산이 없을 것으로 보고 굴욕적인 협상에 들어갔다. 수인왕은 처음에는 두 읍을 떼어주고 담로왕으로 삼을 테니 받아들이라고 했다. 그러나 천일창은 일언지하에 거절해버렸다. 그리고 길비와 단마를 잇는 공지를 양보하라고 으름장을 놓았다. 수인왕은 할 수 없이 천일창의 요구를 들어주고 휴전협정을 맺었다. 천일창은 길비와 단마를 연결, 혼슈 북부지방을 확보하는 데 성공했다.

본국에서 이 소식을 들은 백제는 수인왕의 책임을 물어 담로왕으로 좌천시키고 새로운 실력자 경행왕景行王을 파견하여 왜 열도의 최고 통치자로 삼아 식민정치를 폈다.

경행왕은 신라 천일창에게 빼앗긴 근강近江 일대를 탈환하고 영향력이 큰 하이족들에게 화해의 손을 내밀었다. 경행왕은 아직도 막강한 백제의 세력을 활용하여 신라와 그때까지 준동하는 가야를 제압하려고 온갖 노력을 기울였다.

한편, 다파라국 멸망 이후 북방정책과 한반도 정책에만 비중을 두던 고구려가 안정을 이룩하자 백제·신라·가야가 신천지 영토경쟁에 불이 붙은 왜 열도에 눈을 돌렸다. 그런데 때마침 왜 열도의 다파라국 잔류 백성들이 사신을 보내와 구원을 청했다.

고구려는 다파라국 멸망 이후 일본 열도에 거수국 하나 두지 못한 것을 안타깝게 여기던 차에 옛 다파라국의 백성들이 구원을 요청해온 터라 내심 기쁘지 않을 수 없었다. 그들은 웅습 사람들로서 신무기와 병법을 배워가기를 원했다.

그리하여 고구려는 웅습의 특사들에게 병법을 가르치고 새로운 무기를 제조하여 원조했다. 웅습의 특사들은 신무기와 새로 익힌 병법을 간직하고 웅습으로 돌아와 야뫼도 백제를 공격했다. 백제의 탄압에서 벗어나려는 해방전쟁이었다. 평소에 우습게 보던 야뫼도군은 웅습의 습격에 코웃음을 쳤다. 그러나 막상 싸움을 해보니 예전과는 너무나 달랐다. 초전에 무참히 참패하고도 야뫼도군은 원인조차 깨닫지 못했다. 두 번째 싸움에서 지고 나서야 야뫼도 지휘부는 웅습군의 뒤에 고구려의 지원이 있다는 것을 깨달았다. 사태의 심각성을 간파한 야뫼도군은 곰나루 백제에 보고했다.

백제에서는 곧 나라의 경행왕에게 출전명령을 내렸다. 경행왕은 16세의 왕자 해불휘를 장군으로 삼아 원정군에 가담시켰다. 해불휘는 나이보다 뛰어난 용맹을 갖추고 있었다. 규슈에 상륙한 경행왕은 속견읍速見邑의 좁은 계곡에서 토지족의 방해를 받고 난처한 입장에 처했다. 그들이 길을 가로막고 싸움을 걸어왔다. 경행왕은 시간 낭비인 줄 알면서도 그들을 피해갈 수는 없었다. 그들은 화덕에 뛰어든 불나비처럼 싸우다가 죽어갔다. 백제군이라면 이를 가는 토지족이었다. 그리하여 백제군만 보면 지더라도 싸움을 걸어왔다.

경행왕은 일향출운국에 도착하여 고옥궁을 짓고 그곳을 본부로 삼아 웅습 작전지휘에 나섰다. 싸움은 생각보다 어려웠다. 웅습군이 백제군을 당할 수 없으리라는 예측은 빗나갔다. 웅습의 뒤에 고구려가 버티고 있었다.

경행왕은 웅습 정벌에 나서 6년이라는 세월을 허비하고 있었다. 게다가 나라에서는 반란이 일어나 경행왕을 괴롭혔다. 경행왕은 웅습 정벌을 해불휘에게 맡기고 나라로 돌아와 반란군을 진압했다.

해불휘는 전면전으로는 웅습을 무너뜨릴 수 없다고 판단했다. 그리하여 계교를 부려 웅습을 정벌하기로 작전을 바꿨다. 해불휘는 웅습에 거짓 강화를 제의했다. 그리고 웅습의 공주를 아내로 맞겠다고도 했다. 웅습은 해불휘의 농간에 넘어가 시건녹운 공주와 해불휘를 혼인시켰다.

그리하여 6년간의 긴 싸움이 끝나고 두 나라 사이는 사돈관계가 되었다. 그러나 혼인식을 올린 첫날밤, 한밤중에 신랑은 칼을 뽑아들고 웅습왕의 목을 쳐버렸다. 울며 매달리는 신부의 목을 친 다음 궁궐에 불을 질렀다. 해불휘의 간교대로 잘 맞아떨어졌다. 웅습 병사들은 혼인선물로 받은 독주를 마시고 비틀거리다가 해불휘의 병사들에게 목숨을 잃었다.

웅습군은 풍비박산이 되어 멀리 남쪽으로 쫓겨갔다. 북쪽의 넓은 영지는 야뫼도와 나라의 연합군에게 점령당했다. 해불휘는 나라로 회군하는 길에 신라 천일창에게 빼앗겼던 길비를 탈환했다.

해불휘는 나니와 근처에 닿았다. 그곳은 어느 새 백제에서 죄를 짓고 도망친 장군이 반란을 일으켜 차지하고 있었다. 해불휘는 기습공격으로 반란군을 진압하고 세토나이해를 완전히 평정했다. 나라로 돌아온 해불휘는 곧 하이족 정벌에 나섰다.

그러나 쉽지 않은 전쟁이었다. 싸움을 할 때마다 해불휘의 병사들은 승리를 거두지 못하고 사기를 잃고 말았다. 하이족들은 백제군들을 처음에는 두려워했으나 싸움이 거듭될수록 자신감을 얻어 오히려 백제군을 제압했다. 이러는 사이에 나라는 국력이 쇠퇴해져 멸망의 길을 걸었다.

경행왕의 웅습 원정으로 반란군이 나라를 위협하고 아직도 하이족을 정벌하기 위해 주력 부대가 빠져나가 위험하기 짝이 없었다. 결국 나라의 멸망을 재촉하는 웅습 정벌과 하이족과의 싸움이었다.

◉ 신공과 칠지도

서기 208년, 다물임나를 놓고 백제와 신라는 한판 승부를 걸었다. 다물임나는 맨 처음 가야의 여섯 왕자가 지금의 부산에 두었던 왜 열도 왕래의 거점이었다. 이후 백제가 정복하여 임나를 다물임나로 이름을 고치고 왜 열도 진출의 거점으로 삼았다. 그 뒤 가야가 점령한 후 백제의 도전을 받고 있었다. 백제의 왜 열도 거수국들은 곰나루와의 연락에 큰 불편을 겪고 있었다. 다물임나가 백제의 수중에 있을 때는 왜 열도와 본국 정부의 연락이 순조롭고 편리했다. 그동안 백제는 북방정책에 힘을 기울여 수시로 변하는 중국세력에 대처해야 했고, 지나에 위치한 외백제의 뒤를 봐줘야 했다. 그 틈을 이용하여 가야가 임나를 차지한 것이다.

왜 열도의 백제 거수국들은 연합군을 편성하여 실질적으로 다물임나의 배후세력인 신라를 공격했다. 신라의 내해奈解 이사금은 이벌찬 이음을 파견하여 백제 거수국들의 연합군을 격파했다. 이로써 백제 연합군의 첫 번째 다물임나 탈환작전은 실패로 돌아갔다.

이듬해, 곰나루 백제 임금의 명에 따라 남해안 일대의 작은 거수국 여덟 나라가 연합군을 결성하여 다물임나 탈환작전에 나섰다. 골포(창원)·칠포·고사포(진해)·야뫼도·다물도 등의 연합군이었다. 연합군은 가야의 세를 꺾어놓기 위해 아라가야(함안)를 공격하여 쉽게 무너뜨리고 아라가야군 6,000여 명을 사로잡았다.

이때 백제에 병합되기를 거부한 아라가야인들은 조국을 떠나 규슈로 유랑의 뱃길을 떠났다. 아라가야의 왕자는 겨우 목숨을 건져 신라로 달아나 구원을 요청했다. 내해 이사금은 또다시 이음 장군을 보내어 백제의 거수국 연합군을 물리치도록 했다. 이음 장군은 연합군과 싸워 승리를 거두고 아라가야 6,000여 명을 되찾았다. 연합군은 다물임나를 내주고 물러날 수밖에 없었다.

서기 212년, 백제는 새로운 각오로 거수국 연합군을 다시 결성하여 다물임나를 공격했다. 다물임나는 방심하고 있다가 불의의 습격을 받고, 다시 신라에 구원요청을 했다. 신라는 가야의 청을 받아들여 위기에 빠진 다물임나를 구했다. 또다시 승리한 것이다.

그러나 백제는 다물임나를 포기하지 않았다. 계속해서 도전해왔다. 이에 가야는 다물임나에서 철수해버렸다. 이로부터 백제와 신라는 견원지간이 되어 백제의 신라 공격이 잦았다.

　서기 217년 7월, 백제는 신라의 요거성(상주)을 침공하고 성주 설부를 죽였다. 이듬해 7월에는 장산성(경산)을 포위, 내해 이사금과 격전을 벌였다. 여기에서 이사금에 대한 설명이 필요할 것 같다.

　삼국에서는 최고 통치자를 지칭할 때 각기 달랐다. 일반적으로 왕, 임금으로 통하지만, 그때는 그렇지가 않았다. 고구려에서는 왕을 열제 혹은 태열제라고 했다. 백제에서는 왕을 어라하 또는 천황이라고 했다. 신라에서는 이사금 또는 왕 등으로 불렀다. 대진국(발해)에서는 황제라 불렀다.

　서기 222년, 백제는 오두주를 공격하여 신라군을 이기고 2년 후 봉산을 공격, 승리를 거두었다.

　서기 230년 다물임나를 두고 신라에서는 강경책을 썼다. 내해 이사금이 죽고 조분助賁 이사금이 즉위하자 다물임나로 하여 백제와의 싸움이 그치지 않음을 알고 아예 신라의 영토로 편입시켜 버렸다. 신라의 강경책에 화가 난 백제는 거수국 연합군을 편성하여 신라의 금성을 포위했다. 금성은 신라의 중요한 요충지였다. 신라는 필사적으로 저항하여 금성을 겨우 지켜냈다.

　한편 백제는 신공여왕이 이끄는 야뫼데의 세력이 확대되는 것을 좌시할 수만은 없었다. 곰나루 천황은 친히 천황부대를 파견하여 야뫼데를 위협했다. 이에 신공은 지나의 위나라에 추파를 던져 스스로 제후국이 되기를 원했다.

　서기 240년에 이어 243년에 신공은 위나라에 조공을 바치고 군사 지원요청을 했다. 그러나 위나라에서는 4년 후에야 왜 열도의 상황을 정탐할 목적으로 장정張政을 파견했다. 신공은 위나라에서 얻은 것이 없었다.

　백제의 천황군은 야뫼데의 목을 조였다. 백제의 목라근자 장군이 야뫼도에 상륙하여 야뫼데를 노려보고 있었다. 신공은 가만히 앉아서 당할 수만은 없었다. 신공은 조공품을 배에 잔뜩 싣고 야뫼도로 목라근자 장군을 찾아갔다. 신공은 잘못을 빌고 영토의 일부를 자진해서 반납했다. 목라근자 장군은 신공이 백제에게 등을 돌리지 않는다면 해칠 마음이 없었다. 그리하여 이번 원정의 최대 관문인 고금신라 정벌에 동참할 것을 요구했다. 신공은 군말 없이 동의하고 성공하면 정식으로 백제의 담로왕이 되기로 언약을 받았다.

서기 249년, 목라근자 장군은 옛날 가야의 여섯 왕자가 세운 남가야를 치고 녹국을 무너뜨렸다. 이어 임나 연합군으로 버티고 있던 다라多羅를 쳤다. 그리고 고금신라에 조공을 바치는 가라를 점령했다.

목라근자 장군과 신공은 연합군을 편성하여 고금신라의 수도 탁순으로 쳐들어갔다. 고금신라는 강한 백제의 천황군과 신공의 근왕병을 당할 수가 없었다. 고금신라는 쉽게 항복했다. 이로써 백제의 원정군은 그 목적을 이루었다. 신라 천일창 이래 7개국에서 조공을 받으며 북규슈의 패자로 군림하던 고금신라가 백제 수중에 떨어져 조공을 바쳐야 할 처지가 된 것이다.

또 하나 신공을 얻은 것도 큰 수확이었다. 목라근자 장군은 언젠가는 야뫼데 군대를 이용할 수 있을 것으로 보고 곰나루 천황에게 건의하여 신공을 백제의 담로국 왕으로 삼았다.

서기 252년, 신공은 야뫼데가 강한 나라로 뻗어나가기 위해서는 철제무기가 필요하다는 것을 통찰하고 백제의 천황에게 철제무기 수입을 간청했다. 천황은 신공의 청을 들어주지 않았다. 담로국의 강성은 위협적인 존재이기 때문이다. 천황은 철의 무역금지를 들어 신공의 야심을 꺾어버렸다.

그 대신 백제 왕세자 청계는 구씨를 특사로 보내어 칠지도七支刀와 칠자경七子鏡을 신공에게 하사했다. 이는 외백제가 대방 · 낙랑 · 고구려 · 선비들과 맞서 외로운 싸움을 벌이고 있어 신공에게 지원군 요청을 하기 위한 미끼였다. 그리고 외백제를 도와 싸움에 이기면 철의 산지로 알려진 곡나 철산에서 철을 캘 수 있도록 해주겠다고 꾀였다. 신공은 칠지도를 하사받고 또 철을 얻을 수도 있다는 유혹에 넘어가 파병에 선뜻 동의했다.

그러나 파병은 실패하고 말았다. 대방과의 한판 싸움에 힘없이 무너지고 남은 병사들은 오도가도 못 하고 외백제의 용병으로 전락해버렸다.

서기 269년, 신공여왕은 100세를 꽉 채우고 세상을 떠났다. 남편 중애왕을 독살하고 왕위에 오른 지 69년째 되는 해였다. 규슈 일대에 야뫼데국을 세우고 신라·중국의 역사에까지 이름을 남긴 신공여왕은 미비국 세오녀의 딸로 알려져 있다.

일본 석산신궁에 보관되어 있는 칠지도는 신공여왕의 막강했던 과거의 역사를 증명해주고, 백제가 그 당시 얼마만큼 큰 영향력을 행사했는가를 말해주고 있다.

신공이 죽자, 곰나루에서는 야뫼데의 후임 담로왕을 파견했다. 그러나 무녀 신공에게 맹목적으로 충성하던 백성들은 새로운 담로왕을 따르지 않았다. 이에 곰나루 천황은 할 수 없이 신공의 13세 된 종녀宗女 일여壹與를 천황의 담로왕과 같이 세웠다. 그제야 백성들이 조용해졌다.

그러나 평화는 잠시였다. 담로 통치에 반발한 신공의 옛 신하들이 어린 여왕을 움직여 중국의 진晉나라에 조공하고 반역을 지원해줄 것을 청했다. 이 사실을 안 백제 천황은 일여를 즉시 응징하려고 했다. 그러나 백성들이 일여를 감싸고 돌아 야뫼데는 걷잡을 수 없는 혼란에 빠졌다.

❀ 보과부인

위례성은 시조 이후 차차 국토 확장작업에 들어갔다. 그리고 제7대 고이왕 때는 수전水田을 만들어 농본국으로서의 첫발을 내디뎠다. 따라서 외국의 침략이 처음 있었다. 말갈병이 북쪽에서 쳐들어왔으나 무참히 패하고 달아났다. 국력이 커지자 신라의 벼슬아치 길선吉善이 본국에서 역모를 꾸미다가 발각되어 위례성으로 망명해왔다.

위나라 관구검이 고구려를 칠 때 백제는 낙랑의 변두리를 쳐 한韓의 땅을 잠식했다. 또 고이왕 때 처음으로 관제官制를 만들어 육좌평六佐平을 두고 국가의 형태를 갖추었다.

고이왕의 아들 책계왕責稽王은 대방군 안의 작은 나라 왕녀를 왕비로 맞아들였다. 바로 보과부인宝菓夫人이었다. 부인은 왕의 충실한 내조자로서 백제가 대국의 기틀을 닦는 데 크게 이바지했다.

부인은 국사에도 과감히 참여했다. 우선 왕실의 권위를 위해 대궐을 새로 짓자고 임금에게 건의했다.

"대왕, 국력이 커지면 거기에 상응하는 권위를 갖추어야 하나이다. 이제는 초라한 궁궐을 버리고 새로운 대궐을 짓고 만방에 백제의 위엄을 보여야 하나이다."

"옳은 말이오. 나도 그리 생각하던 바요."

책계왕은 위례성을 개축하고 궁궐을 신축했다. 이때부터 나라꼴이 잡혀갔다.

이 무렵, 고구려에서는 낙랑의 여러 나라를 합병해가면서 힘이 부치자 백제에 협력을 청해왔다. 그러나 백제에서는 낙랑의 왕녀인 보과부인이 있어 이를 선뜻 받아들일 수 없었다. 이것이 원인이 되어 고구려와의 사이가 원만하지 못했다. 백제는 고구려를 두려워하여 한강가에 아차성阿且城을 쌓았다.

백제는 국토를 방위하는 길로 나아가던 중 책계왕이 동쪽에서 침범해온 맥인貊人을 막다가 전사하고 말았다.

보과부인의 소생인 분서왕汾西王이 등극했다. 분서왕은 낙랑군의 서쪽 일대로 손을 뻗치다가 낙랑태수가 보낸 자객에게 쓰러졌다. 보과부인이 낙랑 사람이어서 낙랑인들을 경계하지 않다가 변을 당한 것이다. 보과부인은 백제에 공과 과가 반반이었다.

백제는 고주몽의 아들 온조와 그의 형 비류가 세운 나라이다. 따라서 어느 정도 한문학漢文學에 대한 지식을 갖추고 있었던 것으로 보여진다. 초기부터 낙랑과 관련이 있었고 책계왕이 대방 왕녀 보과를 왕비로 맞은 것을 보면 백제의 왕실에서는 한문학에 대한 이해가 있어 사용했던 것으로 생각된다.

분서왕이 낙랑에서 보낸 자객에게 피살된 것은 낙랑과의 관계가 깊었던 것을 증명해준다. 그후 근초고왕 때에 와서는 한문을 많이 사용했으며 역사까지 썼다.

진晉나라 간문제簡文帝 2년, 백제 근초고왕 27년에 백제왕이 처음으로 사신을 보내어 방물을 조공했다. 또 양나라로 들어가 불교를 가져왔고, 그 뒤에도 백제왕이 사신을 보내어 포로를 바쳤으며, 송나라 때도 사신이 왕래했다는 기록이 보인다.

개로왕 18년에는 백제의 사신이 장문의 상표上表를 가지고 위나라에 들어갔다.

"신이 고구려와 그 근원이 같은 부여에서 나와 선제先帝 때 돈독하게 지냈사오나 그의 조부 쇠(釗) 때 인국간의 화해를 버리고 친히 군사를 거느리어 신의 국경을 침범했나이다. 신의 조부 수須가 군사를 거느리고 기회를 보아 쳐나가 시석矢石이 나는 중에도 쇠의 머리를 베었나이다. 그후부터 감히 남쪽을 돌아보지 못하더니 풍씨馮氏(북연北燕)가 멸망한 후 나머지가 다시 일어나고 추한 무리들이 다시 성하여 드디어 우리를 침략하고 있나이다. 서로 원수가 되어 화를 입은 지 20여 년이 되었나이다. 그간 제물도 소비되고 힘도 다하여 국세는 줄어들어가고 있나이다. 귀국에서 불쌍히 여기시어 조속히 장군을 보내어 신의 나라를 구해주면 응당 여자들을 보내어 후궁에서 섬기도록 하겠나이다. 동시에 우리의 자제들까지 보내어 귀국의 마구간이라도 쓰게 하겠나이다. 한 필부는 국가를 보존하기가 힘드나이다."

이로 보아 당시 백제 상류층에서는 중국에 손색이 없을 정도로 훌륭한 한문을 썼음을 증명해주고 있다.

그후 성왕 19년에 양나라에서 모시박사毛詩博士를 청해온 것을 보면 이때 벌써 부여에 태학太學을 두고 자제를 교육시킨 것으로 보여진다. 얼마 후 백제에서는 예禮를 강할 박사를 구했다. 이때 양나라 사신 육허陸詡가 백제에 왔다. 육허는 최영은崔靈恩의 제자로 삼례三禮에 밝았다.

최영은은 학자이며, 삼례뿐 아니라 경전에도 밝았다. 위나라 때 태상박사를 지냈고, 양나라로 가서 국자박사가 되었다. 그 무렵 그의 문하에서 배운 사람이 많았다. 저서가 130여 권이나 된다.

당시 양나라의 학문은 5관五館을 두고 5경을 가르쳤다. 그리하여 양나라에서 경학이 크게 발전했다. 최영은은 당시 학자로서 삼례와 좌씨전 등의 저서를 남겼다. 이러한 학자의 제자 육허가 스승의 학설을 가지고 백제에 왔으므로 백제의 학풍을 짐작할 수 있다.

백제에서도 고구려와 같이 서적을 사랑하고 소중하게 여겼으며, 특히 글을 잘 지어 중국인의 칭찬을 받았다. 이로 미루어보아 백제에는 5경 박사가 있었고, 국자감 같은 태학이 있어 경서연구가 활발한 듯하다.

양나라는 표면적으로는 불교만 신봉한 듯하나 경학을 존중하고 장려하여 발달한 것과 같이 백제도 부여로 천도한 후 5경을 연구했으며 학자들이 많이 배출되었다. 다만 그들의 행적을 알 수 없어 아쉽지만, 상당한 수준이었던 것만은 틀림없다.

한편 백제의 한문학은 왜로 건너가 그들을 개화시켰다. 그들은 신공神功 황후 43년에 백제국이 처음 배를 주었고 교통한 것을 기록으로 남겼다.

그후 응신應神 2년에 아라다와케(荒田別)를 백제로 보내어 유식한 사람을 초빙해오도록 했다. 백제 진사왕辰斯王은 왕자를 사신과 함께 보내었다. 응신이 기뻐하며 그를 황태자의 스승으로 삼았다. 이때 서적이 처음

전해졌고, 왜에 유풍儒風과 문교文教가 일어났다.

응신 8년에 백제 아신왕阿莘王이 즉위하자 왕자 직지直支(전지腆支)를 일본으로 보내었다. 다시 아신왕 15년에는 왜에 아직기阿直岐를 보내어 《역경》·《논어》·《산해경》을 전했다. 아직기는 경전에 박식하여 천황이 그를 우치노와카이라코(菟道稚郎子)의 선생으로 삼았다.

어느 날 천황이 아직기에게 물었다.

"백제에 그대보다 더 나은 박사가 있소?"

"왕인王仁 박사가 있사온데 신은 비교가 되지 않나이다."

"왕인 박사를 데려와야겠소."

"그를 부르시면 일본 학문에 큰 보탬이 될 것이나이다."

천황은 백제에 사람을 보내어 왕인 박사를 모셔갔다. 그리하여 일본에서 아직기는 사史(글)의 시조라 하고, 왕인은 서수書首의 시조로 쳤다.

그후에도 백제의 5경박사 단양이段楊爾가 일본에 들어가고, 고안무高安茂가 들어가자 단양이는 귀국했다. 이후에도 백제의 5경박사·의박사醫博士·역박사易博士 등이 일본에 들어가 일본의 문화를 형성해주었다.

근초고왕 이후 중국 남조의 문화가 백제로 들어오고, 얼마 후 일본으로 전해졌으며, 계속하여 불교를 비롯한 각종 문화가 일본으로 들어가 그들의 문화를 개척해주었다. 그러나 백제의 역사에는 이러한 내용이 전혀 기재되어 있지 않으며, 다만 전지왕이 일본에 인질로 간 기사만 남아 있다.

백제가 소부리성으로 내려간 후에도 일본과의 왕래는 계속되어 백제의 문화가 꾸준히 전해졌다. 의자왕이 나당 연합군에게 짓밟힐 때 일본이 막대한 물자와 군사를 보내어 원조한 것은 일본이 그만큼 백제의 문화를 애호한 까닭이다. 이때 백제의 대신들은 일본으로 망명하는 참담한 일이 벌어졌다.

신라가 백제를 멸망시킨 것에 대해 고려의 중 도현道顯의 《일본세기日本世紀》에 보면 이렇다.

"김춘추가 고구려 연개소문에게 군사를 빌리려고 했으나 되지 않자 자기 나라의 풍속까지 버리고 당나라 천자에게 아부하여 화를 이웃나라에 미치게 했으니, 이는 처음부터 백제 멸망에 깊은 뜻이 있었던 것이다. 그간 김춘추가 대장군 소정방의 손을 빌어 백제를 멸망시켰다느니 혹은 백제가 자망自亡했다느니 한다. 왕비와 요녀妖女들이 무도하여 국가의 권리를 농단하며 현량을 죽여 드디어 국가 멸망의 화를 자초한 것이다. 삼가 잘하지 않으면 안 될 것이다."

훗날 지식인들은 신라가 고래의 자기 의복제도와 풍속을 버리고 당나라 문화에 도취되어, 더욱이 당나라 황제에게 아부까지 하여 백제를 멸망시켰다고 반발하고 있다. 문화는 발전하는 것이지만 신라의 급격한 변화를 탐탁지 않게 생각한 것이다.

백제에서는 중국의 한문학을 들여다 남에게 아첨하지 않고 일본이 요구하는 대로 중국의 문화를 전해주었고, 자기들의 고유한 정신문화를 간직하려고 애썼다. 고유한 문화는 그 나라를 강하게 만드는 힘의 원천이다.

우수한 중국 문화가 신라를 부강하게 만들었다. 또한 고구려·백제 등이 그들의 문화적인 지배하에 들어갔다. 그중에서도 당나라를 모방한 신라가 삼국을 통일한 까닭에 사대적인 사상이 이때부터 싹텄다고 해도 과언이 아니다.

한편, 백제 문화가 일본 문화에 끼친 영향을 알면서도 그것을 부정하고 오늘날까지 감추려고 하는 일본은 그래서 경제대국은 되었지만, 문화대국은 되지 못하는 약점을 드러내고 있다.

❀ 백제의 전성시대

서기 234년 십제백제의 구수왕이 죽자, 초고왕의 외삼촌 고이가 사반

왕을 죽이고 왕위에 올랐다. 곰나루 백제는 십제의 왕위 찬탈을 못마땅하게 여겼다. 그리하여 고이의 십제국 담로왕 승인을 보류한 상태였다. 그러나 담로왕을 비워둘 수는 없었다. 게다가 고이는 날로 변하는 북방을 맡아 백제의 안전을 도모하겠다며 담로왕 승인을 애걸했다.

서기 236년 곰나루 천황은 고이를 강화도로 불러 사냥을 하며 회의를 가졌다. 백제와 십제 통합군을 만들어 십제군 통합군 아래 두고 총사령관에 곰나루 천황 소속의 진충眞忠 장군을 임명하기로 했다. 그 대신 왕위를 찬탈한 고이를 담로왕으로 인정해주겠다는 조건이었다. 고이로서는 병권을 빼앗기는 굴욕적인 협상이었으나 다른 방법이 없었다.

담로왕으로서 천황의 허락을 받지 못하면 찬탈한 왕위를 내어놓아야만 할 판이었다. 이로써 고이는 병권을 내주고 담로왕을 승인받았다.

서기 245년 고구려의 우위거憂位居(동천왕)는 자주 군사를 일으켜 그동안 연나라에 잠식된 단군조선의 영토회복에 주력했다. 그런데 중원의 새로운 강자로 떠오른 위나라는 유주자사 관구검을 사령관으로 삼아 고구려를 공격했다. 고구려군은 비류수에서 적을 맞아 크게 이겼다.

그로부터 몇 달 후인 서기 246년 10월, 관구검은 재차 고구려의 수도 환도성을 기습 공격했다. 우위거왕은 졸지에 당한 일이어서 성을 버리고 달아날 수밖에 없었다. 우위거왕은 외백제에 구원을 청했다. 외백제는 고구려의 구원요청에 진충 장군을 파견했다. 진충 장군은 한족에 아첨하는 낙랑을 공격, 고구려의 숨통을 틔워주었다.

고구려는 이에 힘을 얻어 관구검을 반년 만에 퇴각시켰다. 그러나 그 후유증은 엄청났다. 그들은 환도성을 쑥밭으로 만들고 귀중한 문화재를 약탈해갔다. 우위거왕은 환도성이 파괴되어 서울을 평양으로 옮겼다. 서기 248년 우위거왕이 죽자 시원柴原에 장사지내고 시호를 동천왕이라 했다.

우위거왕이 죽고 나서 고구려 조정에서는 왕위를 놓고 심한 암투가 벌어졌다. 우위거왕을 이어 연불然弗이 왕위에 올랐으나 큰 활약이 없었다.

연불의 뒤를 이어 약로藥盧가 등극했다. 약로왕(서천왕西川王)은 숙신·양맥 연합군의 도전을 받았다. 두 거수국이 고구려 왕을 얕보고 조공을 거부해버렸다. 약로왕은 동생 달고를 사령관으로 임명, 그들을 응징토록 했다.

달고는 숙신의 영토 깊숙이 들어가 단로성을 빼앗았다. 숙신은 부여의 남쪽 조천으로 쫓겨갔다. 달고는 안국군으로 봉해지고 내외 병마사를 겸직했다. 그리고 점령지를 그의 영지로 하사받았다.

약로왕이 죽고 상부相夫 봉상왕烽上王이 즉위했다. 상부왕은 백성들의 인기를 한몸에 얻고 있는 숙부 달고를 불안하게 여겼다. 상부왕은 국경지대에 머물고 있던 달고를 불러들여 죄를 뒤집어씌워 죽여버렸다. 그래도 마음이 놓이지 않아 상부왕은 달고의 동생 돌고도 죄를 뒤집어씌워 죽여버렸다. 이때 돌고의 아들 을불乙弗은 난을 피해 도망쳐버렸다.

을불은 장사꾼을 가장하여 연나라·외백제 등을 돌아다니면서 그 나라 정세를 소상히 살폈다. 을불이 고구려를 떠난 지 7년, 그해 정월에 고구려에 지진이 일어나고 여름이 와도 비 한 방울 내리지 않아 민심이 극도로 악화되었다. 그러나 상부왕은 민심에는 아랑곳없고 왕궁만을 크게 확장했다.

을불은 막리지 창조리와 은밀히 내통하여 상부왕을 쫓아낼 음모를 꾸몄다. 때마침 9월에 상부왕이 후산으로 사냥을 나갔다. 그때를 이용하여 을불은 혁명을 일으켰다. 을불이 나타나자 백성들은 일제히 일어나 그를 도왔다. 을불은 궁궐을 장악한 다음, 결사대를 이끌고 사냥터로 달려가 상부왕과 두 아들을 사로잡았다. 상부왕은 이미 상황을 알고 스스로 목숨을 끊게 해달라고 청했다. 을불은 왕의 뜻을 받아들였다. 상부왕과 두 왕자는 자결했다.

을불이 왕위에 올랐다. 제15대 미천왕美川王이다. 그는 왕위에 오르자 민심을 다독거리고 외교에 눈을 돌렸다. 곰나루 백제에 사신을 보내어 동맹을 맺고 대방·낙랑 등 한족을 돕는 두 나라를 치고 연나라 세력을 꺾자고 제의했다. 백제는 고구려와의 동맹을 흔쾌히 받아들였다.

서기 313년 고구려와 백제는 낙랑과 대방을 동시에 공격하여 멸망시켜버렸다. 이듬해 외백제는 만다·벽풍·불중 등지에 성을 쌓고 요녕성 홍현과 북경 사이를 영지로 정했다.

서기 317년 백제의 수군은 양자강 하구에 진출하여 북쪽에 선양군宣襄郡, 남쪽에 광릉군廣陵郡을 설립하여 양자강 입구와 하구를 완전히 장악했다. 이로써 내륙 쪽에서 흘러나오는 상품을 독점 무역했다. 송과 진晉 나라에서는 백제의 세력이 두려워 백제의 영지를 인정해주었다.

한편 고구려와 백제가 동맹작전으로 대방과 낙랑을 멸망시킨 결과 완충지대 역할을 하던 낙랑이 사라지자 고구려와 백제는 국경을 맞대게 되었다. 그리하여 시간이 흐를수록 두 나라 사이에 국경분쟁이 심심찮게 벌어졌다. 때마침 백제에서는 백제의 통합사령관에 곰나루측의 진정 장군이 임명되자 십제측의 반발이 거세었다. 그리하여 곰나루측은 십제에 인질로 와 있던 근구수近仇首를 총사령관으로 임명했다. 근구수는 근초고왕近肖古王의 아들로 곰나루에 들어와 있었다.

사령관이 된 근구수는 고구려의 내막을 알기 위해 첩자 사기를 들여보내었다. 사기는 고구려군에 들어가 신임을 얻어 동향을 낱낱이 살핀 후 도망쳐 백제군에 귀대했다. 근구수는 사기의 첩보 내용을 바탕으로 하여 작전을 세웠다. 근구수는 외백제를 통하여 연나라 모용황과 불가침동맹을 맺어 외백제의 배후를 안정시킨 후, 외백제군을 고구려의 서쪽으로 진출시켰다. 그리고 십제와 백제의 통합군을 북쪽으로 전진시켰다. 고구려는 백제의 압력에 위협을 느꼈다.

서기 369년 고구려의 사유왕斯由王(고국원왕)은 연나라와 잠정적인 휴전을 맺고 보기군단 2만 명을 이끌고 치양을 기습했다. 고구려와 백제의 전면전이 벌어졌다. 그러나 싸움은 힘으로 하는 것이 아니라 고도의 작전과 정보로 하는 것, 사기의 첩보활동에 힘입어 백제군은 대승을 거두었다. 대륙을 종횡무진 누비던 고구려의 막강한 보기군단은 백제군의 작전에 휘말려 힘을 쓸 수가 없었다.

2년 후 고구려의 사유왕은 3만 명의 군대를 동원하여 복수전을 펼쳤다. 그러나 이번에도 백제의 첩보전에 밀려 패하고 말았다. 사유왕은 전쟁터에서 백제의 군사들이 날린 독화살을 맞고 쓰러졌다. 백제군의 승리는 첩자 사기의 공로였다.

근구수는 전쟁의 승리로 영웅이 되었다. 서기 375년 근구수는 통합군을 이끌고 외백제로 들어가 외백제군을 통합군의 통제하에 두고 대군단을 거느렸다. 근구수는 연나라와의 동맹을 파기하고 북경을 공격하여 장악한 후 요서와 진평 2군을 설치했다. 그리고 북부여를 공격하여 수도 녹산鹿山을 빼앗았다. 북부여는 개원開原으로 수도를 옮겼다.

이 무렵, 진秦나라 부견符堅이 90만 대군을 동원, 선비鮮卑를 쳐서 멸망시켰다. 선비의 모용씨가 패잔병을 이끌고 와 근구수에게 구원을 청했다. 이에 근구수는 모용씨와 동맹을 맺고 진나라와 싸웠다. 진나라는 더 시급한 문제에 부딪혔다. 중원의 패권다툼을 놓고 진晉나라와 싸웠으나 크게 패하고 말았다. 이 틈을 노려 근구수는 옛 청구의 땅을 부견에게 요구했다. 부견이 거부하자 전쟁을 치러 청구 땅을 되찾았다.

근구수는 여세를 몰아 진晉나라와 싸움을 벌여 대승을 거둔 후 양자강 하구의 선양군과 광릉군을 연결, 황해는 또다시 백제의 내해內海가 되었다. 옛 조선의 영지를 거의 다 회복하여 동이족의 세력을 지나에 과시했다.

근구수가 중국 대륙에서 연전연승을 거두고 있는 사이에 고구려는 구부丘夫(소수림왕)왕이 대군을 동원하여 백제의 수곡성을 빼앗았다. 근구수는 일단 지나 정벌을 멈춰야 했다. 게다가 근초고왕이 죽자 십제의 왕위에 올라야 했다. 지나 대륙의 옛 조선 영토를 거의 다 수복하고 돌아온 근구수는 십제의 제14대 임금이 되었다. 그동안 왕도를 경기도 광주에서 한성으로 옮겼다. 북쪽으로 전진배치된 셈이다.

서기 377년 10월, 근구수는 통합군 3만 명으로 평양 공격에 성공했다.

고구려는 강력한 백제군에게 전투마다 연패했다. 그해 11월, 구부왕은 반격전을 폈으나 이마저 실패했다. 그야말로 백제의 전성기였다. 삼국은 중국 대륙을 비롯하여 한반도에서 치열한 각축전을 벌였다. 그중 십제의 근구수왕은 막강한 통합군을 이끌고 전쟁을 승리로 이끈 전쟁 영웅이었다.

❀ 백제 불교의 왜 전파

백제에 불교가 들어온 것은 제15대 침류왕枕流王 때이다. 천축, 즉 인도의 중 마라난타摩羅難陀가 동진東晉으로 들어와 불교를 전파하고 인연을 찾아 바다를 건너 백제로 들어왔다. 침류왕은 동진에서 부처님을 모시고 온다는 소식을 듣고 신하들을 대동하고 한강가로 마중을 나갔다.

중국 남조南朝의 불교는 동진 때부터 발달하여 당시 서역이나 인도에서 들어온 승려들은 남북의 지리적인 구애를 받지 않고 자유롭게 왕래했다.

침류왕은 궁내에서도 불교를 믿었다. 마라난타가 들어온 다음해에는 한산漢山에 절을 짓고 도승度僧 10명을 두었다. 고구려에 비하면 12년이 늦었다.

아침이면 한산에서 은은하게 울려퍼지는 종소리에 백성들은 합장으로 하루를 시작했다. 그해 겨울 불교를 신봉하던 침류왕이 별안간 세상을 떠났다. 아직 태자가 어렸으므로 왕제 진사왕辰斯王이 조카 대신 왕위에 올랐다.

진사왕은 성격이 호방했다. 궁궐을 크게 짓고 궁안에 연못을 파고 정원을 만들어 사치스러운 생활을 즐겼다. 북쪽에서 고구려가 호시탐탐 노리고 있는 데도 개의치 않았다. 그리하여 한수 북쪽 땅 여러 곳을 고구려에 빼앗겼다. 임금은 그래도 정신을 차리지 못하고 구원狗原 행궁으로 사냥을 가서 놀다가 죽었다. 백성들은 임금의 죽음을 애도하는 것이 아니라 오히려 잘되었다고 비아냥거렸다.

임금이 형편없는 데도 불교는 힘차게 전파되어갔다. 때를 같이하여 고구려와 동진에서 학자들이 들어왔다. 백제에 학풍이 분 것이다. 왕인은 궁중에서 두각을 나타낸 학자였다.

아신왕阿莘王 등극 이후 고구려의 광개토대왕은 백제의 목을 빠르게 조여왔다. 백제에서는 상황이 급해지자 왜와 통교하고 태자 전지腆支를 왜에 인질로 보내었다. 이 무렵부터 왜는 백제의 문화를 받아들이려고 했다.

임금은 아직기 · 왕인 등을 일본에 보내고, 그 대가로 백제가 위급할 때 왜가 도와주기로 약속했다.

아신왕이 세상을 떠나고 전지태자가 왜에서 돌아오지 않아 백제는 위태로운 지경에 이르렀다. 왕의 동생 훈해訓解가 임시 섭정으로 앉아 태자가 돌아오기만을 기다렸다. 훈해의 동생 접례가 이에 불만을 품고 형인 훈해를 유인하여 죽여버리고 스스로 왕이 되었다.

왜에서 이 소식을 들은 전지태자는 아직기 · 왕인 등과 상의하고 왜왕에게 귀국 허락을 청했다. 왜왕은 백제의 내분을 알고 호위병 100여 명을 주어 태자의 귀국을 허락했다.

전지태자를 태운 배가 백제국에 가까워지자 태자는 은근히 겁이 났다. 무슨 일이 벌어지지 않을까 애가 탔다. 전지태자는 서해를 통해 교동섬 근처에 닿았다. 그때 작은 나룻배 한 척이 다가오며 외쳤다.

"혹시 백제의 전지태자가 타신 배 아니오이까?"

"그러하오만, 댁은 대체 누구요?"

나룻배에서 전지 태자의 배에 옮겨 타며 한 사내가 말했다.

"신은 한성에 사는 해충解忠이라 하오."

해충이 태자에게 큰 절을 올렸다.

"어인 일이오?"

"마중을 나왔나이다."

"조정에 아무 일도 없소?"

"태자마마, 조정이 몹시 혼란스럽나이다. 태자마마께오서는 조심하시오소서."

"혼란스럽다니 무슨 얘기요?"

"태자마마의 숙부 되시는 접례 장군의 횡포가 조정을 공포의 도가니로 만들고 있나이다. 하오나 백성들은 태자마마의 편이옵니다."

"고마운 일이오."

"마마, 아직 왕도에 가실 때가 아니나이다. 잠시 이곳 교동에 머무시면 좋은 소식이 있을 것이나이다."

태자는 도성에 들어갈 마음이 없었다. 왜에서 온 일행들과 섬에 상륙하여 뒷날을 기약하기로 했다. 태자는 도성에 세작을 보내어 소식을 알아보았다.

어느 날, 도성에 염탐을 나갔던 세작이 돌아와 보고했다.

"태자마마, 도성이 조금은 안정을 찾은 듯하나이다. 그동안 백성들이 들고 일어나 접례왕을 죽이고 태자를 기다리고 있나이다. 즉시 도성으로 입성하소서."

태자는 즉시 배를 띄워 한강으로 들어가 위례성으로 향했다. 한강변에 수많은 백성들이 나와 태자를 환영했다. 태자는 해충의 안내를 받아 궁안으로 들어갔다. 고국을 떠난 지 만 8년 만에 돌아온 것이다.

태자는 먼저 부왕을 장사지내고, 숙부인 훈해와 접례도 묻어주었다. 태자가 즉위했다. 백제 제17대 왕이다. 왜에서는 야광주夜光珠를 보내어 축하했다. 전지왕 4년에는 임금의 서제庶弟 여신餘信을 최고위직인 상좌평上佐平에 임명하여 정치를 총괄토록 했다. 이때 상좌평 벼슬이 처음 생겨났다.

전지왕이 죽고 어린 태자 구이신왕久爾辛王이 즉위했다. 왕의 어머니 팔수부인八須婦人이 섭정했다. 팔수부인은 남편을 따라 왜국에까지 다녀온 터라 성격이 쾌활하고 남자 같았다. 왜에 머물 때 목만치木滿致라는 사람과 알고 지냈다. 이 자는 원래 왜와 백제의 혼혈로 왜에 있다가 전지

태자와 함께 백제로 왔다.

위례성 궁궐 후원에 팔수부인이 거처하는 내전이 있었다. 부인은 아직 40 전이어서 홀로 지새는 밤이 외롭고 허전했다. 부인의 마음을 읽은 목만치가 밤이 깊어지자 부인의 침전으로 몰래 기어들었다. 부인이 반겼다.

"어서 오오. 근래에는 얼굴조차 볼 수 없었소이다."

"그동안 절에 틀어박혀 불경 공부를 했나이다."

"아니, 그대가 불교를 공부하여 무엇에 쓰겠소?"

"왜국에 전파시키려고 하나이다."

"뜻이 깊구려. 불교를 많이 배웠소?"

"소신은 아니 된다 싶었나이다. 세상맛을 다 아는지라 참지 못하고 하산했나이다."

목만치는 욕정에 불타는 눈으로 부인을 쳐다보았다. 부인도 싫지 않은 표정이었다.

"왜국에는 언제 들어갈 작정이오?"

"황태후 마마의 마음에 달렸나이다. 신더러 언제든지 가라시면 돌아가겠나이다."

"아직은 갈 필요 없소. 백제에서 무엇이든 배워가지고 가시오."

"황태후 마마, 은혜 백골난망이나이다."

목만치는 이목구비가 수려하고 키가 훤칠한 호남이었다. 말솜씨마저 뛰어나 왜에 있을 때부터 부인의 마음 한구석을 차지하고 있었다.

"오랜만에 세상맛을 보러 나왔으니 우선 술맛부터 보시구려."

부인은 미리 준비해둔 주안상을 앞에 놓고 손수 술을 따라 목만치에게 권했다. 목만치는 술잔을 받아 두꺼비가 먹이를 낼름 삼키듯 마시고 황태후에게 권했다. 황태후도 사양하지 않고 술잔을 받아 낼름 마셨다. 주거니 받거니 술이 몇 순배 돌았다. 두 사람은 염치를 잃어갔다.

"마마! 벌써 여러 해째 독수공방을 지키시니 그 얼마나 쓸쓸하나이까?"

"쓸쓸한들 어쩌겠소?"

"신이 절에서 느낀 것은 사람, 특히 여자가 그리워 외로움이 가슴에 쌓이더이다. 고향에 두고 온 아내 생각이 간절했나이다."

"처를 이리 불러오면 어떻겠소?"

"그리 간단한 일이 아니오라…"

"나는 사별이라서 쓸쓸히 지내지만, 왜 부인을 두고 사서 고생이오?"

황태후가 목만치의 이글이글 타오르는 눈을 똑바로 응시했다. 순간 섬광이 번쩍였다.

"부인!"

목만치가 황태후를 덥석 안았다. 황태후는 기다렸다는 듯이 목만치의 목을 껴안고 나뒹굴었다.

발 없는 말이 천리를 가고, 낮말은 새가 듣고 밤말은 쥐가 듣는다고 했다. 궁궐에 소문이 좍 퍼졌다. 상좌평 여신을 비롯하여 해수ㆍ해구 등 조정 대신들이 모였다.

"목만치라는 자는 전왕과 함께 왜에서 왔다고 하여 궁궐에서 추한 행동을 한다 하오. 그 자를 그냥 둘 수 없소. 즉시 왜로 추방해버려야 하오."

대신들이 의견을 모아 목만치를 왜로 쫓아버렸다. 그는 떠날 때 백제의 문화와 한산에서 배운 불경 등을 가지고 갔다.

백제의 불교는 일본으로 건너가 전파된 것이 특색이다. 성왕 30년에 희씨달솔姬氏達率ㆍ노리사치계怒唎斯致契를 일본에 보내어 석가불금동상 1구, 기旗와 일산日傘 약간, 경론經論 약간을 보내었다. 이와 동시에 성왕은 불교의 공덕을 찬양했다.

"불법은 모든 법 중에 가장 훌륭하오. 그러나 매우 난해하여 이해하기 힘드오. 옛날 주공周公이나 공자도 이러한 불교의 오묘한 진리를 모르고 있었소. 불법은 무량무변無量無邊하여 복덕과보福德果報를 만들어주고 있소. 즉, 무상의 보리(菩提)를 분변分辨해주고 있소. 누구나 자기가 뜻한 보배가 있으면 이 불법만 믿으시오. 그러면 저절로 뜻한 대로 되오. 기원하는 것은 무엇이든지 되오. 백제왕은 노리사치계를 보내어 귀국에 전하노니 기내畿內에 유통시켜 불교를 동쪽에 전파시키시오."

이 편지의 사연에 따르면 당시 백제에서는 불교의 오묘한 진리를 유교보다도 더 심오하게 깨닫고 있었음을 알 수 있다.

이날 일본의 천황은 환희작약하여 백제의 사신들에게 이러한 미묘한 법은 처음이라 하고 자기 홀로 결정할 수 없다며 여러 대신들에게 문의했다. 불법을 받아들이느냐 마느냐 하는 가부문제가 일어났다. 반대파들은 자기네들의 고유한 신이 있어 믿고 있는데 다른 나라의 신을 모시면 재래의 신이 노하지 않을까 걱정이었다. 처음에는 믿지 않았다. 일부 신도들이 믿어 점차 확산되어갔다.

그후 위덕왕 24년에 백제왕이 경론 몇 권, 율사律師 · 선사禪師 · 비구니 · 주금사呪噤師 · 조불공造佛工 · 조사공造寺工 등 6명을 보내었다. 이때부터 일본에서는 절과 부처 등을 만들었다.

위덕왕 31년에는 일본에서 사신이 들어와 미륵석상과 불상을 가져갔다. 동왕 35년에는 백제에서 은솔 수신首信, 덕솔 개문蓋文, 내솔 복부미신福富味身 등이 불사리승 영조율사 · 영위 · 혜증 · 혜숙 · 도엄 · 영개 등과 사공寺工 다라미타 · 문계고시 · 노반박사 · 벽미순 · 와박사瓦博士 · 마내부노 · 양귀문 · 능귀문 · 석마제미 · 화공 백가 등 많은 사람이 건너갔다. 이로써 백제의 불교문화가 일본으로 건너가 일본의 불교문화를 크게 일으켰다. 일본 천황은 감사의 뜻으로 백제에 사신을 보내면서 편지를 썼다.

"폐하, 이제 불도를 조흥하였사와 옛날 한제漢帝 때 동류東流할 꿈과 법왕法王(불법佛法)이 서에서 온 큰 뜻이 이제야 성취되었소. 원컨대 폐하는 부처님의 빛을 귀국에 빛내고 자운慈雲(부처의 은혜)을 부상扶桑에 덮도록 하소서."

백제는 불교의 일본 전래를 적극 도왔다. 이때 백제는 신라와 견원지간이었으며, 고구려와는 소강상태였다. 그리하여 일본과 정략적으로 친선을 도모한 점도 엿보인다. 일본의 선신善信이란 비구니는 백제로 유학을 와서 불경을 공부하고 돌아갔다. 그 뒤 선신은 큰 불사를 일으키는 등 불교에 대한 존신을 표했다. 중국 스님들이 백제를 통해 일본으로 건너간 예도 흔하다.

당시 중국은 정치가 어지러워 진陳나라가 멸망의 길을 걷고 있었다. 스님들이 백제로 들어와 일본으로 건너갔다.

일본에서는 백제의 공인을 불러 법흥사의 찰주刹柱를 세웠고, 또 나니와[難波]에 사천왕사를 지었다. 이날 법흥사에 찰주를 세우던 일본 대신 100여 명은 백제옷을 입고 불사리를 찰주 주초 속에 넣었다. 이때 구경꾼들이 백제의 옷을 보고 기뻐했다.

사천왕사는 법호法号를 황룡사黃陵寺라 했다. 이 절은 황룡향 동쪽에 세워 절 이름을 지명을 따서 지은 것이다. 사천왕을 발원한 까닭에 사천왕사라고 했다.

또 경전원敬田院 모퉁이에 시약원施藥院을 짓고 다른 모퉁이에 비전원悲田院을 지었으며, 그 중간에 요병원療病院을 지었다. 경전원을 중심으로 동서가 8정町, 남북이 6정이나 되었다. 바로 경전원 안에 황룡지란 연못이 있는데 어찌나 깊은지 늘 청룡이 살고 있었다고 한다.

사천왕사는 서기 587년 처음으로 옥조안玉造岸 위에 지었다가 서기 593년에 헐어 황룡 동쪽으로 옮겼다. 이곳은 옛날 석가여래가 법륜法輪을 옮긴 곳으로 여래를 공양하고 불법을 조호助護했다. 이러한 인연으로 사탑寺塔을 세웠으며 이 땅에 칠보七宝를 깔아 청룡의 수호를 받게 했다.

보탑과 금장은 극락국토 동문의 중심에 상당하여 머리털 여섯 올로 불사리 여섯 개를 싸고 탑심주塔心柱 속에 넣어 6도道의 상相을 표했다. 보탑과 노반에 금으로 유법遺法 흥멸의 상을 아로새기고 금당에는 금동으로 된 구세관음상을 안치했다. 이 관음상은 백제왕이 자기가 죽은 후에 부처가 되고자 연모하여 만든 상이다. 백제에서 만들어 불상과 경률을 스님들이 일본으로 가져갔다.

탑 1기는 5층으로 기와를 입혔으며, 금당 한 채는 2중으로 지었고, 금동구관세음 1구, 사천왕상 4체, 금박의 6층 보탑 1기, 금동불사리탑 1기에 사리 13개를 넣었다.

강당 한 채는 8간으로 기와를 입혔고, 하당夏堂은 4간으로 관음 1구, 보랑이 1바퀴인 기와집으로 80간이다. 그중 중문이 한 채로 기와집 5간에는 금강역사를 두었다. 식당 한 채는 7간, 기와집으로 2중 복개를 달았다. 여기에는 문수보살상과 비두로비구상毗頭蘆比丘象을 안치했다. 이것이 사천왕사의 구조로 일본의 사찰은 대개 이 모양을 표준으로 하여 짓고 백제에서도 이러한 형식을 취하기도 했다.

위덕왕 45년에 벽제의 중 혜총惠聰이 일본에 건너갔다. 이 중은 먼저 와 있던 고구려의 중 혜자惠慈와 함께 일본에 불교를 열심히 포교하여 삼보三宝(불보佛宝 · 법보法宝 · 승보僧宝)의 동량이 되었다. 모두 법흥사에 있었으며 많은 대중들의 존경을 받았다.

무왕 3년 10월에 백제의 중 관륵觀勒이 일본에 건너가 역본曆本 천문지리서 · 둔갑법遁甲法 · 방술方術의 서적을 전했다. 무왕 13년에는 일본에서 처음으로 장육불丈六佛을 만들었다. 무왕 17년에는 백제의 중 도흔道昕 · 혜미惠彌 등 11명의 중이 신자 75명을 데리고 오吳나라로 가다가 폭풍을 만나 일본에 표류했다. 이들은 원홍사元興寺에서 지냈다.

이처럼 백제의 고승들이 일본에 건너가 불교를 널리 보급시키고 일본인을 교화했다. 무왕 24년에 일본에서 중이 도끼자루로 자기 할아버지를 때린 일이 벌어졌다. 천황이 이 보고를 받고 조서까지 내렸다.

"출가한 자는 3보에 귀의하여 계법戒法을 지킨다 했거늘 어찌하여 참회는커녕 악역惡逆을 범했는고? 짐이 듣건대 중이 되어 조부를 구타했다니 만약 사실이라면 중죄로 다스리겠노라!"

이때 백제의 중 관륵이 상소를 올려 불법佛法의 전래를 말했다.

"불법은 서역에서 한나라에 들어왔나이다. 300년이 지난 후 백제에 들어와 100년이 지났나이다. 그러던 중 우리 백제 임금께오서 일본 천황이 현명하다는 소식을 듣고 불상과 내전內典을 공상貢上했나이다. 일본에 들어온 불교는 아직 100년이 못 된 이 즈음 중들이 불법과 계율을 배우지 못하여 악역을 범하고 있나이다. 이로 하여 모든 중들은 두려워하며 어찌할 바를 모르고 있나이다. 원컨대 악역을 범한 자 이외의 중들은 죄 주지 말도록 하소서. 이 또한 큰 공덕이 되지 않겠나이까."

일본 천황은 승려들의 자치를 허락하고 백제의 중 관륵에게 승정僧正을 맡겨 중들을 다스리게 했다. 관륵은 일본 승려들의 최고 지도자가 되어 승려들의 사회를 형성해갔다.

백제의 승려들이 일본으로 대거 진출하여 불법을 전하며 국위를 선양했다. 그뿐만이 아니었다. 절을 짓는 건축사까지 데리고 건너가 백제의 화려한 중국의 문화를 하나도 빠짐없이 일본에 전했다. 따라서 백제의 불교는 일본에 건너가 꽃을 피운 감이 없지 않으나 본국에서도 불교 발전에 노력을 기울여 부처님의 빛을 크게 떨쳤다.

백제가 망할 때 일본에 구원을 청하러 간 사람도 중이고 또 일본에 있던 백제 중들이 본국의 위기를 구하려고 동분서주했다. 그러나 국운은 하늘이 정하는 법, 백제는 끝내 사라지고 말았다.

백제 사람 척의각尺義覺은 나라가 망하자 일본으로 건너가 나니와〔難波〕의 백제사百濟寺에서 살고 있었다. 법사는 신장이 7척으로 늠름한 장부였다. 그는 반야심경을 늘 염송하여 수양을 쌓았다.

어느 날, 혜의惠義 스님이 밤에 척의각 법사의 처소를 보니 이상한 빛이 비치었다. 혜의는 이상하게 여겨 문구멍으로 방안을 들여다보았다. 법사는 단정히 앉아 불경을 외우고 있었다. 보면 볼수록 그의 태도가 단정하고 불경을 외우는 입에서 이상한 광채가 떠돌아 문밖으로 뻗어나갔다. 혜의는 그때 불경을 연구하고 외우는 이에게서는 광채가 난다는 것을 깨닫게 되었다.

다음날 혜의는 법사의 불광佛光을 선전했다. 일사불란하게 불경만을 외우는 이에게서는 빛이 나서 퍼져나간다는 것을 척의각 법사를 예로 들어 설법했다.

일본의 불교는 백제의 불교가 들어와 발달한 것인데, 백제의 불교적 사실을 도리어 나중에 발달한 일본에서 찾아볼 수 있었다. 백제의 멸망과 동시에 화려하고 섬세하고 우아한 불교문화는 사라져버리고 오직 일본 승려들이 그 여광이나마 후세에 전하고 있다.

❀ 도미의 아내

백제 제21대 개로왕蓋鹵王 때, 고구려 장수왕은 아버지 광개토대왕이 못다 이룬 위업을 이루려고 전쟁준비에 분주했다. 이러한 낌새를 알아챈 백제의 개로왕은 대신들과 대비책을 의논하는 한편 북위北魏에 구원을 청하는 글을 보내었다.

"우리 백제국은 귀국과 통하고자 하오. 우리는 귀국에 조공과 함께 두 장수를 인질로 보내는 바이니 우리의 소망을 들어주소서. 원래 백제는 근원이 고구려와 같으나 고구려 고국원왕故國原王 때부터 소원해졌소. 그가 백제를 쳐왔으므로 우리는 힘을 다해 막고 그의 머리를 베었을 뿐이오. 그후 남침을 삼가더니 북연北燕이 망한 후 고구려는 나라를 부흥시켜 30여 년 동안 싸움을 걸어왔소. 지금 고구려 장수왕은 전쟁준비에 광분하고 있소. 우리는 귀국과 서로 통하려 해도 고구려가 중간에서 방해하고 있으니 귀국에서 크게 꾸짖어 감히 우리 백제를 건드리지 못하게 해주오. 하옵고 귀국의 유력한 장수를 백제에 파견하면 고구려가 감히 백제를 넘보지 못할 것이오. 우리의 청을 들어주시면 비녀婢女를 귀국 황실의 궁녀로 보내겠소…"

백제는 고구려의 남하를 막고자 북위에 추파를 던졌으나 북위는 고구려와 더 가까워 헛수고에 그쳤다. 북위에서는 백제의 청을 거절해버렸다. 백제는 할 수 없이 독자노선을 택하여 국력을 기르기로 했다.

그런데 개로왕이 문제였다. 왕은 여색을 밝히고 유흥과 잡기를 즐겼다.

어느 날 왕은 지리산 쪽으로 사냥을 나갔다. 구례 근처의 마을을 지나다가 임금은 목이 말라 우물가로 갔다. 때마침 우물에서 물을 긷던 여자를 보고 그만 넋이 빠져버렸다. 여자는 하늘에서 내려온 선녀 같았다.

임금은 사냥을 걷어치우고 여자를 궁으로 데려갈 궁리를 했다. 바로 궁으로 돌아와 신하들을 시켜 여자의 인적사항을 알아보았다.

"도미都彌라는 자의 처로 행실이 착하고 정절이 곧은 여인으로 소문이 나 있나이다."

"정절이 곧다? 어디 두고 보자꾸나."

임금은 도미를 궁궐로 불렀다. 영문을 모른 채 도미가 호위 군사들의 안내를 받으며 궁으로 들어왔다. 임금이 그를 맞았다.

"내 듣자하니 그대의 처가 빼어난 절색에다가 정절 또한 곧다 들었노라. 소문대로 사실이더냐?"

"그러하나이다."

도미가 당당하게 대답했다. 임금의 용안이 상기되었다. 당당한 도미의 대답이 건방지게 들렸다.

"여자란 믿기 어려운 요물이라는 것을 너는 아느냐?"

"모르옵니다."

"캄캄한 밤에 듣기 좋은 말로 유혹을 하면 대개 남자의 품에 안기는 것이 여자이니라."

"하오나 신의 처는 그런 여자가 아니옵니다. 아마 그런 경우를 당하면 죽음으로써 항거할 것이나이다."

도미의 당당함에 왕은 심기가 뒤틀렸다. 임금 앞에 감히 옷을 벗지 않을 여자가 천하에 어디 있다는 말인가. 임금은 도미를 덜 떨어진 사내로 보았다.

"알았느니라. 너는 당분간 궁에 남아 있거라."

"예에? 마마, 무슨 일로 신더러 궁에 남으라 하시나이까?"

"차차 알게 될 것이니라."

도미는 영문도 모른 채 궁에 갇히다시피 되었다.

그날 밤, 임금은 미복 차림으로 시종 한 사람을 거느리고 도미의 집으로 갔다. 도미의 처는 남편이 돌아오지 않자 걱정이 되어 안절부절 못하고 있었다. 그때 대문 두드리는 소리가 들렸다.

도미부인은 남편이 온 줄 알고 버선발로 대문으로 달려나왔다.

"당신이세요?"

"쉬잇! 소란 떨지 말고 문을 열어라!"

"댁은 뉘시오이까?"

"대왕의 행차이니라!"

도미부인은 찔끔 놀라 대문을 열고 옆으로 비켜 섰다.

"대왕마마께오서 어인 일로 이 밤에 누추한 신의 집을 찾으셨나이까?"

"잔말 말고 안방으로 모시거라!"

시종이 명령을 내렸다. 도미부인은 하는 수 없어 임금을 안방으로 모셨다. 임금은 희미한 불빛에 비치는 도미부인의 아름다운 자태에 또 한 번 경탄하지 않을 수 없었다.

'어쩌면 이 세상 사람이 아닐지 모른다. 천상의 신을 이 세상으로 내려보내어 사람들을 즐겁고 황홀하게 해주려고 잠시 머물게 하는 선녀인지도 모른다.'

임금은 마른침을 꿀꺽 삼켰다.

"그대를 엊그제 낮에 보고 그만 흠모하게 되었소. 흠모의 정을 이기지 못해 이 밤에 찾아왔소."

"황공하나이다."

"오늘 낮에 그대의 남편과 내가 그대를 두고 내기 바둑을 두었소. 결과는 내가 이겨 그대를 데리러 왔소. 오늘 밤부터 그대는 내 후궁이니 그리 아오."

임금이 거짓말을 했다. 도미 부인은 청천벽력 같은 말에 정신이 아찔했으나 곧 정신을 차렸다. 부인이 미소를 띠며 침착한 태도로 말했다.

"대왕마마께오서 천한 백성에게 거짓을 말할 리 없사옵니다. 신의 남편이 실수를 했사오나, 삼가 마마의 뜻에 따르겠나이다."

임금은 자기가 도미에게 했던 말이 맞아떨어지는 순간이어서 환호작약이었다.

'그러면 그렇지. 여자에게 정조란 목숨보다 중하다지만, 때로는 거추장스러운 것이야. 내 말 한 마디에 그냥 나가떨어지지 않는가. 도미 너의 생각이 틀린 게야.'

이런 생각을 하며 임금은 밀어붙였다.

"이리 가까이 오게나."

도미의 처가 스스럼없이 임금 곁으로 다가갔다. 임금이 손을 내밀어 그녀의 손을 잡으려고 했다.

"마마, 아직 이르옵니다. 좀더 밤이 깊으면 마마께 이 몸을 바치겠나이다."

"이르다면 이른 시각일세. 그대 말대로 하지."

도미의 처는 남편이 나타나 임금의 거짓말을 밝혀주기를 기다리며 시각을 늦추었다. 도미는 바둑을 두지 못한다는 것을 아내는 알고 있었던 것이다.

임금과 도미의 처는 밤이 깊을 때까지 얘기를 나누었다. 임금은 주로 궁궐생활에 대해 얘기하고 도미의 처는 행여나 하고 남편을 기다렸다. 밤이 깊어가고 임금은 조바심이 났다.

"이제 잠을 잘 때가 되었지 않은가?"

"그러하옵니다. 하오나 첫날밤을 치르는 밤치고는 누추하옵니다. 후원에 아늑하고 아담한 방이 있사오니 그리로 드시어 잠시만 기다려주소서. 신첩이 새로이 몸단장을 하고 마마의 은총을 입겠사옵니다."

"오오, 그리하게나."

임금은 기대에 부풀어 후원의 방으로 자리를 옮겼다. 그 방에 관솔불이 켜 있었고, 금침이 깔려 있었다. 임금은 금침 위에 누워 여자를 기다렸다. 그러나 여자는 반식경이 되어도 들어오지 않았다.

"여봐라!"

임금이 외치면 여자가 냉큼 대답했다.

"잠시만 기다리소서."

이러기를 몇 차례 임금은 몸이 달아올랐다. 온갖 상상을 펼치며 여자를 그리고 있던 임금 앞에 드디어 여인이 들어와 관솔불을 훅 불어 꺼버렸다. 임금과 여인은 광란의 시각을 숨가쁘게 새겨갔다. 임금은 욕망의 샘물을 원없이 마시고는 금세 갈증이 나서 뜬눈으로 밤을 세우며 여인을 탐했다.

날이 밝았다. 임금은 옆에 누운 여인을 보고 그만 비명을 질렀다.

"아악!"

옆에 누워 있는 여자는 추물이었다. 들창코에 두꺼운 입술에 덧니까지 보이는 추녀였다. 게다가 코까지 골아붙이며 세상 모르고 자고 있었다. 임금은 기가 막혔다. 슬쩍 아랫도리를 훔쳐보았다. 그런대로 봐줄 만했다. 그러나 얼굴로 눈길을 주는 순간 피가 거꾸로 흐르는 듯한 분노가 일었다.

임금은 궁으로 돌아와 도미를 불렀다.

"네 이노옴! 네가 감히 네 처와 짜고 임금을 속이다니, 이러고도 살아남을 수 있다고 보느냐!"

임금은 부하에게 명하여 도미의 두 눈을 뽑아버리고 작은 배에 실어 한강에 띄워버렸다. 도미는 영문을 모른 채 장님이 되어 어디론가 떠내려갔다.

임금은 도미의 처를 궁으로 불렀다. 지난 밤에 속은 것을 이번에 단단히 보복하려고 했다. 도미의 처는 남편이 봉사가 된 줄도 모르고 궁으로 끌려들어와 후궁 안방에 앉아 자신의 신세를 한탄했다. 빼어난 미색이 죄였다. 거기다가 색을 밝히는 임금의 눈에 띈 것이 불행의 시작이었다.

밤이 이슥해진 후 임금이 도미의 처를 찾아 후궁 안방으로 들어왔다. 부인이 화들짝 놀라 일어나 웃음 띤 얼굴로 임금을 맞았다.

"대왕마마, 성은이 하해와도 같사옵니다. 신첩은 마마께오서 궁으로 부르시기를 기대하고 있었나이다. 지난 밤에는 신첩이 환술幻術을 써서 마마의 정력을 실험해본 것이오니 너무 탓하지 마소서."

도미의 처가 교태를 부리며 은쟁반에 옥구슬이 구르는 듯한 목소리로 말했다. 임금은 금세 달아올랐다.

"이리 가까이 오게나."

그녀는 임금 곁에 다가가 속삭이듯 말했다.

"마마, 신첩의 남편이 없어졌나이다. 며칠째 집에 돌아오지 않고 있나이다. 이제 남편이 없는 신첩이오니, 이제는 대왕의 확실한 후궁이 아니옵니까? 하오나 지금 신첩의 몸은 몹시 더럽사옵니다. 신첩에게 목욕을 허락하시면 깨끗한 몸으로 마마를 평생 모시겠나이다."

"오, 그런가? 내가 직접 그대와 함께 욕탕으로 가겠노라!"

임금이 몸소 그녀를 데리고 욕탕으로 갔다.

"마마, 황공하나이다. 신첩 혼자 목욕을 하고 곧 가겠사오니 침전으로 드시오소서. 날씨가 차갑사옵니다."

임금은 그녀의 말을 믿고 침전으로 들어갔다. 그런 후 황촛불을 더 켜고 그녀를 기다렸다. 그런데 이번에도 올시각이 되었는 데도 오지 않았다.

도미의 처는 임금이 침전으로 돌아간 즉시 목욕탕을 나왔다. 대궐 수문장에게 어명으로 잠시 집에 갔다 온다고 거짓말을 하고 성을 빠져나와 남편의 소식을 수소문했다. 남편이 장님이 되었다는 것을 그녀만 모르고 있었다. 그녀는 남편이 작은 배에 태워져 한강에 띄워졌다는 말을 듣고 배를 타고 남편의 뒤를 쫓았다.

한편 도미는 이틀 만에 천성도泉城島에 닿았다. 아내가 천성도에 이르러 남편을 만났다. 그때부터 아내는 남편의 눈을 정성스럽게 치료했다. 좋다는 약을 구하여 눈에 발라주고 약으로 달여 먹였다. 아내의 정성으로 도미는 겨우 한쪽 눈을 회복했다.

어느 날 부부는 앞으로의 진로에 대해 진지하게 상의했다.

"여보, 이 섬에서 한평생 썩을 수는 없지를 않소?"

도미가 조심스럽게 운을 떼었다.

"그렇다고 고향으로 돌아갈 수도 없지를 않나요?"

"백제 땅을 다시 밟는다고? 어림없는 소리요. 나는 백제 임금이 망하는 꼴을 꼭 봐야겠소."

"생각만 해도 몸서리쳐져요. 하지만 무슨 힘으로 백제 임금을 망하게 한다지요?"

도미의 아내도 개로왕이 망하는 것을 보고 싶었다. 백성들을 사랑하지 않는 임금은 임금이 아니라 백성 사냥꾼과 다를 바 없었다.

"고구려가 강성해지고 있소. 우리 고구려로 가서 백제를 치게끔 힘을 보탭시다."

"나라를 배반하는 것이 아니오이까?"

"백제가 우리를 버렸소. 우리의 조국은 백제가 될 수 없소."

도미는 단호했다. 아내는 남편의 결심을 알고 순순히 따르기로 했다.

"가요, 고구려로!"

도미 부부는 고구려 땅으로 도망쳤다. 국경을 지키는 병사가 도미 부부를 도성으로 들여보내었다. 고구려에서는 백제나 신라에서 망명해오는 백성들을 임금이 직접 만나보고 그 나라의 근황을 알아보았다. 도미 부부가 장수왕 앞에 엎드렸다.

"그대들은 어찌하여 조국을 버렸는고?"

도미는 그동안 개로왕이 자기 부부에게 저지른 일을 울면서 얘기했다. 장수왕이 얘기를 다 듣고 혀를 찼다.

"그대는 아내의 미색으로 하여 큰 고초를 겪었도다. 우리 고구려에서 남은 여생을 편히 지내도록 하라!"

"성은이 하해와 같나이다."

"남편을 위해 정조를 굳게 지킨 아내의 심지에 경탄을 금치 못하노라. 고구려에서는 그런 일이 없을 터, 마음놓고 살도록 하라."

장수왕은 도미 부부에게 살 곳을 마련해주고 중 신성信城을 백제로 보내어 염탐토록 했다.

❀ 고구려의 첩자 신성 스님

백제의 한산절에서 새로운 소문이 나돌았다. 고구려의 이름난 중이 내려와 염불과 경전 공부로 세월을 보내는데 훌륭한 고승이라는 소문이 도성에 파다하게 퍼졌다.

그 당시 백제는 국경 경비를 엄하게 했으나 스님만은 단속하지 않아 백제로 쉽게 들어올 수 있었다. 신성은 조사 한번 받지 않고 백제로 들어와 도성의 한산절에서 고승으로 대우를 받고 있었다. 도성 안 백성들은 신성 스님이 점을 잘 친다는 소문을 들었다.

"고구려의 명승이 무당 뺨치게 점을 잘 친다더라."

백성들이 꼬이기 시작했다. 소문은 궁궐에 퍼져 궁 안 사람들이 한산절에 가기를 원했다. 개로왕이 이 소문을 들었다. 신성이 임금의 부름을 받고 궁으로 들어가 개로왕을 만났다.

"어서 오시오, 스님. 멀리 고구려에서 오셨다구요?"

"그러하나이다."

"고구려 조정은 어떠하오?"

"그저 태평성대를 구가하고 있는 줄 아옵니다."

실은 전쟁준비를 하고 있었으나 신성은 개로왕에게 거짓말을 했다.

"태평성대의 고구려를 등지고 어이하여 백제로 왔나이까?"

"빈도貧道가 덕이 없어 고구려 임금의 미움을 받고 쫓겨나 전부터 백제 임금의 고명하신 덕을 들은 터라 염치없이 이곳으로 머리를 둘렀나이다."

"고구려에서는 짐이 영명하다는 소문이 나 있소이까?"

"그러하나이다, 대왕마마."

개로왕은 기분이 썩 좋았다. 그리하여 신성을 곁에 두고 싶었다.

"듣자하니 스님께서 운수도 점쳐주고 앞일도 예언해주신다고요? 짐의 앞날도 점쳐주시고 고구려 임금의 얘기도 들려주소서."

"마마, 소승이 어찌 마마의 앞날을 점치겠나이까. 하오나 소승이 보기에 고구려는 광개토대왕 때는 강성했으나 지금의 임금은 사람들을 무참히 죽여 민심이 땅에 떨어지고 백성들이 도탄에 빠져 있나이다. 소승의 눈에는 대왕마마의 용안에 삼국통일의 빛이 보이나이다."

개로왕은 매우 기뻤다. 신성의 능글맞은 수작에 홀딱 넘어가버렸다. 임금은 북쪽에서 막 들어온 장기와 바둑 생각이 언뜻 들었다.

"스님, 혹시 바둑이나 장기를 놓을 줄 아시나요?"

"조금은 놓을 줄 아나이다."

"잘되었소이다. 짐과 바둑이나 두실까요?"

"한 수 가르쳐주소서."

임금은 바둑판을 가져오게 하고 신성과 마주앉았다. 임금이 백을, 신성이 흑을 잡고 바둑을 두었다. 임금은 즐기는 편이었으나 높은 수는 아니었다. 신성은 임금과 바둑 한 판을 두고 금방 수를 알아버렸다. 임금의 수를 마음대로 조정하여 이기기도 하고 져주기도 했다.

이런 인연으로 신성은 임금의 스승이 되어 궁궐에서 묵었다. 장수왕이 세운 계획대로 착착 맞아 떨어져갔다. 개로왕과 신성은 잠자는 시간 외에는 바둑으로 세월을 보내었다. 어느 날 신성이 아무도 없는 틈을 노려 개로왕에게 말했다.

"대왕마마, 소승은 외국의 미천한 중이옵니다. 그런데도 이렇게 받아주시어 은혜를 보답할 길이 없나이다. 소승의 하잘것없는 말씀을 들어주신다면 그보다 더 큰 은혜가 없을 줄 아옵니다."

"무슨 말씀이오? 말해보오."

"소승이 보건대 백제는 사면이 산으로 둘러싸여 있고 그 안에 큰 강이 흘러 천연의 요새이나이다. 이 험한 요새에서 한 사람이 지키면 1만의 적도 감히 들어오지 못할 것이나이다."

"짐도 그쯤은 알고 있소이다."

"자고로 왕실은 위엄을 갖추어야 하나이다. 대왕마마께오서는 재력이 풍부하신 데도 성곽을 보수치 않으시고 궁전도 개축하지 않으셨나이다. 또한 선왕마마의 유골을 노지露地와 같은 곳에 모시었으니 부모에 대한 효라 할 수 없나이다. 게다가 백성들의 집은 해마다 홍수가 나면 한수로 떠내려가나이다. 부디 백성을 살피시오소서."

"듣고 보니 스님의 말씀이 백 번 옳으오. 비록 재정이 넉넉지는 못하나 그만한 일은 능히 할 수 있소이다. 말씀 고맙소이다."

바로 공사가 시작되었다. 돌을 떠다가 성을 개축하고 나무를 베어다가 궁궐을 신축했다. 또 한수에 제방을 높이 쌓아올렸다. 대대적인 역사役事가 벌어진 것이다.

또 부왕의 무덤을 장식하기 위해 돌로 현실玄室을 만들고 현실 안을 화려한 그림으로 채웠다. 궁궐의 면목이 일신되고 한수 제방이 새로워졌다. 그러나 뜻있는 중신들은 지나친 역사에 걱정이 앞섰다. 보다못해 재증걸루再曾桀婁와 고이만년古爾萬年 두 장군이 임금께 아뢰었다.

"대왕마마, 국고가 바닥이 나가고 있나이다. 역사를 중지하소서. 백성이 살아남아야 나라가 있는 법이나이다."

"장군들은 짐이 하는 일에 관여하지 마오. 오로지 국방에만 힘쓰시오."

"대왕마마, 변방 군사들이 군량이 떨어져 굶고 있는 실정이나이다. 대왕마마를 모시고 있는 신성은 요승妖僧이나이다. 그자를 목 베소서."

개로왕이 펄쩍 뛰었다. 몹시 화가 났다.

"무엄하도다! 썩 물러가지 못할까!"

두 장군은 궁을 나와 울분을 참지 못하고 그 길로 고구려로 망명해버렸다. 개로왕이 신성의 말을 듣고 백제를 망치고 있다고 판단한 것이다. 백제의 국고는 바닥이 나고 백성들은 유리걸식하며 떠도는 신세가 되었다.

개로왕은 사태가 심각하게 되자 신성과 의논하려고 그를 찾았다. 그러나 신성은 이미 궁을 떠나 어디론가 자취를 감춰버렸다. 임금이 병사들을 풀어 신성을 찾았으나 백제 땅에는 없는 것으로 확인되었다.

개로왕은 신성을 잊고 새로 짓고 단장한 궁궐에서 놀기에 바빴다. 한수가에 신록이 우거지면 놀잇배를 띄우고 태평가를 불렀다. 개로왕은 점차 이성을 잃어갔다.

"자, 어떠냐? 한수가가 볼 만하지 않으냐? 다 역사를 한 덕이야. 이만하면 백제의 국력이 대단하지 않으냐? 어느 누가 감히 우리를 건드린단 말이냐!"

기고만장이었다.

개로왕 21년 가을, 고구려 장수왕이 3만 군사를 이끌고 백제를 쳤다. 백제의 변방 군사들은 싸움 한번 제대로 해보지 못하고 밀렸다. 고구려군은 위례성으로 서둘러 진격해왔다. 개로왕은 성문을 굳게 닫고, 신라에 구원병을 청했다.

고구려군이 성을 포위하고 사면에서 공격해왔다. 백제군은 사력을 다해 싸웠다. 원래 성을 튼튼하게 개축하여 쉽게 무너뜨릴 수 없었다.

고구려 군사들은 성문을 부수려고 안간힘을 썼다. 백제군은 성 위에서 빗발같이 화살을 쏘아댔다. 고구려군이 7일 동안 성을 공격했으나 성은 꼼짝하지 않았다. 신성의 덕이었다. 신성의 건의를 받아들여 성을 튼튼히 개축했기 때문이다.

고구려 군사들은 동풍을 이용하여 성문 안에 불화살과 횃불을 던졌다. 동문이 화염에 휩싸였다. 동문이 열릴 위기에 처하자 개로왕은 서문으로 활로를 트고 남성으로 도망쳤다. 남성은 한수가에 있는 견고한 성이었다. 남성에서 신라의 원병을 기다렸으나 감감 무소식이었다. 백제군은 하룻밤을 새고 나면 수가 줄어들었다. 도망치는 병사들이 많았다.

남성마저 위급해지자 개로왕은 한수를 건너 도망칠 작정으로 남문을 빠져나갔다. 임금을 따르는 군사가 고작 기병 수십 기였다. 급히 말을 몰아 한수가로 나왔다. 배를 기다리는데 고구려 장수 두 사람이 개로왕 앞에 나타났다. 개로왕에게 역사 중지를 간하다가 야단을 맞고 고구려로 망명한 두 장수였다.

"재중 장군! 내게 활로를 열어주오."

개로왕이 애걸했다. 두 장수는 냉담했다.

"살고 싶소? 백성들을 도탄에 빠트리고도 정신을 못 차리고 유흥에 빠져 허덕이던 그대를 우리가 살려주고 싶겠소? 그대가 그토록 아끼고 좋아하던 신성은 고구려에 돌아와 첩자 노릇을 잘한 공으로 영화를 누리고 있소이다. 아직도 신성이 보고 싶소?"

"그 중놈은 거론치 마오. 고이 장군, 나를 불쌍히 여겨 한수 건너로 보내주오."

"그대는 마땅히 자결해야 하오. 그런데도 구차하게 목숨만을 애걸하고 있으니 딱하오. 그대 세상은 끝이 난 게요!"

두 장수는 개로왕을 외면해버렸다. 그리고 명령을 내렸다.

"백제왕을 포박하라!"

두 장수는 개로왕을 포박하여 고구려 왕이 있는 아차성阿且城으로 호송했다. 고구려 왕이 묶인 개로왕을 보고 영을 내렸다.

"백제의 왕이니라. 포박을 풀어주어라!"

개로왕의 포박을 풀어주고 고구려 장수왕이 또 영을 내렸다.

"사죄하라!"

개로왕은 한쪽 소매를 빼어 죄인 차림으로 장수왕 앞에 나와 사죄했다.

"백제왕 경사慶司(개로왕 이름)는 나라를 잘못 다스린 죄로 대고구려 대왕 앞에 사죄하나이다. 대왕의 높으신 덕으로 백제의 백성을 살려주시오소서."

"네 죄가 어디 그뿐이더냐? 한심하도다."

장수왕은 무릎 꿇은 개로왕 앞에 여러 사람을 불러 세웠다. 백제에서 고구려로 망명한 사람들이었다.

"자, 고개를 들어 이 사람들을 보라!"

개로왕이 고개를 들었다. 갑자기 눈앞이 황홀해졌다. 여전히 아름다운 도미의 아내가 맨 앞에 서 있었다. 그 옆에 신성이 서서 개로왕을 비웃었다. 도미는 측은한 표정을 짓고 있었다.

개로왕은 그제서야 죽고 싶었다. 차마 얼굴을 들고 있을 수가 없었다.

"고구려 대왕이시여! 이 몸을 죽여주소서!"

개로왕이 울부짖으며 머리를 숙였다.

"그대는 살 수가 없다. 그대의 나라가 일찍이 우리 선대 임금을 죽인 죄를 씻을 수 있다고 보는가!"

그 옛날 백제가 평양성을 공격하여 고구려 고국원왕을 죽였다. 장수왕은 그때의 일을 말한 것이다.

개로왕은 이미 죽을 각오가 되어 있었다.

"성문 밖에서 목을 베어라!"

장수왕의 명이 떨어졌다.

개로왕은 백제의 역사에서 씻지 못할 여러 가지 죄를 짓고 아차성 밖에서 무참히 처형되었다.

❀ 동성왕의 신라 미인

고구려의 남진으로 백제는 위기감을 느꼈다. 신라의 고구려에 대한 생각도 백제와 다를 바 없었다. 백제 동성왕은 고구려를 견제하기 위해 신라와의 동맹이 필요했다. 그리하여 임금 스스로가 신라의 공주를 후비로 받아들이려고 했다. 신라 소지왕에게는 공주가 없었다. 신라는 궁여지책으로 이벌찬伊伐湌 김비지金比智의 딸을 백제로 보내기로 했다. 이 소식이 서라벌 백성들에게 알려지자 잔치 분위기였다. 백성들은 신라와 백제가 동맹관계를 공고히 한다면 지긋지긋한 싸움을 하지 않을 것이라는 막연한 기대감에서 이 정략결혼을 잔치 기분으로 받아들였다.

그러나 막상 백제로 가게 된 김 낭자는 가슴이 무너져내렸다. 국가간의 정략결혼이므로 응하지 않을 수 없었고, 그렇다고 고구려로 도망칠 수도 없었다.

혼인날이 다가오자 김 낭자를 백제로 데려가기 위해 백제의 사신들이 신라로 들어와 신라 조정은 연회를 베풀고 이들을 대접했다. 서라벌이 온통 축제분위기였다.

김 낭자는 사랑하는 상불랑常弗郎의 어깨에 머리를 기대고 졸졸졸 흐르는 시냇물 소리에 귀를 기울였다. 아무리 슬픔과 근심을 시냇물에 흘려보내려 해도 미어지는 가슴을 억제하지 못하고 그만 흐느낌 소리를 내고 말았다. 상불랑이 김 낭자의 머리를 두 손으로 받치고 앞쪽으로 끌어당겨 입을 맞추었다. 찝찌름한 눈물이 상불랑의 입술을 적셨다.

"낭자, 그만 울음을 그치시구려."

이 한 마디에 김 낭자의 울음보가 터져버렸다. 상불랑은 김 낭자가 울음을 그칠 때까지 끌어안고 속으로 흐느껴 울었다.

"정녕, 이 몸을 데리고 도망칠 용기가 없으신가요?"

"낭자, 도망치면 어디로 간단 말이오? 고구려? 바다 건너 왜? 이는 한낱 꿈이오. 우리가 갈 곳이란 저승뿐이오."

"우리 함께 죽어요."

"낭자, 우리의 죽음으로 두 나라 사이가 나빠진다면 나라와 백성들을 배반하는 짓이 될 게요. 우리는 마음대로 죽지도 못할 몸이라오."

상불랑이 김 낭자를 껴안고 부르르 몸을 떨었다.

"이 몸을 백제로 보내겠다고요?"

"나의 무능을 용서하오."

내일이면 김 낭자는 아버지를 따라 대궐에 들어가 소지왕을 뵙고 작별 인사를 한 후 모레 백제 사신을 따라 신라를 떠나야 했다.

"낭자, 이제 낭자는 백제의 후비가 되오. 나와의 한때 풋정을 잊고 국모의 풍모를 갖춰야 하오. 명심하시오."

"정녕 이대로 보내시렵니까?"

"낭자, 용서하오."

두 사람은 시냇가 둑에서 껴안고 뒹굴었다. 아무리 사랑의 우물을 파고 또 파도 마르지 않았다. 초여름 밤이 어느새 새벽을 몰고왔다. 먼동이 트려고 산그림자가 새로워지고 동쪽 하늘이 벌겋게 달아오르고 있었다.

상불랑이 이별을 고했다.

"명심하오 낭자, 백제에 가서 덕을 베푸는 왕비가 되시오."

"도련님, 이 몸 어찌하오리까? 죽고만 싶소이다."

"마음을 굳게 다지시오. 세월이 가면 정도 시드는 법, 한 사내의 아내보다 한 임금의 아내가 되어 만백성의 자모慈母가 되시오."

상불랑이 먼저 일어났다. 김 낭자가 상불랑의 뒤를 따랐다. 말 한 마디 없이 마을에 돌아와 각자 집으로 돌아갔다.

이튿날, 김 낭자는 서둘러 몸단장을 하고 아버지를 따라 대궐에 들어가 소지왕을 알현했다.

"참으로 곱구나. 너는 내 딸이 아니어도 신라의 공주 자격으로 백제 동성왕東城王에게 시집 가느니라. 네 행동거지 하나하나에 나라의 체통이 걸려 있다는 것을 명심하렷다!"

"예에, 대왕마마."

"먼 길에 몸 조심하여라."

"예에, 마마."

그날 밤 신라 대궐에서 김 낭자는 백제에 함께 갈 시녀들을 만났다. 그녀들은 궁중 법도에 밝아 김 낭자는 안심이 되었다. 그 밤도 김 낭자는 상불랑 생각에 눈물 마를 새가 없었다. 이제는 꼼짝없이 커다란 우리에 갇힌 몸이었다. 상불랑을 다시는 볼 수 없다는 생각에 억장이 무너져내렸다. 날이 밝고 떠날 시각이 되었다.

백제 사신 일행과 신라의 수행원들이 길게 줄을 이었다. 김 낭자는 부모보다는 상불랑과의 이별만을 슬퍼하고 있었다. 그만큼 상불랑과의 사랑이 깊었던 것이다.

사흘째 되는 날, 신라와 백제의 국경에 닿았다. 고개를 넘으면 백제 땅이었다. 시름에 잠긴 김 낭자가 말 위에서 신라 쪽 산등성이를 올려다보았다.

"아아…"

낮은 산봉우리에 말을 타고 고개 쪽을 내려다보는 상불랑이 눈에 띄었다. 상불랑은 멀리서나마 김 낭자를 마지막으로 보려고 뒤를 밟았던 것이다. 김 낭자 일행이 고개를 막 넘으려 할 때 상불랑이 오른손을 번쩍 들었다. 김 낭자는 울음을 참느라고 이를 꼭 물었다. 고개를 넘자 백제 땅, 김 낭자의 눈에는 상불랑도 그 누구도 보이지 않았다.

백제 호위군사들이 국경까지 마중나와 있었다. 신라 호위군사들과 임무교대를 했다. 신라군은 되돌아갔다. 일행은 서쪽으로 말을 재촉했다. 한시각이라도 빨리 기다리는 임금에게 신부를 안겨드려야 했다.

이틀 만에 웅진성에 닿았다. 성안 백성들이 신라의 신부를 보려고 길을 꽉 메웠다.

"와! 때깔이 고우시네. 품위도 있어 보이시고. 역시 신라의 공주님이시구만."

"어째 수심이 가득해 보이시네."

"왜 안 그렇겠어. 머나 먼 타국땅에 왔지 않는감. 시름에 잠긴 모습이 한 떨기 흰 연꽃 같구만 그랴."

백제 백성들은 김 낭자가 어찌하여 시름에 잠겨 있는지 알 턱이 없었다.

백제궁으로 들어간 김 낭자는 시녀들의 부축을 받으며 새로이 단장을 마친 다음, 동성왕을 뵈었다.

"오, 먼길 오시느라 고생이 많으셨소."

김 낭자는 아무 말 없이 고개를 숙이고 있었다.

"고개를 드시오!"

김 낭자는 고개를 살풋 들었다. 오로지 상불랑 생각뿐이었다.

"으음…"

동성왕이 신음소리 비슷한 소리를 내고 빙긋 웃었다.

"그만 돌아가 쉬도록 하오."

동성왕과의 상견례를 마치고 돌아온 김 낭자는 시녀들에게 둘러싸여 정신이 없었다. 조용히 상불랑을 생각할 여유가 없었다. 시녀들은 내일 행해질 예식 절차며 궁중 연회를 얘기하며 기쁨에 들떠 있었다.

그날 밤 김 낭자는 세상 모르고 잠에 떨어졌다. 피곤한 일정이어서 그만 죽음보다 깊은 잠에 빠져버린 것이다.

이튿날, 혼례식 절차가 끝나고 성대한 연회가 베풀어졌다. 김 낭자는 후궁이 아닌 소후小后라는 명칭으로 불려지게 되었다. 신라 공주에 대한 예우 차원에서 후궁으로 부르지 않았다.

"짐이 오늘 신라의 공주를 소후로 맞아 매우 기쁘오. 신라에서 소후를 짐에게 보내어 우리 백제와 신라는 더욱 친밀해질 것이며 동맹의 결속 또한 굳건해질 것이오. 우리 두 나라가 힘을 합치면 고구려도 우리를 넘보지 못할 것이오. 오늘은 기쁜 날이니 모두들 마음껏 즐기시오!"

풍악이 울리고 춤사위가 벌어졌다. 바야흐로 잔치가 무르익어갔다.

소후가 된 김 낭자는 그제서야 백제의 국모가 된 것을 실감했다. 이제부터 행동 하나 표정 하나를 조심하고 삼가야 했다. 소후는 경직된 채 잔치자리를 지키느라고 애를 먹었다.

밤이 깊어서야 신방에 든 동성왕과 소후는 따로 마련한 주안상을 앞에 놓고 마주 앉았다.

"소후, 이제는 백제의 국모가 되었소. 그러니 신라 생각은 하루속히 머리에서 지우도록 하오."

위로도 명령도 아닌 애매모호한 말을 하고 동성왕은 술잔을 비웠다. 그리고 잔을 반쯤 채워 소후에게 건네었다.

"자, 그 술을 들고 이국땅에 온 시름을 더시구려."

소후는 왈칵 울음이 쏟아질 것 같아 술잔을 들어 입에 털어넣었다.

"소후, 곧 이곳 백제 풍속에 익숙해질 터, 너무 걱정 마오. 내가 옆에서 도와주리다."

"대왕마마, 성은이 하해와 같사옵니다."

소후가 겨우 인사치레로 한마디했다.

"자, 잠자리에 드십시다."

동성왕이 먼저 금침 안으로 들어갔다. 소후도 어쩔 수 없이 임금 옆에 누웠다. 임금이 소후의 손을 잡았다.

"이 밤이 새면 소후는 여자로서 다시 태어나는 것이오. 아시겠소?"

소후는 왈칵 울음이 쏟아져 금침에 얼굴을 묻고 어깨를 들먹였다. 임금이 등을 어루만지며 속삭이듯 말했다.

"우시구려. 나라와 부모님 곁을 떠난 슬픔이 오죽 하시겠소? 그 심정 이해하니 실컷 우시오."

소후는 통곡을 터뜨리고 싶었으나 감정을 억제했다. 상불랑에게 속죄하는 마음으로 흐느껴 울었다. 그리고 여자로 태어나 오늘과 같은 고통 속에 빠진 자신의 운명이 슬퍼 울었다.

임금이 소후를 껴안았다. 소후는 몸서리쳐졌으나 꾹 참았다. 바짝 긴장이 되어 울음이 저절로 멎었다. 상불랑 외에 다른 남자의 몸을 생각해본 적이 없는 소후였다. 그 다른 남자가 뱀처럼 소후의 몸을 기어다니는 것이었다. 목에서 가슴으로 가슴에서 배꼽으로 배꼽에서 둔덕으로, 뱀이 혀를 낼름거리며 소후의 몸 구석구석을 핥고 다녔다. 바짝 긴장되어 있던 소후의 몸과 마음이 흐물흐물 풀리면서 마음속에 미친 불길이 이는 것 같았다.

임금이 섬세하게 소후의 몸을 애무하다가 조심스럽게 몸을 밀착시켰다. 순간 소후의 몸이 경직되어버렸다. 임금이 속삭였다.

"놀라지 마오. 처음에는 긴장하는 법이라오."

소후를 말로 어루만져주고 살얼음을 대하듯 조심스럽게 소후의 배 위로 올라왔다. 소후는 이를 옥물었다. 다시 눈물이 솟구쳤다. 얼마 동안 꿈틀거리던 임금이 가쁜 숨을 몰아쉬고 옆으로 쓰러졌다. 소후는 아무런 느낌 없이 받아들였다.

"소후, 힘들었지?"

가볍게 고개를 끄덕여주었다.

동성왕은 곧 깊은 잠에 빠져들었다. 소후도 임금 옆에서 팔베개를 한 채 잠이 들었다.

이튿날부터 백제에서의 궁중생활이 시작되었다. 낮에 임금은 나랏일을 보러 다른 궁으로 가고 소후는 후궁에서 시녀들과 지냈다. 밤이 되면 임금이 어김없이 소후의 침전에 들었다. 아직 신혼이어서 임금은 깨가 쏟아졌다.

밤에 가끔 후원 연못가를 거닐며 임금이 물었다.

"소후, 고국이 그리운가?"

"아니오이다."

소후는 그렇다고 대답할 수 없었다. 임금이 소후를 끔찍이 사랑하고 있어서였다.

"참말인가?"

"대왕마마께오서 옆에 계시온데 신첩이 다른 무엇이 그립겠나이까?"

"오오, 소후는 말을 참 예쁘게 하는구만. 하지만 고국이 그리우면 그립다고 말하오."

"아니옵니다. 신첩, 마마께오서 옆에 계시어 고국이 하나도 그립지 않나이다."

소후는 백제 풍습에 빠르게 적응해갔다. 체념은 사람의 마음을 돌리는 데 특효약이었다. 상불랑을 잊고 고국을 잊고 부모를 잊는 인내는 모두 체념으로 해결되었다. 그리고 새로운 세계에 대한 접근은 간사한 마음을 바꾸는 데 촉진제 역할을 했다.

소후는 상불랑 생각이 나면 최면을 걸어 '그런 남자는 옛날에 있었다' 하고 도리질을 해버렸다. 그러면 거짓말같이 마음이 현실로 돌아와주었다. 그리고 기왕이면 동성왕의 사랑을 받아야겠다는 의지가 소후에게 또 다른 희망이 되어주었다.

소후가 백제에 온 지 1년이 되었다. 밤에 소후의 침전에 든 임금이 말했다.

"소후, 오늘 신라에서 사신이 왔다오."

"마마, 어인 일로 사신이 왔나이까?"

동성왕이 소후를 말끄러미 쳐다보다가 일러주었다.

"놀라지 마오. 소후, 신라는 지금 고구려와 크게 싸움을 하고 있다 하오."

"마마, 싸움은 어찌 되나이까?"

"신라는 고구려의 대군에 밀려 견아성犬牙城에서 우리 백제의 구원병을 기다리고 있다 하오."

"마마, 구원병을 보내었나이까?"

"오늘 즉시 군사 3,000을 견아성으로 출동시켰다오."

"마마, 신첩이 신라를 대표하여 감사 또 감사드리나이다."

"나와 소후 사이가 이토록 정이 두터운 것처럼 백제와 신라는 한마음이 되어 고구려를 막고 있는 것이오."

"마마의 넓으신 뜻 그저 고마울 따름이옵니다."

소후는 백제와 신라가 뜻을 같이하고 있다는 임금의 말에 무척 기뻤다. 동성왕을 모시고 있는 자기 자신이 자랑스럽기까지 했다. 소후는 이제 완전히 백제 여인이 되어 있었다.

이 해 여름 소후의 몸에 태기가 있었다. 소후는 자신의 배를 쓰다듬으며 기쁨을 감추지 못했다. 자기가 낳은 아기가 왕자라면 하고 생각하니 가슴이 쿵쿵 뛰는 것이었다. 게다가 동성왕의 사랑은 점점 깊어만 갔다.

그러나 소후에게 기쁜 일만이 계속되지는 않았다. 가을로 접어들 무렴, 소후는 슬픈 소식을 들었다. 고국인 신라에서 어머니가 세상을 떠났다는 전갈이 날아왔다. 소후는 며칠 동안 울며 지새며 새삼 신라와 백제 사이의 거리감을 실감했다. 그리고 자기는 한낱 인질에 불과하다는 생각을 하게 되었다.

"소후, 고국을 다녀오게 할 수 없는 현상황이 안타깝기만 하오."

동성왕은 신라와 고구려가 한창 전쟁 중이어서 소후를 신라로 보낼 수 없었다.

"소후, 태어날 아이를 위해서라도 너무 오랜 비탄은 삼가야 하오. 이제부터 상심을 거두시구려."

"예에, 마마."

소후는 고국 어머니의 명복을 가까운 절에 가서 빌기로 했다. 시녀 서너 명을 거느리고 원덕사原德寺로 향했다. 소후는 원덕사에서 아침부터 저녁까지 어머니의 명복을 비는 기도를 올렸다.

해가 기울 무렵, 기도를 멈춘 소후는 잠시 쉴 요량으로 법당 뒤를 거닐었다. 시녀 하나가 소후를 따랐다. 법당 안에서 독경소리가 끊이지 않았다.

"김 낭자…"

법당 뒤 나무 그늘에서 한 사내가 불쑥 나타나며 소후를 불렀다. 소후는 그 자리에 주춤 서버렸고, 따르던 시녀는 땅바닥에 주저앉았다.

"김 낭자, 나요, 나 상불랑이요."

"상불랑이라면?…"

소후는 그제서야 까맣게 잊고 있었던 옛 사랑의 이름을 떠올렸다.

"오, 김 낭자. 나는 이날만을 기다리며 백제 땅을 배회했다오."

"무슨 말이오?"

"김 낭자가 백제로 오는 날 나도 백제로 들어왔소이다. 허나 궁궐로 들어간 낭자를 만날 수 없었소. 그리하여 이런 날이 오기를 기다리며 여태껏 낭자를 기다린 것이라오."

상불랑이 가까이 다가왔다. 소후는 기쁨보다는 뱃속의 아기 생각이 앞섰다. 까마득한 옛일처럼 느껴지는 상불랑과의 인연은 한낱 꿈이었고, 그 꿈을 깬 지는 이미 오래였다.

"가까이 오지 마오!"

"김 낭자, 나를 정녕 잊은 게요?"

"그렇소이다. 나는 백제의 소후요. 물러나시오!"

"김 낭자, 이제는 자신있게 말할 수 있소. 나와 함께 도망칩시다, 낭자!"

"무엄하오. 감히 뉘 앞에서 그런 말을 하는 게요!"

"김 낭자, 왜 이러는 게요? 설마 우리의 사랑을 잊었다고는 말할 수 없겠지요. 낭자, 지금 당장 어디든 떠납시다!"

상불랑이 한 발짝 다가섰다. 눈빛이 수상쩍었다. 살기 같은 것이 느껴졌다. 소후는 그의 눈을 쏘아보았다.

"나는 백제의 소후라는 것을 정녕 몰라서 이러는 게요? 물러나시오. 옛 정을 생각하여 죄를 묻지 않는 것이니, 썩 물러가오!"

"그렇게는 못 하오. 나는 낭자를 그리워하며 부지해온 목숨이오. 낭자가 내 옆에 없으면 죽은 목숨이란 말이외다."

"물러서시오!"

소후는 기가 질려 뒷걸음질치고 땅바닥에 주저앉아 있던 시녀가 상황을 판단하고 용기를 내어 일어나 법당으로 달려갔다.

"김 낭자! 어서 떠납시다!"

상불랑이 성큼 다가섰다.

"도둑이야!"

소후가 엉겁결에 고함을 쳤다. 법당의 독경소리가 뚝 그쳤다.

그 사이 상불랑은 비수를 꺼내어 손에 쥐었다.

"나를 잊었다는 말이지? 좋다! 그대를 납치하는 수밖에…"

상불랑이 소후의 손을 잡으려는 순간, 중들이 몽둥이를 들고 법당 뒤로 우르르 달려왔다.

"도둑 잡아라!"

이에 당황한 상불랑이 소후의 손을 놓고 숲속으로 달아났다. 소후는 털썩 주저앉아 의식을 잃었다. 눈을 떠보니 궁궐이었다. 동성왕이 소후를 내려다보았다.

"소후, 얼마나 놀랐소? 짐의 불찰이오. 병사들을 딸려 보내어 호위를 했어야 되는 것을 짐이 그만 소홀히 한 게요. 짐의 허물이니 너그럽게 이해하오."

소후는 동성왕의 위로의 말을 듣고 비로소 짓눌려 있던 공포에서 헤어났다. 소후는 동성왕에게 방긋 웃어주었다.

동성왕은 원덕사 뒤 숲을 샅샅이 살피도록 측근 장수에게 명했다. 이튿날 동성왕은 장수의 보고를 받았다.

"대왕마마, 도둑이 자결한 시체로 발견되었나이다."

"고이헌 놈! 감히 소후를 노리다니, 붙잡혔어도 죽음을 면치 못했을 것이니라."

소후는 이 소식을 듣고 긴 한숨을 내쉬었다. 상불랑에 대한 미련이 털끝만큼도 남아 있지 않았다.

❋ 동성왕과 곰나루성

개로왕이 고구려의 세작인 중 신성에게 속아 위기에 처해 있었다. 임금은 태자 문주文周를 불렀다.

"태자야, 이 위기를 헤쳐나갈 방법이 무엇이겠느냐?"

"신라에 구원병을 청하는 일이 급선무이나이다."

"옳은 말이니라. 네가 신라로 가서 자비왕慈悲王에게 원군을 청해 오도록 하라!"

"예에, 마마."

태자는 고구려군이 포위한 도성을 빠져나와 신라로 달려가 자비마립
간에게 위급한 상황을 말하고 구원병을 요청했다. 신라에서는 1만 명의
구원병을 보내었으나 이미 때는 늦어 있었다. 도성이 고구려군에게 함락
당하고 개로왕의 시체가 아차성에 방치되어 있었다. 신라 1만 병사는 헛
걸음을 치고 돌아가버렸다.

개로왕의 뒤를 이은 문주왕은 아버지 개로왕의 시체를 아차성에서 껴
안고 몸부림친 후에 복수의 칼을 가슴에 품은 채 도읍을 곰나루성으로
옮겼다.

문주왕은 다음해 봄에 궁궐을 수리하고 한수 북쪽에 남아 있는 백성을
대두산성大豆山城으로 옮겼다. 그런 후 고구려에 복수전을 펴려고 영향
력있는 해구解仇를 병관좌평으로 삼아 군사를 조련토록 했다. 해구는 자
신감을 보였다.

"대왕마마, 신이 몇 해 동안 군사를 훈련시켜 고구려 평양성을 쳐서 선
대왕의 원한을 풀어드리겠나이다. 심려 놓으소서."

"고맙소, 병관좌평. 꼭 그리 해주시오."

문주왕은 말만 들어도 가슴이 뛰었다. 아버지의 원수를 갚지 못하면
지하에 가서 아버지를 뵐 면목이 없었다.

해구는 병권을 거머쥐고 군사훈련에 열성을 보였다. 그러는 한편 곰나
루성 개축이 시급한 상황이어서 매일같이 병사들을 사역병으로 빼돌렸
다. 실은 훈련보다는 성을 쌓고 궁궐을 짓는 데만 병사들이 힘을 모았다.

문주왕은 마음도 몸도 약했다. 나랏일을 감당하지 못해 아우 곤지昆支
를 내신좌평에 임명하여 내정을 맡겨버렸다. 곤지는 왕명을 받들어 밤낮
으로 쉴새없이 나랏일을 보았다. 그러다가 곤지는 병이 들어 1년 만에 죽
고 말았다. 문주왕은 자연히 해구에게 기대었다. 해구는 세력이 커지자
점차 왕명을 거슬렀다. 따라서 왕과 해구 사이에 알력이 생겼다.

문주왕은 재위 4년 만에 처음으로 조정 신하들의 사기를 진작시킨다

며 일부 군사를 동원시켜 교외로 사냥을 나갔다. 임금이 야영을 하고 있는데 해구의 부하 10여 명이 급습했다. 문주왕은 끝내 아버지의 복수를 시도해보지도 못하고 살해되고 말았다.

문주왕의 뒤를 아들 삼근왕三斤王이 이었다. 그러나 나이가 어려 정권은 해구의 손에 있었다.

삼근왕은 해구를 제거하려고 은밀히 음모를 꾸몄다. 해구는 이런 낌새를 눈치채고 은솔恩率 연신燃信과 모의한 후 대두산성에서 반기를 들었다. 삼근왕은 좌평 진남眞男을 불러 영을 내렸다.

"부왕의 원수 해구를 죽이시오!"

군사 2,000명을 주어 대두산성으로 출전시켰다. 그러나 진남은 해구의 적수가 못 되었다. 싸움에서 여지없이 패하고 말았다. 삼근왕은 진노眞老를 토벌대장으로 삼아 군사 500명을 주었다.

진노는 꾀가 있었다. 대두산성을 포위하지 않고 유인작전을 펴 해구의 군사가 성 아래로 내려오도록 했다. 해구는 적이 약하다는 것을 알고 일시에 성을 나와 산 아래로 내려왔다. 진노는 싸우는 한편 자객을 보내어 해구를 죽였다. 해구가 죽자 함께 반기를 든 연신은 고구려로 도망쳐버렸다.

삼근왕은 부왕의 원수를 갚았으나 재위 3년 만에 세상을 떠났다. 문주왕의 아우 곤지의 아들 동성왕이 뒤를 이었다.

동성왕은 고구려에 복수의 칼을 들이대려고 신라와 친교를 맺고, 또 신라의 여인을 소후로 맞아들였다. 그러는 한편 중국 남쪽에 새로 생긴 남제南濟와 통교하려고 내법좌평 사약사沙若思를 보내어 조공을 바치고, 궁궐을 중수하는 등 크게 활약했다. 근 10여 년 동안 군사력을 키운 후 곰나루 남쪽에서 열병식을 가졌다. 군사들의 사기가 하늘을 찔렀다.

이 무렵, 북위北魏가 자기 나라에 사신을 보내지 않았다는 것을 트집잡아 고구려를 거쳐 백제로 쳐들어왔다. 병관좌평이 군대를 인솔하고 나가 북위군과 맞섰다. 병관좌평이 외쳤다.

"북위는 전에 선대왕이 서로 통교하고자 사신을 보내어 칭신稱臣했으나 한번도 우리의 소원을 들어주지 않았다. 그런 자가 이제 우리 국경을 침탈했으니 그대로 둘 수 없다. 백제의 군사들이여! 북위군을 쳐서 우리의 기상을 알리자!"

"와! 와! 와!"

사기 드높은 백제군이 함성을 내질렀다. 백제군은 용감히 싸웠다. 북위는 백제군을 얕보고 있다가 패하고 말았다.

동성왕의 의기가 하늘에 뻗쳤다. 한편 고구려와 신라가 살수의 평원에서 싸워 신라의 군사가 포위되었을 때 동성왕은 고구려에 대한 복수전이라 여기고 3,000명의 군사를 보내어 신라를 도와 고구려 군사를 물리쳤다.

동성왕은 싸움에 이기고 하는 일마다 잘 풀리자 마음이 느긋해졌다. 탐라에서 조공을 받아 국고마저 넉넉해지자 유흥에 빠져갔다. 그리하여 곰나루강을 흐르는 물을 마음껏 누리고자 궁성 동쪽에 임류각臨流閣을 짓고 그곳에서 곰나루강의 푸른 물결을 완상하며 유흥을 즐겼다. 또 임류각 앞에 연못을 파고 강 상류에서 물을 끌어다가 폭포를 만들었다. 폭포 아래 연못에서는 금잉어가 놀았다.

임류각 좌우에는 석가산石假山을 만들어 기화요초를 심고 날짐승과 산짐승을 잡아다 기르게 했다. 이런 일에 쓰이는 국비가 엄청났다. 그러자 신하들이 가만있지 않았다. 간관諫官이 간절히 간했다.

"대왕마마, 검소하게 지내신 선대왕들을 생각해보소서. 사치는 끝이 없는 것이외다. 일국의 왕이 사치를 하면 신하들도 자연히 사치를 일삼게 되어 집을 대궐같이 짓고 온갖 집안 장식품에 눈독을 들일 것이나이다. 우리 나라는 근래 몇 년간 연거푸 흉년이 들어 백성들은 굶주림에 떨고 있나이다. 더구나 도둑떼마저 성하여 백성들이 안심하고 살 수 없을 지경이나이다. 마마, 임류각부터 문을 닫으소서. 그래야만 백성들이 살 수 있나이다."

동성왕은 발끈했다.

"그 무슨 소리인가! 백제는 짐의 대에 와서 많이 커졌도다. 멀리 탐라
국이 조공을 바치고 이웃 신라국과는 동맹관계이며 고구려도 감히 넘보
지 못하오. 이제 두려울 것이 무엇이뇨!"

동성왕은 여전히 유흥에 빠져 지냈다.

5월, 신록이 우거지자 동성왕은 신하들을 대동하고 임류각으로 나갔
다..곰나루강에서 갓 건져 올린 싱싱한 물고기로 매운탕을 끓여 술을 마
시며 강물을 감상했다. 동성왕은 술이 얼큰해지자 질탕하게 놀고 싶어
졌다.

"궁녀들을 이곳으로 불러오너라!"

곧 궁녀들이 임류각으로 왔다. 풍악이 울리고 춤사위가 간드러졌다.
밤이 되자 임류각 처마끝에 꽃처럼 등불이 걸렸다. 낮같이 밝은 임류각
에서는 밤새도록 풍악이 울렸다. 이따금 성수만세를 외치는 신하들의 함
성소리가 백성들의 마음을 아프게 했다.

"성수 만세!"

"대왕마마 만세!"

참으로 태평성대를 구가하는 듯했다.

가림성加林城에 주둔하고 있던 위사좌평衛士佐平 백가苩加는 동성왕에
게 불만을 품고 있었다. 궁성을 지키며 임금이 출입할 때 호위하는 임무
를 띤 그는 임금이 유흥에 빠진 뒤부터는 불만을 품었다.

"대왕마마, 임류각 행차가 잦으시옵니다."

"그대는 임무나 수행하라!"

동성왕은 귀담아들으려 하지 않았다.

"1년에 여러 차례 사냥하는 것은 불가하나이다."

"참견 말고 호위나 잘하라!"

백가는 임금의 영을 따르지 않는 때도 있었다.

동성왕은 백가를 궁궐에서 쫓아 가림성으로 보내었다. 가림성으로 쫓

겨난 백가의 불만은 한층 깊어졌다. 그가 궁을 떠난 후 동성왕의 유흥은 더욱 심화되었다. 백가가 심복들을 불러 은밀히 말했다.

"이대로는 아니 되겠소. 지금 곰나루성에서는 밤낮을 가리지 않고 임류각에서 임금과 신하들이 유흥에 빠져 있소. 헌데 우리의 처지는 어떻소? 임금을 없애고 새로운 세상을 만들어봅시다."

"옳은 말씀이오. 똑같은 신하이거늘, 어느 놈은 더운밥을 먹고 어느 놈은 찬밥 신세라니, 말이 되지 않소이다!"

"옳소! 임금을 밀어냅시다!"

백가의 무리는 동성왕을 처치할 기회를 엿보았다. 이런 줄도 모르고 동성왕은 태평성대를 구가하며 유흥에 빠져 지냈다. 뜻있는 간관들이 옳은 말을 간해도 동성왕은 귀를 막아버렸다. 나중에는 간관들을 아예 만나지도 않았다.

드디어 백가는 칼을 뽑았다.

"가림성의 군사들이여! 드디어 때가 왔다. 백제를 위해 우리가 나설 때가 되었다. 나를 따르라!"

백가는 정예부대에서 차출된 날쌘 군사 수십 명만을 거느리고 곰나루성으로 말을 달렸다. 곰나루성을 끼고 도는 강물은 도도히 흐르고 강 너머 언덕에 임류각이 천상의 누각처럼 날렵하게 앉아 있었다. 임류각은 이 밤에도 등불이 환하게 밝혀져 있었다.

"자! 강을 건너자!"

백가의 외침소리에 병사들은 정신을 차렸다. 임류각에서 흘러나오는 풍악소리에 병사들은 잠시 넋을 놓고 있었던 것이다. 부랴부랴 배에 올라 강을 건넜다.

어느 새 날이 새고 있었다. 임류각의 풍악소리도 멎어 있었다. 산새들이 잠이 깰 시각에 임류각의 인간들은 그제야 잠자리로 찾아들었다.

"장군, 오늘은 늦은 것 같소이다. 백주 대낮에 거사할 수는 없지를 않소?"

백가의 수하 장수가 말했다.

"내 생각도 같소. 때를 놓쳤소."

백가는 다음을 기약하고 일단 가림성으로 돌아갔다.

가을이 되자 동성왕은 사비성을 중심으로 인근 일대를 돌며 이제는 날마다 사냥에 빠져버렸다. 가을 한철을 사냥으로 보낸 임금은 겨울이 되어 눈발이 흩날리는 데도 사냥을 그만두지 않았다. 이 해 겨울은 눈이 많았다. 산야가 온통 은빛 찬란한 세상이었다.

어느 날 동성왕은 사비성 서쪽 말개(馬浦)에서 사냥을 하다가 날이 저물고 눈발이 새어져 그곳에서 머물기로 했다. 백가는 이 소식을 듣고 수하 병사 10여 명을 데리고 말개로 달려갔다. 임금은 말개에서 야영을 하고 있었다. 야영장 가까이 가서 보았다. 임금의 숙소에는 병사 한 명이 보초를 서고 있었다.

백가의 병사들이 살금살금 다가가 보초의 입을 틀어막고 목을 비틀어버렸다. 비명 한 마디 내지르지 못하고 보초는 생명줄이 끊겨버렸다.

백가는 부하 세 명과 함께 임금의 막사로 들어섰다. 막사 안은 큰 화로에 숯불이 이글거리고 침상에는 금침이 깔려 있었다. 임금이 계집을 끼고 곤히 잠들어 있었다. 백가의 칼이 동성왕의 목을 따버렸다.

"크억!"

동성왕이 꿈틀 움직이는 듯싶더니 이내 축 늘어져버렸다.

날이 밝자 가림성에서 나라를 새로이 세운다며 백가가 큰소리를 치고 있었다. 동성왕이 비명횡사하자 무령왕武寧王이 뒤를 이었다. 임금은 한솔扞率 해명解明에게 영을 내렸다.

"역적 백가를 쳐서 사로잡아오시오. 선왕을 살해한 연유를 물어야겠소."

해명은 군사를 이끌고 가림성으로 달려갔다. 백강白江 중류에 위치한 가림성은 천년 요새였다. 쉽게 떨어질 성이 아니었다. 무령왕이 해명을 적극 후원했다. 부왕의 원수를 하루빨리 갚고 싶어 임금은 총력전을 폈다. 고립된 가림성은 외롭고 쓸쓸했다. 성에 있는 백가와 병사들은 외로운 싸움을 벌이고 있었다. 맹렬한 공격을 퍼부어 백가를 사로잡았다.

"네 어찌 선왕을 시해했느냐?"

임금이 물었다.

"동성왕은 백성을 버리고 유흥에만 빠져 있었소. 뜻있는 신하들이 여러 차례 간했으나 듣지 않았소. 이대로 가다가는 나라가 거덜이 나겠기에 내가 의로운 칼을 뽑은 게요."

"허면 네게 어찌하여 동조자가 하나도 없느냐? 네놈이 임금이 되려는 욕심으로 부왕을 살해한 게 아니더냐!"

"유구무언이요."

"저자의 목을 베어 시체를 백강에 던져버려라!"

백가는 야욕이 지나쳐 스스로 화를 자초하고 만고의 역적으로 역사에 기록되었다.

❀ 첩자를 죽여라

동성왕 때였다. 신라와 고구려가 싸웠다. 신라는 전황이 불리해지자 백제 동성왕에게 구원병을 요청해왔다. 동성왕은 3,000병사를 신라에 파병했다. 신라는 백제의 구원병이 오자 재기하여 전선은 활기를 띠었다.

백제군은 가을 벌판에서 고구려군을 맞아 승세를 잡았다. 후퇴하는 고구려군을 백제군이 추격했다. 그런데 한길이 넘는 갈대숲을 헤치며 말을 달리는 낭자가 있었다. 비단옷이 갈기갈기 찢겨 있었고 얼굴은 질려 있었다. 백제의 기병 10여 기가 뒤를 쫓으며 외쳤다.

"저 계집을 놓치지 마라! 고구려의 첩자이니라."

"사로잡지 못하더라도 놓쳐서는 아니 된다!"

뒤쫓는 백제의 기병들이 화살을 날렸다. 화살 두 개가 낭자의 등에 꽂혔다. 낭자가 주춤하더니 이내 달리기 시작했다. 언덕만 넘으면 신라 땅이었다. 백제 기병에게 잡히느니 차라리 신라군에게 잡히기를 원했다. 백제군이 신라군보다 사납고 거칠다는 것을 낭자는 알고 있었다.

언덕 밑은 개울이 흘렀다. 개울을 경계로 신라 땅이었다. 낭자가 천신만고 끝에 언덕에 올라섰다.

"쉬잇!"

화살 한 개가 낭자의 등에 깊숙이 꽂혔다.

"으악!"

비명을 지르며 낭자가 언덕 밑으로 굴러 개울에 빠졌다. 백제 기병들이 언덕에 올라 이 광경을 보고 비장이 소리쳤다.

"저 계집을 건져라! 아직 죽지 않았을 게다!"

백제 기병 둘이 언덕 아래로 내려서는 순간이었다.

"쉬잇!"

개울 너머 숲속에서 화살이 날아와 백제군의 가슴팍을 꿰뚫었다.

"무슨 짓이냐!"

백제의 비장이 소리치는 순간, 개울 너머 숲에서 화살이 날아와 백제군을 쓸어버렸다. 백제 기병은 불의의 습격에 간신히 대밭으로 피했다.

"와아! 와아!"

개울 너머에서 함성이 터졌다. 신라군이 이래서는 안 되었다. 그동안 신라군은 백제군에게 사사로운 감정이 있었다. 그렇다고 해서 구원병으로 온 백제군을 신라군이 공격해서는 안 되는 일이었다.

"인정머리 없는 백제놈들! 화살을 맞고 물에 빠진 여인을 기어이 잡아 죽여야 옳단 말이냐! 저 가엾은 여인을 물에서 건져라!"

신라 군관이 큰소리로 말했다. 신라군 대여섯이 개울물로 뛰어들어 여인을 건졌다. 핏기는 가셨으나 따스한 온기가 남아 있었고, 숨소리가 들렸다. 낭자는 살아 있었다.

이날 밤, 여울을 사이에 두고 백제군과 신라군 사이에 치열한 싸움이 벌어졌다. 백제군이 신라군의 망동을 응징하려고 백여 명을 동원하여 신라군을 습격했다. 한심한 작태였다. 동맹군끼리 자중지란을 일으킨 것이다.

두 나라 군사들은 서로 뒤엉킨 채 창과 칼을 휘둘렀다. 시간이 흐를수록 개울물이 벌겋게 물들어갔다. 동맹군끼리 명분도 없는 싸움은 새벽이 되어도 그칠 줄을 몰랐다. 해가 동녘을 붉게 물들일 무렵 신라 군관 권시준權時俊은 슬그머니 싸움터에서 빠져나와 장막으로 돌아왔다. 여울에서 건져낸 낭자가 궁금했던 것이다. 권은 누워 있는 낭자의 어깨에 손을 얹었다.

"낭자, 좀 어떠시오?"

"오, 군관님!"

낭자가 눈을 뜨고 권을 반갑게 맞았다.

"이제야 정신이 드셨구려."

"상처도 조금 아문 듯싶나이다. 하오나 장막 밖이 소란스러운데 행여 이 몸으로 하여 싸움을 하지 않으시는지요?"

"꼭 낭자의 탓만은 아니오. 백제의 지원군이란 것들이 우리 신라군을 깔보아 이리 된 것이오."

"송구하기 짝이 없나이다."

"헌데, 낭자는 어이하여 백제군에게 쫓기고 있었소?"

"부끄럽사옵니다. 이 몸은 백제의 아녀자이옵니다. 개울 건너를 지키는 백제 비장 하나가 이 몸을 탐하여 추근거리며 첩으로 삼겠다고 졸라대었나이다. 이 몸의 부모님이 허락할 리 없고 이 몸도 너무나 기가 막혀 어찌할 바를 모르고 있었나이다. 헌데 그 비장이 이 몸의 집으로 병사들을 이끌고 와서 막무가내로 이 몸을 끌고갔나이다. 어머니는 병사들에게 걸어채어 쓰러지는 것을 이 두 눈으로 똑똑히 보았나이다. 이 몸은 개울 건너 백제 군막으로 끌려왔나이다."

"그후 어찌 되었소?"

"비장이 이 몸을 덮치려고 했나이다. 이 몸은 죽을 힘을 다해 반항했나이다. 이 몸에게는 몸에 품은 비수가 있었나이다. 그 비수로 비장의 어깨를 찌르고 장막 밖으로 나와 도망치다가 이곳에 이르렀나이다."

낭자가 설움이 복받쳐 이불 자락을 끌어당겨 얼굴을 가리고 흐느껴 울었다. 권은 연민의 정이 느껴져 가슴이 쓰렸다. 백제 비장은 낭자를 고구려 간첩으로 몰아붙여 낭자를 뒤쫓았던 것이다.

"용케도 잘 빠져나왔소. 이곳은 백제 진중이 아니니, 몸을 추스른 후에 집으로 돌아가시오."

"고맙나이다. 군관 나으리."

권 군관은 장막 밖으로 나왔다. 싸움은 그치지 않았다. 쌍방이 지친 터라 서로 노려보고만 있을 뿐 공격하지 못했다. 권은 싸움터로 달려가 다시 싸움을 부추겼다.

"백제 군사들아! 너희들은 비장의 색욕에 놀아나고 있다! 비장을 잡아 내 앞으로 데리고 오면 너희들을 살려 보내주겠다!"

권 군관이 외쳤다.

"개나발 불지 마라! 너희 나라를 도우려고 온 우리에게 창을 겨누는 신라의 개 같은 자식들아! 의리 없는 너희들을 개죽음시켜 주겠다!"

또 한바탕 싸움이 시작되었다. 쌍방 병사들은 창칼을 맞부딪치고 용을 썼다. 권 군관은 백제 병사 한 명을 무찌르고 다시 장막으로 들어갔다. 낭자가 반갑게 맞았다.

"다치신 데는 없나이까?"

"괜찮소이다."

"다행이나이다. 이 몸, 군관께서 다치시면 어쩌나 노심초사했나이다."

"고맙소. 헌데 낭자의 이름을 알려주시겠소?"

"향란香蘭이라 부르옵니다."

"이름처럼 낭자에게서는 난초의 향기가 풍기는 듯하오."

"부끄럽사옵니다."

권 군관의 가슴에 야릇한 감정의 물결이 일었다. 처음 느껴보는 심정이었다. 누워 있는 향란이 오래 전부터 알고 있는 낭자로 느껴졌다. 정이 새록새록 들고 있었다.

권 군관은 다시 싸움터로 나가보았다. 개울을 사이에 두고 두 나라 군사는 대치상태였다. 싸움에도 휴식이 필요했다. 이대로 싸움만 하지 않는다면 동맹군으로서 고구려군을 지키는 양군이었다. 권 군관은 다시 장막 안으로 들어왔다. 향란의 얼굴이 어른거려 보고 싶었던 것이다.

"낭자, 집에서 부모님이 얼마나 걱정하시겠소? 속히 쾌차하여 돌아가도록 하오."

말인즉슨 이랬으나 권 군관은 낭자가 오래오래 장막에 머물기를 바랐다.

"이 몸보다도 군관 나으리가 걱정이나이다. 이 몸으로 하여 군관 나으리께 변이 생긴다면 이 몸, 누구를 의지하겠나이까? 부디 싸움터에 나가지 마소서."

향란이 권 군관에게 은근히 호감을 보였다. 권 군관은 하늘을 나는 듯한 기분이었다. 드디어 향란이 마음의 문을 연 것 같았다. 두 사람은 눈을 맞추고 있다가 누가 먼저랄 것 없이 서로 껴안아버렸다.

"나으리, 이 몸을 버리지 마소서."

향란이 권시준의 품안에서 속삭였다.

"낭자, 염려 마오."

향란의 상처는 날이 지날수록 아물어갔으나 향란으로서는 반가운 것만은 아니었다. 상처가 나으면 장막에 머물 수 없었다.

두 나라 군사들 사이에 싸움이 벌어진 지 보름째 되는 날, 백제 진영에서 신라 진영으로 사람이 왔다. 권시준은 백제에서 화평을 청하러 온 것으로 짐작했다. 백제 군사軍使와 마주앉은 권시준이 먼저 입을 열었다.

"무슨 일로 오신 게요?"

"우리가 사소한 일로 싸운다는 것은 아무래도 명분도 없고 도리가 아닌 듯싶소. 신라 진영에서 보호하고 있는 계집은 고구려 첩자이니 그 여자를 처단하고 싸움을 끝냅시다."

"지금 무슨 말씀을 하시는 게요? 낭자는 간첩이 아닐 뿐더러 귀국의 비장이 흑심을 품고 흉계를 꾸민 것이외다."

"그 계집에게 속은 것이외다. 그 계집은 분명히 고구려 첩자외다."

"귀국 비장이 꾸며낸 말이외다. 믿을 수 없소!"

"잘 들어보오. 그 계집은 고구려 사람으로 본시 화류花柳 출신이요. 또 얼굴이 반반하고 영리하여 세작으로 뽑혀 이번이 세 번째로 백제와 신라의 국경을 넘나들며 활약했고. 그 계집의 목적은 백제와 신라의 나라 안 형편과 군사들의 배치상황·움직임 등을 살피고 이번처럼 국경을 왕래하며 백제와 신라를 이간질하여 싸움을 붙이려는 것이었소. 우리가 지금 싸우는 것은 그 계집의 농간에 넘어간 결과요, 아시겠소?"

권 군관은 정신이 아찔했다. 향란이 백제 군사의 말처럼 고구려 첩자라면 나라에 씻을 수 없는 죄를 짓고 있는 것이다. 그러나 권시준은 믿고 싶지 않았다.

"그럴 리가… 그토록 여리고 마음씨 고운 향란이 첩자라니, 믿을 수 없소."

"믿어야 하오. 그 계집을 백제군에게 넘기거나, 신라에서 직접 그 계집을 목베시오! 이 문제가 확대되어 상급부대에 알려진다면 권 군관께서는 대역죄인이 될 것이외다."

권시준은 눈앞이 캄캄해졌다. 판단이 서지 않았다. 백제 군사가 일어서며 물었다.

"어느 길을 택하겠소?"

"무얼 말이외까?"

"그 계집을 백제군에 넘기겠소, 아니면 신라에서 목을 치겠소?"

"우리가 목베리다."

"그렇게 하시오. 허나 서둘러야 할 게요."

백제 군사는 자기 진영으로 돌아가버렸다. 두 나라 사이에 더 이상 싸움은 일어나지 않았다. 싸움의 마무리를 권시준이 해야만 했다. 향란의 처단문제가 남아 있었다.

권은 향란이 묵는 장막 안으로 들어갔다. 백제 군사의 말이 참말이라면 향란의 목을 당장 베어야 옳다. 그러나 향란을 보는 순간, 마음이 약해지고 간첩이 아니라는 생각이 들었다.

"나으리, 무슨 일이 있었나이까? 안색이 몹시 안 좋아 보이나이다."

"아무렇지 않소."

"하온데 수심이 가득한 얼굴이나이다."

"낭자!"

권 군관은 향란을 불러놓고 목이 메었다.

"어인 일이나이까, 나으리?"

"지금 당장 이곳을 떠나야겠소."

"무슨 일이옵니까?"

"이유는 묻지 마오."

"나으리, 정녕 이 몸을 버리시겠나이까?"

"운명으로 아시오."

"나으리, 이 몸을 버리지 마소서."

향란이 권 군관에게 매달렸다. 싹튼 사랑을 버리기에는 향란의 인생이 너무나 굴곡진 삶이었다. 이제야 참된 사랑에 눈뜬 그녀에게 이별은 죽음보다 가혹했다. 권시준을 떠나면 그녀의 남은 인생은 잿더미였다.

고국 고구려를 생각해보지 않은 것은 아니었다. 임금이 한 말도 귀에 쟁쟁했다.

'네 몸에 고국 고구려의 운명이 달려 있다. 너는 고구려의 보배이니라. 임무를 수행하고 돌아와 웃는 낯으로 만나자!'

향란은 도리질을 했다. 지금은 고국보다 임금보다 사랑이 앞선 향란이었다. 화류계에 몸담고 있을 때 여러 사내와 몸을 섞어보았어도 느껴보지 못한 그 무엇이 권시준에게 있었다. 그것은 향란을 불태워버릴 듯한

강한 흡인력이었다. 권시준과 헤어질 수는 없었다.

"나으리, 이 몸을 보내시려거든 차라리 죽여주소서."

향란은 권시준의 품에 안겨 죽여달라고 몸부림쳤다.

"가시오, 낭자가 살 길은 이곳을 떠나는 일뿐이오."

권은 향란의 등을 떠밀었다.

장막 밖에 말이 대기하고 있었다. 권은 향란을 번쩍 들어 말 위에 태웠다. 그리고 자기도 말을 타고 앞장섰다.

"뒤돌아보지 말고 내 뒤를 따르시오!"

권은 향란을 차마 제손으로 목벨 수 없어 고구려로 돌려보내려고 했던 것이다.

두 마리의 말이 북쪽을 향해 달렸다. 20여 리를 달린 말이 고개 마루턱에서 멈추었다.

"나는 더 갈 수 없소. 부디 고국에 돌아가 악몽 같은 오늘을 잊고 행복을 누리시오!"

"나으리, 진정 이 몸을 사랑하신다면 죽여서 영혼이라도 함께하게 하소서."

"낭자는 아직 꽃다운 나이요. 살아서 밝은 세상을 보시오."

권시준은 말을 달려 고개를 내려가버렸다. 향란은 고개 마루턱에 그대로 서 있었다.

그날 밤, 권은 향란을 잊으려고 술을 마셨다. 아무리 퍼마셔도 정신은 별처럼 말똥말똥했다. 자정 무렵, 장막 안으로 스며드는 그림자가 있었다.

"누구냣!"

"쉬잇! 향란이옵니다."

"그대는 바보 천치인가? 어이하여 죽음의 장막 안으로 불나비같이 뛰어드는가?"

"나으리, 차라리 사랑하는 사람의 손에 죽고 싶나이다."

"그대의 조국을 버리겠다는 것인가!"

"이 몸은 고국도 부모도 형제도 다 부질없나이다. 오로지 군관 나으리 한 분, 사랑하는 낭군만이 있을 따름이옵니다."

"날더러 사랑하는 사람의 목을 쳐서 피를 묻히라는 것인가!"

"그래 주소서."

그날 밤, 권과 향란은 이별의 사랑을 밤새껏 나누었다. 서로가 샘물처럼 퍼주는 사랑이었다. 그 사랑의 샘물은 마를 줄을 몰랐다.

이튿날 정오, 권시준은 향란을 오랏줄에 묶어 백제 진영이 보이는 언덕으로 데리고 갔다. 백제 진영에서 언덕을 지켜보았다. 권이 외쳤다.

"백제 군사들이여! 고구려의 첩자를 목베겠노라! 이 첩자의 목을 베어 우리 두 나라 사이의 갈등을 해소하고자 하오? 우리는 동맹국임을 다시 한번 다짐해야 할 것이오!"

향란이 권의 눈을 찾았다. 눈에 물기가 번졌다. 향란은 행복을 느끼고 있었다. 사랑하는 남자의 손에 사랑을 확인받고 죽는 행복, 향란은 다른 한이 없었다.

"나으리, 저승에서 다시 만나자고 약속해주소서."

"낭자, 맹세코 약속하오."

"어서 죽여주소서."

"용서하오, 낭자!"

권시준이 긴 칼을 높이 들어 한칼에 향란의 목을 쳤다. 떨어진 머리가 꿈틀 움직였다. 잠시 후 향란은 웃음 띤 얼굴이었다.

권시준은 울음을 삼키며 향란을 언덕배기 양지바른 곳에 묻어주었다. 그리고 권이 그곳을 떠날 때까지 무덤에 하루도 거르지 않고 꽃을 바쳤다.

❀ 아비지와 9층탑

신라의 자장慈藏이 중국 태화의 못 주변을 경유할 때였다. 홀연히 할아버지 한 분이 나타나 물었다.

"어찌하여 여기에 왔는고?"

"보리를 구하러 왔나이다."

"그대의 나라에 어떠한 곤란이 있는고?"

"우리 나라는 북으로 말갈에 연하고 남으로 왜에 접하고 안으로 백제·고구려 두 나라가 국경을 범하는 등 이웃 외구外寇가 종횡하여 이것이 백성들의 환란이나이다."

"지금 그대의 나라가 여자를 임금으로 삼아 덕은 있되 위엄이 없는고로 이웃 나라가 도모하려는 것이야. 빨리 본국으로 돌아가게."

"고국에 돌아가 무엇을 하면 나라에 이익이 되겠나이까?"

"황룡사黃龍寺 호법룡護法龍은 나의 장자로 범왕梵王의 명을 받아 그 절을 보호하고 있다네. 그대가 고국으로 돌아가 그 절에 9층탑을 세우면 이웃 나라가 항복하고, 9한韓(아홉나라 오랑캐의 뜻)이 와서 조공하여 왕업의 길이 태평할 것이네. 탑을 세운 후에 팔관회八關會를 베풀고 죄인을 사면하면 왜적이 해하지 못할 것이며, 다시 나를 위해 경기 남쪽에 한 절을 짓고 나의 복을 빌면 나 또한 덕을 갚으리라."

말을 마친 할아버지는 자장에게 옥玉을 주고 홀연히 사라져버렸다. 할아버지는 천신이었던 것이다.

자장은 당나라 황제가 준 경상經象·가사袈裟·폐백幣帛을 가지고 귀국하여 탑 건립에 관한 일을 선덕여왕에게 아뢰었다. 선덕여왕이 신하들에게 물었다.

"탑 공사를 누구에게 맡기면 좋겠소?"

신하들이 입을 모았다.

"그 일이라면 백제인 공장工匠에게 맡겨야 할 줄 아나이다."

"백제에 사신을 보내어 공장을 추천해달라고 청하라."

신라에서는 사신이 보물을 가지고 백제로 가서 공장을 청했다. 백제에서는 아비지阿非知를 추천했다. 아비지는 신라로 와서 소장小匠 200명을 거느리고 탑 건립에 착수했다.

처음 탑의 기둥을 세우던 날이었다. 아비지의 꿈에 백제가 망하는 것을 보고 아비지는 그 뒤 일손이 잡히지 않았다. 그런데 홀연히 땅이 진동하고 어둡더니 한 노승과 장사가 금전문金殿門에서 나와 기둥을 세운 후 어디론지 사라져 보이지 않았다. 아비지는 크게 후회하면서 탑을 건립해 나갔다.

명산 높은 마루턱에서 산더미 같은 희귀한 돌덩이를 떼어오면 석공들이 정교하게 다듬었다. 그 다듬는 일이 1년도 더 걸렸다. 황룡사 안팎은 수많은 사람들이 모여 야단법석이었다.

아비지는 불길한 꿈을 꾼 이후 탑 건립에 회의를 느꼈다. 자연히 일손이 더디고 의욕이 없었다. 할 수만 있다면 중도에서 그만두고 싶었다. 그러나 국가간에 신의가 있고 또 백제 임금의 명을 받고 온 터라 마음대로 그만둘 수 없었다.

9층탑이 완성되어가면서 수상한 소문이 나돌았다.

"아비지는 공장이기도 하지만 백제의 세작이다!"

어디서부터 발설되었는지는 모르지만 이러한 소문이 빠르게 확산되어 갔다. 신라 석공들은 아비지를 대놓고 따돌리기 시작했다. 마음 같아서는 당장 돌로 쳐죽이고 싶었으나 워낙 기술이 뛰어나 죽이지는 않았다.

이러한 위험에 처한 줄도 모르고 아비지는 날마다 고국의 운명에 대한 생각과 아내를 그리워하며 하루하루를 보내었다.

서라벌로 떠난 지 두 해, 아내가 아들을 낳아 크게 자랐다는 소식을 들을 수 있었다. 아비지는 심신이 피로에 지쳐 피골이 상접해갔다.

다음해 봄, 아들이 홍역으로 죽었다는 슬픈 소식을 들었다. 아비지는 미칠 것만 같았다. 비록 얼굴도 보지 못한 아들이었으나 밤마다 상상으로 얼마나 그리던 자식이었던가. 아비지는 그만 앓아 누워버렸다. 아비지는 이국땅에서 돌보아주는 사람 하나 없이 열에 들떠 헛소리를 하는 지경이었다. 이러한 아비지를 신라에서는 첩자 누명까지 씌워 돌려보내려고도 하지 않았다.

드디어 9층탑이 완성되던 날, 병석에서 신음하던 아비지는 오랏줄에 묶여 포졸들에게 끌려갔다.

"이 무슨 짓이오!"

아비지가 죽을 힘을 다해 반항했다. 포졸들은 냉담했다.

"입 닥쳐! 백제의 첩자놈아!"

포졸들이 아픈 아비지에게 발길질을 해댔다. 아비지는 몸보다 마음이 아팠다. 자신의 운명이 저주스럽기까지 했다. 아비지는 감옥에서 임금의 교지를 받았다.

'백제의 첩자는 들을지어다. 그대는 왕명을 받은 몸으로 탑 건립에 정성을 다해야 했거늘 백제와 고구려의 음흉한 무리들과 꾀하여 존엄하신 탑의 규모를 샅샅이 통하려 하였으니 왕명으로 그대를 베노라.'

아비지는 교지를 받들고 크게 성을 내었다. 도무지 알아먹지 못할 애매모호한 교지였고, 죽이려는 목적이었다.

"네 이놈들! 나는 탑을 건립한 죄밖에 없다. 네놈들은 내게 누명을 씌워 죽이려 하는데, 하늘이 무섭지도 않느냐! 나는 신라에 공은 있을지 몰라도 죄는 털끝만큼도 없다!"

아비지의 항거는 무기력하기만 했다. 아비지는 형장으로 끌려가 목이 떨어지고 말았다. 억울하고 원통한 죽음이었다.

황룡사 경내가 하나 둘 등불이 꺼지기 시작했다. 넓은 경내는 이내 어둠 속에 파묻혀버렸다. 독경소리도 그치고 풀벌레소리가 가냘프게 들려왔다. 자정 무렵, 대웅전과 마주서듯 높이 솟은 9층탑 밑에서 꿈틀거리는 물체가 있었다. 신라의 온 정신과 혼이 깃든 나라의 보배요 수호신인 9층탑은 높이 225척이었다.

자장 율사가 오대산 사리 100개를 이 탑 기둥 가운데와 통도사 계단戒壇, 대화사탑에 나누어 안치하여 지룡池龍의 소청所請까지 이루어 그 영검함이 온 천하에 빛이 되고 있었다.

자정부터 9층탑 기단에서 꿈틀거리는 물체의 손에 호미가 들려 있었다. 그 호미로 9층탑의 기단을 파고 있었다. 탑 밑의 흙이 조금씩 파여갔다. 연약한 여자의 몸으로 탑을 무너뜨린다는 것은 어불성설이었다. 여인은 혼신의 힘을 다하여 탑 밑을 팠다.

"여보, 당신의 혼령이 계시다면 내게 힘을 실어주시어요. 이 몸은 당신의 원한과 백제의 원한을 풀어주려고 이 탑을 무너뜨리려는 것이어요."

아비지의 아내였다. 아내는 남편이 탑이 완성되는 날 간첩으로 몰려 죽었다는 소식에 그만 사생결단의 결심을 하게 된 것이다. 백제에서는 어찌 된 일인지 항의 한 마디 없이 조용하기만 했다. 다만 백제 백성들만이 아비지의 억울한 죽음을 안타까워하고 울분을 터뜨렸다.

아비지의 아내는 몰래 신라로 잠입하여 남편의 목숨을 앗아간 9층탑을 무너뜨려 원수를 갚고 싶어 한밤중에 무모한 일을 벌인 것이다.

어느새 축시, 조금만 있으면 황룡사는 잠에서 깨어나 대중들의 발걸음이 끊이지 않을 것이었다. 절은 새벽기도를 시작으로 활기를 띠어 갈 것이었다. 마음이 다급할수록 일은 더디었다. 손끝에서 피가 나고 등은 땀으로 축축이 젖어 있었다.

'그래, 이 9층탑으로 하여 너희 신라만이 부흥하고 이웃 나라는 망해도 된다는 말이렷다? 9층탑으로 하여 아홉 나라가 조공을 바칠 것이라고? 그 아홉 나라는 1층이 일본, 2층이 중국, 3층이 오월吳越, 4층이 탁라托羅, 5층이 응유膺遊, 6층이 말갈, 7층이 단국丹國, 9층이 여적女狄, 9층이 예맥이라고? 고구려와 백제는 9층 예맥에 속하는 것이렷다. 그런데 왜 탑을 건립한 내 남편을 죽였더란 말이냐? 절대로 용서할 수 없다!'

아비지의 아내는 이를 갈았다. 분노는 한순간이었다. 심신이 지친 아내는 감각을 잃고 건성으로 호미질을 하다가 그만 의식을 잃어버렸다. 희미한 의식 속에 아비지의 모습이 보였다.

"여보, 이 탑을 무너뜨리기 전에는 죽을 수 없어요. 여보, 도와줘요."

힘껏 외쳤으나 말은 입안에서만 뱅뱅 돌았다. 아비지는 자기를 따라

오라는 듯이 성큼성큼 앞서 걸어갔다.

"여보, 같이 가요!"

아내는 한 마디 외치고 가물거리는 의식마저 놓아버렸다. 날이 훤히 밝아왔다. 여인이 살며시 눈을 떴다. 눈앞에 아비지의 얼굴이 나타났다.

"여보, 살아 있었구려. 이 몸을 안아 일으켜주어요."

아비지는 환하게 웃었다. 아내는 두 손을 벌리고 애원했다.

"이 몸이 가엾지도 않나이까? 어서 안아 일으켜줘요."

그제서야 아내를 내려다보고 있던 스님이 입을 열었다.

"깨어나서 천만 다행이오. 소승은 아비지가 아니라 황룡사에 잠시 머무는 자장이라 하오."

어느 새 자장의 주변에 스님과 신도들이 모여 있었다. 아비지의 아내는 환상에서 깨어나 솟구치는 눈물을 손등으로 문질렀다.

"아니, 저 여인의 머리에서 피가 흐르오."

스님 한 분이 외쳤다. 그리고 여인에게 바싹 다가가려고 했다. 자장이 이를 막았다.

"그만 놓아두어라. 여인이 살아남기는 이미 늦은 것 같다. 그 대신 품은 원한은 씻은 듯하구나. 여인은 지금 9층탑을 무너뜨리고 남편 아비지와 만나고 있느니라."

말을 마친 자장은 부릅뜬 여인의 눈을 감겨주었다. 눈가의 눈물이 채 마르지 않았다. 아비지의 아내는 남편이 쌓은 탑 밑에서 자장의 말대로 원한을 씻고 죽은 것이다.

"나무아미타불 관세음보살."

자장은 합장을 하고 경문을 외웠다. 모인 스님과 신도들이 여인의 명복을 비는 경문을 자장을 따라 외웠다. 여인의 죽음은 외롭지 않았다. 남편 아비지의 영혼이 깃든 9층탑 밑에서 영면을 하게 된 것이다.

❀ 소금 굽는 스님

전북 고창 선운산은 선녀들이 구름을 타고 내려왔다고 하여 붙여진 이름이다. 이 선운산 산기슭 선운리에는 이따금 산적과 해적이 나타나 백성들을 괴롭혔다. 이 마을 사람들의 평화를 깨는 도적떼들은 두고두고 골칫거리였다. 그렇다고 마을을 도적에게 비워주고 떠날 수도 없었다.

마을 사람들이 도적을 막을 궁리에 골머리를 썩고 있는데, 어느 날 마을에 낯선 노인 한 분이 나타났다. 노인은 마을 촌장을 찾았다. 노인과 촌장이 만났다.

"노인장, 이 마을에는 어찌 오셨나이까?"

"나는 보시다시피 떠도는 인생이외다. 허나 굼벵이도 뒹구는 재주가 있다고 이 늙은이에게도 재주가 있다오. 소금과 종이를 만드는 법을 알고 있소이다. 내가 보기에 이 마을이 소금을 굽고 종이를 만드는데 좋은 입지여서 들렀소이다. 이곳에서 움막을 짓고 살도록 허락해주시겠소?"

"이 마을에는 큰 고민이 하나 있나이다. 이따금 도적과 해적이 나타나 마을 주민들을 괴롭힌답니다. 노인장께서도 그들을 피할 수 없을 터, 그래도 괜찮으시다면 움막을 지으시지요."

"제까짓놈들이 와봤자 빈털터리 늙은이를 어쩌겠소. 허락해준다면 이곳에서 살까 하오."

"좋도록 하시지요."

노인은 마을 입구에 움막을 짓고 살았다. 노인은 근면했다. 한시도 놀지 않고 몸을 움직였다. 닥나무를 삶아 종이를 만들고 인근 해변에 나가 바닷물을 퍼서 소금을 만들었다. 마을 사람들은 종이를 만들 때나 소금을 만들 때 노인을 따라가 일을 거들어주며 배웠다.

노인은 인자하고 너그러워 마을 주민들, 특히 아이들이 잘 따랐다. 아는 것도 많아 마을 사람들이 모르는 것을 노인은 다 알고 있었다. 노인은 자연히 이 마을의 스승이 되었다.

어느 날이었다. 그날도 노인이 바닷가로 나가려는데 한 아이가 숨을 헐떡이며 달려와 알렸다.

"할아버지, 야단났어요."

"이놈아, 숨이나 쉬고 말하렴. 그러다가 숨넘어가겠다."

"큰일났다니까요."

"이놈아, 큰일이라는 게 대체 뭐냐?"

"산적들이 나타났어요."

"나타났으면 만나야지."

노인이 막 움막을 나서는데 산적들이 들이닥쳤다.

"어? 못 보던 영감일세. 그나마 더 살고 싶으면 가진 것 몽땅 내놓으시오!"

"원 성질도 급하시우. 내가 사는 꼴을 보시오. 이 움막에 무엇이 있겠소? 가진 것이라고는 소금밖에 없소. 그거라도 갖고 가려면 맘껏 퍼가시오."

산적들은 노인의 느긋하고 여유 있는 모습을 이상하게 여겨 저희들끼리 수군거렸다.

"아니, 저 영감이 무슨 배짱으로 우리를 전혀 무서워하지 않지?"

"인생 볼짱 다 본 목숨이라 될 대로 되라는 식이겠지."

"그래도 그렇지. 다른 노인들은 우리를 보면 겁에 질려 벌벌 떠는데 이 노인은 별난 데가 있어."

"잔말 말고 소금이나 갖고 가자구."

산적들은 소금을 한 짐 짊어지고 움막을 떠났다.

한동안 마을이 평화로웠다. 어느 날 한 아이가 달려와 말했다.

"할아버지, 바다에 이상한 배가 떠 있어요."

"해적이 나타났느냐?"

"아니래요. 사람이 없는 빈 배래요. 사람이 보이면 배가 물속으로 잠기고 사람이 없으면 물 밖으로 나오는 이상한 배래요."

노인이 아이와 함께 바닷가로 나갔다. 그런데 그 이상한 배가 노인을 향해 쏜살같이 달려왔다. 이 모습을 보고 따라온 마을 사람들의 눈이 휘둥그레졌다.

"어찌 된 일이야? 사람을 보면 물속으로 잠기던 배가 노인을 보고 달려오다니… 거 참 신기한 일이네."

배가 노인 앞으로 다가오자 노인은 망설이지 않고 배에 올랐다. 그때였다. 하늘에서 음악 소리가 들리고 백의동자가 나타나 말했다.

"할아버지, 저는 인도에서 공주님의 심부름으로 두 분의 금불상을 모시고 왔나이다. 공주님께서는 동쪽 해뜨는 마을의 소금 굽는 할아버지에게 이 불상을 전하고 성스러운 땅에 모시도록 이르라 하셨나이다."

"오, 그러시오? 선제 동자여, 고맙나이다."

노인이 동자에게 합장을 했다. 동자는 어느 새 사라지고 없었다. 노인은 마을로 돌아와 마을에 암자를 짓고 동자가 전해준 관세음보살과 지장보살을 모셨다. 노인은 그날부터 염불에 열성을 보였다.

그러던 어느 날이었다. 산적들이 또 나타나 노인에게 소금을 내놓으라고 윽박질렀다. 노인이 웃으면서 말했다.

"이걸 어쩌나. 내가 요사이 불공을 드리느라고 소금을 만들지 못했다오. 오늘은 그냥 가야겠소이다."

"이보시오, 영감. 부처님만 바라보고 있으면 밥이 나옵니까, 옷이 나옵니까? 그만 치우시오!"

"허허, 말이 심하오. 성스러운 법당에서 감히 부처님을 욕하다니, 몹쓸 사람들이로다!"

노인이 위엄을 갖추어 나무라자 산적들이 약이 바짝 올라 대들었다.

"뭐야? 이 영감탱이가 죽고 싶은 모양이구나. 오늘이 당신 제삿날이야!"

이때였다. 어디선가 송아지만한 호랑이가 나타났다. 놀란 산적들이 칼과 창으로 호랑이를 위협했다. 그러자 노인이 호랑이 가까이 다가가 머리를 쓰다듬었다.

"마음 쓸 것 없다. 이 자들도 알고 보면 선한 사람들이니라. 너는 숲으로 돌아가거라."

"어흥!"

호랑이는 크게 한번 포효하더니 노인에게 절을 하고 숲으로 들어갔다. 이 광경을 목격한 산적들이 노인을 예사롭게 보지 않고 당장 그 자리에서 무릎을 꿇었다.

"노인장, 용서하소서. 저희들이 기인을 알아뵙지 못하고 무례를 저질렀나이다."

산적들은 땅에 머리를 조아렸다.

"앞으로 어찌 할 것인가?"

"이 시각부터 산적을 때려치우고 새 사람이 될 것이나이다. 저희들에게 살 길을 열어주소서."

"잘 생각했네. 내 오늘부터 부처님께 올리는 기도를 잠시 멈추고 그대들에게 소금 만드는 법을 알려주겠네. 열심히 배워 새 삶을 일구도록 하게."

노인은 산적들에게 소금 만드는 법을 가르쳐주었다. 이 소식을 들은 해적들도 해적질을 그만두고 노인에게 달려와 가르침을 받았다. 노인은 해적과 산적들에게 적성에 맞는 대로 소금 만드는 법과 종이 만드는 법을 가르쳐주었다. 그리고 이들을 부처님께 인도하여 불제자로 만들었다.

어느 날이었다. 노인이 길 떠날 채비를 차렸다. 마을 사람들이 달려왔다.

"어찌하여 이 마을을 떠나시려 하나이까?"

"이 마을에서 내 할 일이 끝났소이다."

"어디로 가시나이까?"

"발길 닿는 대로 가려오."

"존함이나 알려주소서."

"늙은이에게 존함씩이나… 아는 사람들은 나를 검단黔丹이라 부른다오."

"오, 노인장께서 그 유명한 검단 스님이었구려."

마을 사람들은 또 한번 놀랬다. 검단은 진각국사로서 신라 문성왕 때의 인물이다. 전날의 도둑들은 그제서야 검단 스님의 뜻을 알고 머리를 깎고 모두 중이 되었다.

❀ 설화로 남은 정략결혼

선화 공주님은
남몰래 시집 가서
서동방을
밤이면 뭘 안고 간다

향가의 하나로 알려진 '서동요薯童謠'이다. 신라 진평왕의 둘째딸 선화공주와 백제 제29대 무왕武王 사이에 있었던 사랑의 동요이다. 무왕은 마(薯蕷)를 캐는 서민 출신이었다. 신라 진평왕의 둘째딸 선화공주가 절세가인이라는 소문을 듣고 서동은 경주에 잠입, 서동요를 지어 아이들에게 부르도록 했다.

선화공주는 서동요를 듣고 마음이 동해 밤에 몰래 서동을 만나 사랑을 속삭였다. 미천한 신분으로 더구나 백제 사람인 서동이 감히 신라 공주와 사랑을 나눈다는 것은 그야말로 동화 속의 이야기이다. 신분에 따라 의복과 가옥마저도 엄격히 구별되었던 당시에 국적과 신분이 서로 달랐던 두 남녀의 사랑은 현실적으로 불가능하다. 그러나 이 설화를 통해 6세기 사회의 한 단면을 엿볼 수 있다.

백제 무왕의 이름은 장璋이고 어릴 때 이름은 서동이다. 홀로 지내던 그의 어머니가 집 옆에 있는 못 속의 용과 정을 통해 서동을 낳았다. 서동은 그가 마를 캐어 생활을 꾸려나가 사람들이 붙여준 이름이다.

서동과 선화공주는 서동요가 동기가 되어 사랑을 나누게 되고 급기야 공주는 이 사실이 발각되어 지방으로 귀양을 가게 되었다. 귀양을 떠날 때 공주는 어머니 왕비로부터 노잣돈으로 황금 한 말을 받았다. 귀양가는 길에 선화공주는 서동을 만나 함께 백제로 왔다.

두 사람은 사랑에 승리하여 백제로 온 후 공주가 가져온 황금으로 살림을 꾸려나갈 의논을 했다. 서동은 황금을 보고 마를 캘 때 본 것으로, 주워다가 버린 기억이 떠올라 공주에게 그 말을 했다. 공주는 깜짝 놀라 그 황금광을 찾아서 금을 캐라고 하여 서동은 금광을 찾아 금을 캐어 산더미처럼 쌓아놓았다.

공주는 금을 신라의 부모님께 보내기 위해 용화산龍華山(지금의 익산 미륵산) 사자사獅子寺의 지명知命 법사에게 의논했다. 법사는 귀신의 힘을 빌려 하룻밤 사이에 황금을 신라의 궁전에 날라다주었다. 진평왕이 이를 신기하게 여겨 딸과 편지를 주고받았다. 그후 서동은 인심을 얻어 백제의 임금이 되었다.

어느 날 무왕이 왕비와 함께 사자사로 가는데 용화산 아래의 큰 못에서 미륵삼존彌勒三尊이 나타났다. 그래서 그곳에 큰 절을 짓기로 했다. 큰 못을 메우고 미륵 3존을 모실 전각과 탑과 회랑을 각각 세 곳에 따로 짓고 미륵사라 했다. 이 절을 지을 때 신라 진평왕이 기술자를 보내주었다.

서동 설화에서 가장 흥미로운 대목은 서동과 선화공주의 결혼 대목이다. 이 결혼에 대해서는 세 가지 설이 있다. 첫째, 이 결혼은 백제와 신라가 혼인동맹을 맺은 사실을 반영한 것으로 곧 백제 동성왕과 신라 왕족 딸의 결혼이라는 설이다. 그래서 서동을 무왕이 아닌 동성왕으로 보기도 한다. 둘째, 이 결혼 이야기는 미륵사를 지을 때의 연기설화緣起說話(사원寺院 등을 건설하기까지에 이른 유래와 부처님·고승들의 영검을 말한 것)의 일부로서 전체 내용은 다분히 설화적이라는 견해이다. 셋째, 이 결혼은 전혀 역사적인 사실이 아니라 당시 마를 캐던 평범한 서동들의 꿈과 희망을 설화적으로 표현했다는 견해이다.

그러나 역사적 해석 방법으로는 첫째의 견해가 현실성이 뚜렷하다. 그 당시의 시대상황은 고구려가 불세출의 영웅 연개소문을 배출, 당나라를 상대로 연전연승의 전과를 올려 산동·산서·하북 등 3성을 전쟁 배상으로 받아내는 쾌거를 이루었다. 한반도에서는 신라가 백제를 상대로 어려운 고비를 여러 번 넘겼다. 이 무렵에 서동요가 탄생했다.

서기 555년 남부여(백제)의 성왕聖王을 죽인 후 가야연맹마저 흡수시켜 영토를 확장시킨 신라는 곰나루 백제 시절부터의 거수국의 위치에서 벗어나 남부여의 백제에게 독립을 선언했다. 백제측도 국력이 약해져 신라의 요청을 그대로 받아들일 수밖에 없었다.

백제의 위덕왕은 신라의 진평왕에게 사신을 보내어 그동안 불편했던 두 나라 사이의 분쟁을 종식시키고 평화를 유지하기 위해 양국 왕가의 결합을 제의했다.

신라의 진평왕에게는 왕자는 없고 공주만 셋 있었다. 맏이는 덕만공주로서 일찍이 불교에 심취, 궁을 떠나 출가한 몸이었다.

그리고 둘째가 선화공주(설화에는 셋째 공주로 나옴)로서 아름다움이 먼 이웃 나라인 백제에까지 소문이 퍼졌다. 서동왕자는 선화공주와의 결혼을 은근히 바랐다. 진평왕의 셋째 공주는 천명으로 후에 김용춘에게 시집갔다. 진평왕은 백제의 제안을 받아들여 선화공주를 서동왕자에게 시집보내었다. 그리하여 백제와 신라 사이에는 2대의 왕을 거쳐 무왕이 등극하기까지 전쟁이 한번도 없었다.

서기 600년 서동왕자가 백제의 무왕이 되었다. 무왕 등극 후 신라와 백제의 평화는 신라 쪽의 야심으로 깨어지고 말았다. 신라는 왕위계승 문제로 고민이 많았다.

진평왕에게 아들이 없어 당연히 백제로 시집을 간 둘째 공주 선화에게 왕권이 돌아가야 마땅했다. 맏공주 덕만은 이미 중이 되었으므로 서열로 보아 선화가 왕위를 계승할 우선권이 있었다. 그러나 야심만만한 진평왕의 막내 사위 김용춘이 이미 중이 된 맏공주 덕만을 궁으로 불러들여 놓고 실권을 잡았다. 이 덕만이 선덕여왕이다.

김용춘의 속셈을 알아차린 무왕은 좌시할 수 없었다. 백제의 왕비 선화가 신라의 왕이 되면 백제와 신라는 평화를 지키며 태평성대를 누릴 수 있었다. 그런데 김용춘이 농간을 부려 평화를 깨버리자 무왕은 김용춘을 응징하려고 군사를 일으켰다. 무왕은 아막산성阿莫山城(지금의 운봉)을 공격했다. 신라는 소타 · 외석 · 천산 · 옹잠(지금의 덕유산)에 성을 쌓고 백제의 공격을 막았다.

무왕은 좌평 해수解讐를 대장군으로 삼아 신라 4성을 공격했다. 이에 신라는 건품乾品과 무은武殷을 내세워 맞섰다. 그리하여 백제와 신라는 충북의 괴산 · 연풍 · 보은 등지와 지리산 부근의 무주 · 용담 · 금산 · 지례, 덕유산 동쪽의 함양 · 운봉 · 안의 등지에서 치열한 접전을 벌였다. 무왕은 싸움이 확대되자 직접 싸움터에 나섰다. 신라는 김용춘을 대장군으로 삼아 출전시켰다. 동서同壻간에 맞붙은 싸움이었다. 백제와 신라는 이때부터 철천지 원수가 되어 백제가 망할 때까지 혈전을 벌였다. 평화를 위한 정략결혼이 결국에는 망국에 이르는 전쟁의 화를 불러들이고야 말았다.

서동 설화는 역사에 비해 아름답고 고귀하다. 가난했던 서동이 홀어머니를 모시고 마를 캐어 생활했던 이야기, 서동이 공주와 결혼하여 황금을 팔아 부자가 된 모습, 또 경제적인 부와 백성들의 민심을 얻어 지배층으로 신분을 상승시킨 점 등 인간 유형들이 서로 얽혀 살아가는 그 시대의 역사상을 반영하고 있다. 전쟁으로 얼룩진 역사적인 기록보다는 설화가 훨씬 꿈과 희망을 주고 다양한 삶의 모습들을 보여준다. 그래서 설화는 역사보다는 새로운 생명력으로 또 다른 역사를 재창조할 빌미를 제공하기도 한다.

❀ 바위가 된 청년

백제의 도읍지 공주에 게으름을 피우는 청년이 살고 있었다. 그는 어려서부터 가난하여 굶기를 밥 먹듯이 했다. 게다가 일할 생각을 하지 않고 게으름을 피워 앞길이 캄캄해 보였다. 실컷 게으름을 피우다가 몹시 배가 고프면 개처럼 어슬렁 어슬렁 이 집 저 집 문전을 돌며 동냥밥을 얻어먹었다. 얻어먹는 주제에 마음씨마저 고약했다.

어느 날 아침이었다. 청년은 아침을 얻으러 나가기도 귀찮아 어제 저녁에 먹다 남은 찬밥덩이를 찬물에 말아 먹고 있었다. 그때 나이 지긋한 스님 한 분이 찾아와 시주를 구했다.

"지나가는 중이올시다. 아침을 굶어 몹시 시장하다오. 찬밥이라도 있으면 나누어주시겠소?"

"딴 데 가서 알아보시오. 나 먹을 것도 없수다."

"찬물에 만 밥이라도 한 술 뜹시다."

"거 참, 아침부터 재수없게 뭐 하자는 수작이요! 내 참 더러워서…"

청년은 방문을 꽝 닫아버렸다. 스님은 뒤돌아서서 주문을 외듯 중얼거렸다. 그러자 방안에서 청년의 비명소리가 들렸다.

"아이구 배야! 나 죽네. 나좀 살려주소!"

스님은 못 들은 체하고 그냥 떠나버렸다. 때마침 청년의 집앞을 지나가던 마을 박 의원이 비명소리를 듣고 안으로 뛰어들었다.

"왜 그러는가?"

"갑자기 창자가 꼬인 것처럼 아프오."

"배 어디가 그런가?"

"오목가슴 밑이오."

"음, 급체한 게로군."

박 의원은 침 한 방에 청년의 신음소리를 가라앉혔다.

"이 사람아, 아침부터 찬밥을 먹으니 급체에 걸린 게지. 게으름 피우지 말고 부지런히 일해 더운밥을 먹게나."

배가 낫자, 청년은 엉뚱한 생각을 했다.

'내가 왜 그 생각을 못 했지? 박 의원의 돈을 울궈내면 한평생을 편히 더운밥을 먹고 살 터인데…'

이튿날 청년은 박 의원댁을 찾았다. 청년이 박 의원에게 들이댔다.

"이보시오 영감님! 사람이 그러면 못써요. 내 병을 고쳐줍네 하고 내가 그동안 안 먹고 안 입고 모아둔 돈 1만 냥을 감쪽같이 훔쳐갔지? 어서 내놓으시오. 만약 내놓지 않으면 관가에 고발하겠소!"

"이 사람이 지금 무슨 소리를 하는 게야? 병을 고쳐주었더니 나를 도둑으로 모는 게야?"

"잔말 말고 내 돈 1만 냥 내놓아!"

"미친 놈이로군. 썩 물러가라!"

박 의원은 청년을 상대하지 않았다. 청년은 고을 태수를 찾아가 하소연을 늘어놓았다.

"태수 나으리. 이놈은 거렁뱅이 소리를 들어가면서 한푼 두푼 모아 1만 냥을 모아놓았나이다. 그런데 박 의원이란 응큼한 영감이 내가 아픈 틈을 타 침을 놓아준 뒤 1만 냥을 훔치고는 시치미를 떼고 있나이다. 저의 억울함을 풀어주소서."

태수가 박 의원을 불렀다.

"청년의 말이 사실이오?"

"천부당만부당하나이다. 소인은 평생 동안 남의 병을 돌보며 정직하게 살아가고 있나이다. 이번 일은 게으르고 마음씨 고약하기로 소문난 청년이 꾸민 일이오니 현명한 판단을 내려주소서."

그러나 태수는 청년의 손을 들어주었다.

"내가 보기에 청년은 정직해 보이오. 박 의원이 순간적인 실수로 그럴 수 있다고 보오. 1만 냥을 청년에게 돌려주시오."

"태수 나으리, 억울하나이다."

"내 심판에 따르라!"

태수가 역정을 내었다.

하루 아침에 인생이 뒤바뀌었다. 청년은 부자가 되고 박 의원은 쪽박을 차는 신세로 전락해버렸다.

청년은 좋은 집으로 이사하여 거드름을 피우며 살았다. 어려운 이웃에 선심을 쓰는 듯이 이자돈을 빌려주고 제 날짜에 갚지 않으면 물건을 강제로 빼앗아오는 등 날이 갈수록 횡포가 심해졌다. 청년은 이제 장가까지 들고 싶었다. 이웃집에 김 생원이 있었는데 가세가 기울었다. 김 생원에게 딸이 하나 있었다. 예쁘고 얌전하여 눈독을 들이는 청년이 많았다.

어느 날 청년이 김 생원을 찾았다.

"소인이 김 생원을 돕고 싶소이다. 가을 농사를 수확할 때까지 댁에서 필요한 식량과 농사에 필요한 돈을 대겠나이다. 아무 부담 없이 받아주셔도 되나이다."

김 생원은 평이 좋지 않은 청년의 말에 어리둥절해졌다.

"호의는 고마우나 도움을 받지 않겠네."

"소인이 그냥 드리면 의심하실 터, 이자는 받지 않을 테니 그리 아시고 받아주소서."

"정녕 원금만 상환하라는 말인가?"

"그렇사옵니다."

김 생원은 청년의 마음을 헤아려보지도 않고 워낙 궁한 터여서 청년의 호의를 받아들였다. 김 생원은 청년 덕분에 그해 농사를 돈 걱정 없이 잘 지었다.

가을이 되었다. 청년은 김 생원에게 빌려준 돈의 상환을 요구했다. 그러나 김 생원은 다른 곳에 빚진 곳이 많아 다 갚고 나니 빈털터리가 되었다. 할 수 없어 김 생원은 청년에게 1년 만 봐달라고 사정했다. 청년이 그제서야 마각을 드러냈다.

"그럴 것이 아니오라 댁의 따님을 소인에게 시집보내소서."

"뭐라고? 네놈이 내 딸을 노리고 돈을 빌려주었더냐?"

"그렇소이다. 돈을 갚든지 따님을 내놓든지 하시오!"

"네 이놈, 이도저도 할 수 없다!"

둘이 옥신각신 다투고 있는데 밖에서 염불 소리가 들렸다. 김 생원이 대문을 열어보니 스님이 서 있었다. 청년이 스님을 보고 눈을 꿈벅였다. 가난한 시절 청년의 집에 와서 시주를 구하던 그 스님이었다. 청년이 김 생원을 제쳐두고 스님 앞으로 다가섰다.

"이보시오 스님, 왜 또 온 게요? 지난번에 스님이 다녀간 후 배가 뒤틀려 혼이 났소. 이번에는 또 나를 무엇으로 괴롭히려오?"

"소승, 시장하여 한 끼 밥을 부탁하려던 참이오."

"거짓말 마라!"

청년이 몽둥이를 찾아 들고 스님을 내려치려고 했다. 스님은 피할 생각을 하지 않고 염불만을 욀 뿐이었다. 그런데 이상한 일이 벌어지고 있었다. 청년이 스님을 내려치려고 높이 치켜든 손이 움직여지질 않았다. 그러고는 청년의 몸이 서서히 바위로 변하는 것이었다.

"그대는 어찌하여 사람의 탈을 쓰고 짐승만도 못 한 마음을 쓰는가? 사람이 사람답게 마음을 쓰지 않으면 개나 돼지보다 나을 게 뭐란 말인가? 욕심쟁이 청년아! 그대는 죗값으로 이 세상 사람들이 모두 착한 마음으로 살아갈 때까지 바위로 서 있으라!"

스님은 이 말을 남기고 어디론가 홀쩍 떠나버렸다. 지금도 '도척의 바위'라는 이름으로 공주에 이 바위가 남아 있다. 백제 때에 일어난 일이건만, '도척의 바위'는 전설로 살아남아 있다.

❀ 싸움터에서 죽은 성왕

백제 제25대 성왕은 신라의 의리 없는 행위에 심기가 불편했다. 양국

사이에 우의를 돈독히 하기 위해 지난해에는 백제 공주를 신라 진흥왕의 소비小妃로 주었던 것이다. 그런데 진흥왕은 의리 없이 백제의 변경을 괴롭히고 작은 성들을 공격하여 함락시키고는 시침을 뗐다.

"백제가 싸움을 걸어와 우리 신라는 응전했을 뿐이다."

백제 성왕은 번번이 당하다가 드디어 칼을 빼었다. 신라의 중요한 성인 관산성菅山城 공략의 명령을 내리고 손수 군사를 거느리고 앞장섰다. 기왕에 신의가 깨진 신라와 싸움을 벌여 패권을 쥐려는 의도였다. 대장군에는 방도方道를 임명했다.

관산성 성주는 우덕于德이었다. 우덕 밑에 탐지耽知라는 장군이 성을 지키고 있었다. 백제군이 관산성을 에워싸고 공격을 퍼부었다. 전혀 예기치 못한 일이었다. 성주 우덕은 신라 조정에 구원병을 요청하고 성을 사수하려고 안간힘을 썼다.

성왕은 이틀이면 성이 함락될 줄 알고 줄기차게 공격했다. 그러나 성 안의 신라군도 만만치 않았다. 성을 철통같이 지키고 전혀 빈틈을 보이지 않았다.

사흘째 되는 날 백제군이 지친 기색을 보이자 신라군이 성문을 열고 나와 백제 진영을 휘젓고 돌아갔다. 성왕은 대장군 방도를 불렀다.

방도가 달려와 성왕 앞에 무릎 꿇었다.

"장군, 관산성이 떨어지지 않는 까닭이 뭐요?"

"대왕마마, 신라군이 워낙 철통같이 지키는지라, 함락이 더디나이다."

"장군, 오늘은 하늘이 두 쪽 나는 일이 있더라도 성을 함락시켜야 하오."

"예에, 대왕마마."

성왕은 임금이 직접 나와 싸움을 독려하는데 성이 떨어지지 않자 대장군을 바짝 조였다.

방도는 임금 앞에서 약속을 하고 나왔으나 성을 함락시킬 묘수가 없었다. 성문을 부수거나 성벽을 타고 오르는 수밖에 없었다. 신라군에 비해 백제군의 수가 몇 배 많고 또 용감했다. 방도는 부장들을 불러 모았다.

"대왕마마의 지엄한 영이 떨어졌소. 오늘밤 안으로 성을 함락시키라는 지상 명령이오!"

부장들도 쉽게 생각한 성이 떨어지지 않자 초조했다. 벌써 이레가 지났다.

"오늘밤이 아마 우리들 생애에서 가장 길고 숨가쁜 날이 될 것이오. 오늘밤 술시戌時를 기해 총공격을 퍼부어 기필코 성을 함락시킬 것이오."

방도가 결의에 찬 목소리로 말했다. 임금의 지엄한 명령이 떨어졌으므로 더는 머뭇거릴 여유가 없었다. 백제군은 저녁 식사를 푸짐하게 먹었다. 돼지를 잡고 술을 걸러 배불리 먹은 것이다.

술시, 총공격 명령이 떨어졌다. 커다란 몽둥이로 성문을 부수고 성벽에 사다리를 놓고 기어오르는 병사들이 낙엽이 떨어지듯 수없이 떨어져 목숨을 잃었다. 싸움을 독려하는 북소리가 숨 가빠지고 함성과 비명과 신음소리가 아비규환이었다.

성왕이 문루에 대고 고함쳤다.

"성주는 문을 활짝 열고 항복하라! 네 고집으로 부하들의 아까운 목숨을 희생시킬 테냐!"

성루는 이미 검은 연기로 뒤덮였다. 백제군이 불화살을 집중적으로 퍼부어 성루에 불이 붙은 것이다. 사다리를 타고 성에 오른 백제군이 점점 불어났다. 신라군이 버티기에는 한계가 있었다. 수적으로 열세인데다가 사기마저 뒤졌다. 드디어 성문이 부서지고 백제군이 앞을 다투어 성 안으로 들어갔다. 신라군은 쫓기면서 목숨을 잃어갔다.

성이 떨어지고 있었다. 방도 장군이 마상에서 외쳤다.

"항복하는 자는 죽이지 말라! 대항하는 자만 목을 베어라."

그러나 항복하는 신라군은 하나도 없었다. 끝까지 싸우다가 죽어갔다. 성 안 군사들이 전멸하다시피 했다. 드디어 성왕이 성으로 입성했다. 승리한 백제군이 임금을 보고 열광했다.

"백제 만세!"

"성왕 만세!"

"방도 대장군 만세!"

"성주는 어디에 있느냐?"

성왕이 물었다.

"도망친 듯싶나이다."

한 부장이 대답했다.

"성주를 놓치다니, 관산성을 완전히 함락시킨 것이 아니니라!"

성왕은 신라 장수들이 하나같이 괘씸했다. 공주를 신라로 보낼 때의 일이 떠올라 성왕은 불쾌했다. 신라에서 각간角干 벼슬아치를 필두로 장수 여섯 명이 수하 병사 수십 기를 거느리고 백제로 공주를 데리러 왔다. 그런데 그들이 어찌나 오만하고 거드름을 피우던지 성왕은 매우 괘씸했다. 그중에서도 삼년산성三年山城의 성주 도도都刀라는 자는 숫제 안하무인이었다.

백제와 신라 장수들의 친목을 도모하기 위해 활쏘기 · 말달리기 행사를 열었다. 도도는 여러 장수들 가운데 단연 돋보였다. 성왕은 그를 격려하는 뜻에서 칭찬을 아끼지 않았다.

"장군의 무술은 참으로 훌륭하오."

도도의 대답은 그야말로 도도했다.

"대왕마마, 신라에서는 신과 같은 무술은 무술축에도 끼지 못하나이다. 신보다 훌륭한 무사들이 온 나라에 넘치고 처지나이다."

"과연 그런가?"

"신과 같은 무술은 신라에서는 칭찬받을 만한 실력이 못 되나이다."

"도도 장군은 겸양이 지나친 듯하오."

성왕은 도도의 말이 귀에 거슬렸으나 꾹 참았다. 곰곰 생각해보면 도도의 말 속에는 '백제의 장수들은 신라에 비해 족탈불급'이라는 가시가 있는 말이었다.

도도는 연회석에서 칼춤을 추어 백제 장수들의 기를 꺾었다. 다분히 의도적인 행동이었으나 성왕은 공주를 데리러 온 특사여서 웃고 넘겼다. 도도의 무례는 죄를 엮어 죽여버릴 만한 정도였다. 그러나 공주를 신라로 보내는 경사스러운 날에 성왕 스스로 분란을 일으키고 싶지 않았다.

공주가 신라로 떠나는 날, 백제군 500명에게 호위를 맡겨 공주의 위엄을 보여주려고 했다. 신라의 각간 벼슬아치가 반대했다.

"오백의 병사는 많사옵니다."

"먼 길이거늘 이만한 군사는 필요할 것이오."

"먼 길이지만 사고가 날 리 없사옵고 설사 사고가 난다 해도 일당천一 當千의 신라 기병 수십 기가 있나이다."

성왕은 또 마음에 상처를 입었다. 각간이 은근히 백제 병사들을 얕보는 듯한 말로 임금의 심기를 건드렸다. 성왕이 단호히 말했다.

"이 나라의 공주가 먼 길을 가는데 오백 병사가 무에 많단 말인가!"

그제서야 각간은 아무 말도 하지 않았다.

성왕은 공주를 화려하고 품위 있게 꾸며서 오백 병사들에게 호위하도록 했다.

"괘씸한 놈들!"

성왕은 관산성에서 자기도 모르게 신라 장수들을 불쾌하게 여겼다. 대장군 방도를 불렀다.

"오늘의 승리는 오로지 장군의 힘이오."

"아니옵니다. 대왕마마의 병법과 위엄에 적들이 굴복한 것이나이다."

"신라 장수들은 오만하고 건방진 자들이오. 그런 자들이 세가 불리해지자 도망치다니, 비겁하기 짝이 없소."

성왕은 신라 장수들에 대한 불만을 그대로 드러냈다.

"신도 그리 생각하나이다. 성 안 백성들과 병사들을 사지로 몰아넣고 도망친 성주는 사람이 아니나이다."

"그렇소. 짐승 같은 자요."

"마마, 병사들을 배불리 먹이고 푹 쉬도록 영을 내려주소서."

"암, 그래야지."

성 안은 창고가 텅 비어 있었다. 이럴 줄 알았으면 굳이 싸울 필요가 없었다. 이틀만 더 참고 기다렸으면 성주가 성문을 활짝 열고 항복하지 않으면 안 될 처지에 놓여 있었다. 방도 장군은 양쪽 희생자들에게 미안한 생각이 들었다.

이튿날 성왕은 첩보병을 사방으로 보내었다. 신라군의 동태를 살피기 위해서였다. 그리고 다음에 공략할 성을 물색했다. 이번 기회에 본때를 보여 신라의 기를 꺾어 백제 땅을 함부로 넘보지 못하도록 하고 싶었다.

방도 장군은 성왕의 안위가 걱정되었다. 싸움터를 누비는 임금은 언제나 적의 제일 표적이 되었다. 만약 사고라도 생기면 국가의 큰 변란이었다. 방도가 성왕을 만났다.

"마마, 신의 지나친 기우일지 모르오나 마마께오서는 싸움터에 나가시지 않는 것이 옳을 줄 아나이다."

"장군, 내가 죽을까 봐 걱정이 되오?"

"마마, 어찌 그런 황당한 말씀을 하시옵니까?"

"염려 마오. 내가 그리 약해 보이지 않를 않소."

"마마, 옥체를…"

"하하하… 장군이 내 할아버지처럼 걱정을 하는구만… 장군이나 몸 조심하오. 장군이야말로 백제의 대들보가 아니오."

"성은이 망극하나이다."

첩보병으로 나갔던 병사들이 돌아왔다. 방도가 직접 보고를 받았다.

"적의 기미를 알아보고 왔느냐?"

"장군! 적의 대군이 이리로 몰려오고 있나이다."

신라는 관산성이 중요한 요충지였다. 이 성을 빼앗기면 인근에 있는 성을 지키기가 매우 어려웠다. 백제가 그걸 알았기에 관산성을 불시에 공격하여 빼앗은 것이고, 신라는 성을 반드시 되찾아야만 했다.

"적의 대군이라면?"

"신주新州 태수 김무력金武力이 거느리는 군사 기만 명이 관산성을 향해 오고 있나이다."

"알았느니라. 지금 어디까지 왔느냐?"

"구천狗川 너머에 진을 치고 있나이다."

"구천이면 바로 코앞이 아니냐?"

"그렇나이다."

방도는 성왕을 모시고 부장들과 작전회의를 열었다.

"적의 수가 기만 명이라면 관산성에서 싸우는 것이 유리하오."

"아니오. 관산성은 우리가 공격시에 많이 상했소. 아직 복구를 하지 않아 결코 유리할 수 없소."

"적이 구천 너머에 있다면 우리는 이쪽에 진을 치고 내를 끼고 적과 대치하여 적정을 살펴가며 싸우는 것이 유리하오."

"그렇소. 만약 세가 불리해지면 관산성으로 들어와 싸우면 되오."

"내 생각에도 구천 안쪽에 진을 치는 것이 좋을 것 같소이다."

성왕이 결론을 내렸다.

이튿날, 백제군은 관산성을 나와 구천 안쪽에 진을 쳤다. 신라군은 구천 저쪽에 진을 쳐 빤히 보였다. 백제군은 관산성을 빼앗은 뒤여서 사기가 드높았다.

구천 너머 신라의 진영을 바라보며 성왕이 속으로 분노를 삭였다.

"네 이놈들, 신라 장수들아, 네놈들의 오만한 콧대를 구천에 처박아주마. 어디 두고보자."

백제군과 신라군은 시내를 사이에 두고 빤히 쳐다보며 탐색작전에 나섰다. 시내는 꽤 깊고, 폭도 넓었다. 이쪽도 저쪽도 무모하게 공격해올 수 없는 입지였다.

하루가 지났다. 성왕이 시내 위쪽으로 병사를 보내어 살펴보도록 했다. 오 리쯤 위 시내 상류가 말을 타고 건널 정도로 얕았다. 보고를 받은 성왕은 입가에 웃음을 띠었다.

"장군, 야밤에 교란작전을 폅시다."

"교란작전이라면, 무엇을 말씀이옵니까?"

"내가 기병 50여 기를 거느리고 시내 상류를 통해 신라 진영을 밤에 급습할 것이오. 적이 급습에 놀라 우왕좌왕하는 틈을 노려 장군이 적진을 휩쓸어버리시오."

"마마, 아니 되옵니다. 그런 일은 부장을 시키시오소서."

"나는 신라 장수들에게 원한이 많소. 내가 직접 그자들과 맞서 통쾌하게 짓밟아주고 싶소."

"마마, 아니 되옵니다. 기습에 실패하는 날에는…"

방도는 말끝을 흐렸다. 차마 상상조차 하기 싫었다. 성왕은 고집을 부렸다.

"명령이오! 준비를 서두르시오!"

방도는 더는 할 말이 없었다.

밤이 되었다. 성왕은 부장들을 모았다.

"오늘 밤 전투에서 적의 장수를 사로잡거나 죽이는 자에게 후한 상과 벼슬을 내릴 것이오. 분투하기 바라오."

삼경, 성왕은 기병 50기를 거느리고 구천 상류로 올라가 내를 건넜다. 내를 건너 언덕으로 막 올라설 때였다.

"쉬잇!"

화살 하나가 날아와 앞서 오르던 백제 기병의 옆구리를 뚫어버렸다. 기병이 '악' 소리를 내지르며 말에서 떨어졌다.

신라군은 백제군이 상류쪽을 이용하여 밤에 기습해올 것에 대비하여 미리 복병을 두었던 것이다. 성왕은 오로지 복수심에 불타 신중하지 못했다. 그러나 되돌아서기에는 때를 놓치고 성왕은 그럴 마음이 전혀 없었다.

백제 기병들이 언덕을 내려와 다시 내를 건너려고 했다. 빗발치는 화살이 벌떼처럼 날아와 우왕좌왕하는 기병들을 하나 둘씩 쓰러뜨렸다. 성왕은 언덕으로 올라서 신라 매복병들을 상대로 칼을 휘둘렀다. 눈 깜짝할 새에 매복병 다섯을 베고 외쳤다.

"장수가 나오너라! 숨어 있지 말고 나와 당당히 한판 겨루자!"

화살이 수없이 날아왔다. 방패로 겨우 막아냈다.

"쥐새끼 같은 놈들아! 신라 장수들은 하나같이 비겁한 놈들이구나. 어서 나와라!"

또 한바탕 방패로 화살을 막았다. 틈을 노려 매복병의 목을 베었다. 옆에서 거들던 백제 기병들은 어느 새 시체로 변해 있었다. 성왕은 혼자 남아 고군분투했다. 적장더러 나오라고 수없이 외쳤으나 끝내 나타나지 않았다. 성왕은 자신의 신분을 밝혔다.

"신라의 장수들아, 나는 백제의 성왕이니라! 어서 나와 나와 겨루자!"

빗발치던 화살이 뚝 그쳤다. 장수 하나가 어둠 속에서 나타났다.

"나는 김무력 장군의 비장 도도요. 원하신다면 소장이 상대해드리겠소."

도도라는 말에 성왕은 화가 머리끝까지 올라왔다.

"오냐! 오만한 도도로구나. 자, 덤벼라!"

두 사람은 칼을 맞부딪치며 20여 합을 싸웠다. 승부가 나지 않았다. 그러나 도도가 한 수 위였다. 성왕보다 나이도 젊고 칼 솜씨가 뛰어났다.

도도가 힘을 모아 칼로 성왕의 머리를 쳤다. 성왕이 칼로 막았으나 힘이 없었다. 투구가 벗겨지고 맨머리가 보였다.

"대왕, 목숨을 아끼시오! 그만 항복하시지요."

"시끄럽다! 어서 덤벼라!"

성왕이 칼을 휘둘렀다. 힘이 빠져 있었다. 도도가 칼을 칼로 받아쳤다.

"대왕, 목숨을 아끼시오!"

"어림없는 소리 마라!"

"패한 싸움을 하는 대왕의 속을 모르겠소."

"잔말 마라!"

"마지막으로 기회를 드리겠소. 대왕, 목숨을 아끼시오!"

"네 이놈! 나를 농락하는 게냐!"

성왕이 칼을 휘두르자 도도가 칼을 피하며 성왕의 목에 칼을 꽂았다.

"으윽!"

성왕이 비명을 지르며 말에서 떨어졌다.

"횃불을 밝혀라!"

도도가 외쳤다.

불빛에 비친 성왕의 얼굴에서 피가 아닌 땀이 흘렀다. 끝까지 최선을 다해 싸운 땀이었다. 도도의 눈에 눈물이 고였다.

"대왕, 대왕은 사내 대장부외다. 대장부는 죽을 자리에서 죽는 사람이라 들었소이다. 세상 짐 다 부리고 편히 쉬소서."

도도는 성왕 앞에 무릎 꿇었다. 먼동이 터오고 있었다.

❀ 백제의 불교문화

백제의 멸망과 더불어 백제의 불교문화도 그 참화 속에 묻혀버린 듯 현존하는 유물이 그리 많지 않다. 일본으로 건너간 백제 불교문화 유산이 더러 남아 있어 그나마 백제의 체면을 세워주고 있을 뿐이다. 백제의 불교문화 유물 가운데 위례성 시대의 유물은 거의 발견되지 않았고, 공주 시대와 부여 시대의 유물만이 발견되었다.

백제 말기의 부여 천도 시대의 유물이 남아 그 당시의 이들 공예품 일부를 볼 수 있다. 게다가 백제의 많은 미술품이 일본으로 건너가 일본의 미술발전에 크게 이바지했고, 백제의 불상이 보존되어 있어 오늘에야 빛을 보여주고 있다.

일본측의 기록에 따르면 도부고귀陶部高貴는 질그릇을 전했고, 안부견귀鞍部堅貴는 안장을, 화부인사라아畵部因斯羅我는 그림을, 금부정안나금

錦部定安那錦은 비단 짜는 법을 각각 전했다고 되어 있다. 이와 같이 백제의 공예가들이 일본에 건너가 미술공예를 가르쳐주어 백제의 국위를 선양했다. 일본 국보 '백제관음百濟觀音'은 백제에서 만든 부처가 일본으로 건너가 그들의 불상제조에 끼친 영향의 산물이다.

백제 금동관세음보살입상은 우수한 작품이다. 보계寶髻를 높이 매고 삼면으로 머리에 장식을 하고 있다. 면상은 부드럽고 온화한 빛을 나타내고 발을 약간 들어 자유로운 자세를 취하고 있다. 얼굴 모양과 의복의 문양은 중국 남조의 영향을 받고 있다. 또 동조미륵보살반가상의 온화한 면상과 자유로운 자세도 중국의 남방식으로 중국의 영향을 받았다. 일본에 있는 광륭사廣隆寺의 목재 미륵보살반가상과 유사한 점으로 보아 같은 계통의 미륵상으로 보여진다.

백제의 군수리軍守里에서 폐사廢寺를 발굴할 때 가람의 배치가 일본 오사카에 있는 사천왕사四天王寺의 배치와 똑같아 발굴하기가 쉬웠다. 사찰의 위치가 북에서 남으로 향해 지어져 있었다. 맨 북쪽의 강당이 한 채, 그 앞에 금당金堂(대웅전)이 자리해 절의 중앙을 표시했고, 다시 그 앞에 조금 떨어진 곳에 남방기단南方基壇이라는 탑이 있고, 그 주위에 석등 자리가 있다. 다시 더 남으로 내려가 중문中門이 있고 그 앞으로 더 떨어진 곳에 남문인 정문이 있다.

이처럼 강당·금당·탑지·중문·남문이 북에서 남으로 일직선으로 되어 있다. 풍수에 의존하지 않고 남향을 선호하는 사상에서 나온 것으로 해석된다. 중문에서 강당까지 그 주위에 회랑을 둘러 동서로 긴 복도가 있다. 이러한 것이 대규모 사찰건축의 한 전형이다. 그러나 사찰 유지가 곤란하게 되면 금당·탑석·석등만이 남게 된다.

현재 남아 있는 석조물 가운데 가장 큰 것이 대당평백제탑大唐平百濟塔이다. 이 탑은 당나라 소정방이 백제를 멸망시키고 그 공적을 기념하기 위해 건립한 것으로 하층 탑신에 대당평백제국비명大唐平百濟國碑銘이라는 전서가 씌어 있다. 백제 의자왕이 항복한 지 한 달도 못 되어 탑에 비문을 새긴 것이다.

이 탑은 원래부터 있던 것으로 그 부근에서 정림사定林寺 명銘이 있는 옛 기와가 나왔다. 그리하여 혹 정림사가 아닌가 하는 의심이 들기도 한다. 그러나 정림사 명문이 나온 것은 거란의 성종聖宗 태평연대의 것으로 이미 백제가 멸망할 때 이 절은 폐사가 되어 있었으므로 정림사인지는 확실치 않다.

탑에 대해 다음과 같은 기록이 있다.

"얇고 좁은 단층壇層의 건축 기단 위에 건립된 14면의 방형탑方形塔인 바 맨 아래층의 '엔타시스' 수법을 보이는 거대한 방주方柱 4개와 각 면 2대씩의 판석板石 합계 8매로 구성되었으며, 그 위에는 목조탑에서 보는 두공斗拱 양식을 변형한 받침수법으로서 넓고 얇은 옥개석屋蓋石을 받치고 있다. 2층 이상의 수법도 똑같으나 5층부터는 매우 감축되었다. 전체의 양식이 목탑과 유사함은 백제 석탑의 원조격인 익산益山 미륵사탑의 계열系列을 보여준다. 동시에 일본에 남아 있는 세계 최고의 목조건축인 법륭사法隆寺 5층탑의 각 층 비율과도 서로 유사함은 비록 재료에서 나무와 돌의 차이는 있을지언정 그 당시 가장 긴밀했던 양국간의 문물교류의 일단을 보여주고 있다. 이 탑이 작품으로서 목탑의 충실한 모방에서 벗어나 세련된 조형수법과 창의적인 변형이 엿보이는 점은 정비된 각 부 석재구성의 규칙성과 더불어 이 석탑의 가치를 높여준다. 장중한 기풍과 경쾌한 수법을 보이는 가장 중요한 백제의 조형祖型이다."

부여읍에 있는 이 탑은 장중한 면을 나타냈으나 경쾌한 면을 나타냈는지는 의아스럽다. 더구나 백제가 멸망하기 전에 이미 이 탑이 존재해 있었으므로 소정방이 고찰의 탑에 전승자의 권리로써 탑신을 모독한 것이라고 보아도 무방하다.

이 무렵, 도교와 불교는 당나라에서 세력다툼이 치열했다. 황실에서는 도교를 숭상했다. 당나라 고조는 국학國學에 나가 석전례釋奠禮를 행할 때 삼교三敎(유교 · 불교 · 도교)의 학사들을 불러 이런 말을 했다.

"공자와 노자 두 교는 이 땅의 선종先宗이고, 석가는 나중 들어온 것이니, 도교를 제1로 하고 유교를 제2로 하며 불교를 제3으로 하라."

나중에는 이런 조칙을 내리고 그후에도 도선불후道先佛後의 칙서를 내렸다. 당나라 고종 시대에는 도교와 불교가 첨예화되어 심한 갈등이 표출되었다. 고종은 도교를 비호했다.

이러한 때에 백제에 출정하여 승리한 소정방은 본국에서 불교를 배척하고 도교를 숭상하므로 불교를 배척하는 의미에서 존귀한 탑에 자기의 전승공로를 기록하지 않았나 보여진다.

의자왕 20년조에 나오는 천왕사天王寺나 도양사道讓寺가 백제의 가장 큰 사찰이 아니었나 싶다.

익산시 금마면 기량리에 있는 미륵사지석탑은 전설에 백제 무왕 때 건립되었다고 한다. 백제탑과 거의 동일한 시대의 작품이다. 현존하는 우리 나라 석탑 중 가장 오래된 것이다. 이 탑은 현재 거의 무너져가고 있다. 원래는 7층이었으나 지금은 대부분이 무너져 탑의 동북쪽에 6층 일부만이 남아 있다. 익산 왕궁리의 5층 석탑은 미륵사지의 탑보다 나중 것으로 미륵사지의 탑을 모방한 것으로 알려져 있다.

백제의 궁궐에서 사용하던 현존의 석조石槽에도 소정방의 대당평백제탑비명이 새겨져 있다. 이것도 같은 시대로 보는 것이 타당하나 고려 때 새겨놓은 것이 아닌가 의심이 간다.

백제는 멸망하여 애처롭게 유물조차도 멸실된 것이 많다. 그러나 고려 말 이조 초까지 동타銅駝가 남아 있어 옛 백제의 모습을 말해주었다. 동타는 동으로 만든 낙타다. 궁성 문 밖에 마물魔物을 없애기 위해 세워둔 것이다.

'낙양기洛陽記'에 따르면 낙양에 동타 거리가 있어 한나라 때 동타 3매를 주조하여 궁전 서쪽, 사람이 많이 모이는 곳에 세워두었다고 했다. 당시 속어俗語로 금마문金馬門 밖에는 어진 선비가 모여들고 동타 거리에는 소년이 모여들었다고 한다. 이로 보아 도회의 궁전 문이나 네거리 등 사람이 많이 모이는 곳에 동타를 세워둔 것으로 여겨진다. 백제 때 중국의 문화를 모방하여 거리에 동타를 세워놓은 것으로 보인다.

✸ 금오산 향천사

의자왕 때에 보조국사 의각 스님이 있었다. 인물이 준수하고 범학梵學 (산스크리트 학)에 뛰어난 스님은 늘 '반야심경'을 외었다.

스님이 중국에서 공부할 때였다.

어느 날 혜의 스님이란 분이 잠자리에 들려다가 밖에서 섬광이 번쩍이는 것을 보았다. 놀란 혜의 스님이 선뜻 문을 열지 못하고 문 틈으로 밖을 엿보았다. 의각 스님 방에서 섬광이 일고 있었다.

의각 스님은 그 시각 방안에 단정히 앉아 '반야심경'을 독송하고 있었다. 경구가 입에서 밖으로 흘러나올 때마다 섬광이 번쩍이는 것이었다.

이튿날 의각이 대중을 모아놓고 말했다.

"간밤에 내가 눈을 감고 '반야심경'을 백번 외우고 눈을 떠보니 사방 벽이 뚫린 듯 뜰 밖까지 훤히 보였소이다. 웬일인가 싶어 벽을 만져보았으나 벽과 방문이 모두 닫혀 있었나이다. 다시 자리에 앉아 경을 외우자 역시 밖이 훤히 보였소이다. 이는 반야의 부사의한 변용이라 생각되오이다."

대중들이 묘한 표정을 짓고 서로 쳐다보며 믿기지 않는다고 쑥덕거렸다. 그러자 혜의 스님이 자리에서 일어나 간밤에 본 사실을 말했다. 그제서야 대중들은 의각 스님의 말을 믿고 이적이 일어났다고 기뻐했다.

의각 스님은 중국에 더 머물 필요를 느끼지 못했다. 고국 백제에 돌아가면 할 일이 많을 것 같았다. 의각 스님은 결심을 하고 주먹만한 석불상 3,053위와 삼존불을 배에 싣고 지금의 충청남도 예산땅에 도착했다. 스님은 중국에서 모시고 온 삼존불상과 석불상을 모시기 위해 절터를 찾아

이리저리 돌아다녔다.

　어느 날, 어느 산 밑을 가는데 황금 까마귀 한 마리가 날아와 깍깍거리며 스님의 머리 위를 뱅뱅 돌며 날아가지 않았다. 스님은 이상하게 여기고 까마귀를 올려다보았다. 까마귀는 스님을 보고 깍깍 울어댔다.

　"네가 정녕 절터로 안내하겠다는 뜻 같구나. 그래 앞장 서거라. 내 따라가마."

　스님이 말하자 까마귀는 알아들었다는 듯이 천천히 날아갔다. 스님이 까마귀를 따랐다.

　한 식경 후 까마귀는 덕봉산 기슭에 내려앉았다. 스님이 따라가보니 과연 훌륭한 절터였다. 스님은 그 자리에 절을 세우기로 작정했다.

　"고맙다, 금빛 까마귀야."

　스님의 감사 인사를 받고 까마귀는 어디론가 날아가버렸다.

　인근 마을에 소문이 퍼졌다.

　"중국에서 유학을 마치고 오신 큰 스님이 덕봉산 기슭에 절을 세우고 33,000불을 모신다더라."

　"덕봉산 인근 마을에 경사났네. 우리 모두 불사에 참여합시다."

　인근 마을 사람들이 정성이 담긴 시주를 해왔다. 의각 스님은 마을 사람들의 동참에 한껏 힘이 솟았다.

　어느 날 이른 아침이었다. 입성이 초라한 총각이 스님을 찾아왔다. 총각은 스님을 쳐다보지도 못하고 고개를 숙인 채 말이 없었다.

　"이른 시각인데 어인 일로 나를 찾았소?"

　스님이 먼저 말을 붙였다. 그제서야 총각이 입을 열었다.

　"진작 스님을 뵙고 싶었으나, 집안이 너무도 가난하여 시주할 것이 없어 망설이다가 이렇게 찾아왔나이다. 용서하소서."

　"그 무슨 말씀이오? 부처님은 시주를 바라지 않소. 오로지 정성이면 된다오."

　"스님, 감사합니다. 매일 찾아와 절을 세우는 데 힘을 보태겠나이다."

"오, 그보다 더 좋은 시주가 없을 듯하오."

"스님, 제게는 몸져 누워 계신 노모가 계시나이다. 여태껏 장가도 들지 못하여 불효 막심하나이다. 법당이 완성되면 모친의 병환이 속히 완쾌되길 부처님께 간곡히 기도드리려 하나이다."

"그대의 효심이 갸륵하거늘 기도가 어찌 성취되지 않겠는가."

스님은 총각에게 '반야심경'을 외우도록 일렀다. 총각은 하루 종일 절에서 일하면서 쉬는 틈틈이 '반야심경'을 한 줄씩 외우기 시작했다. 총각은 본래 머리가 좋아 며칠 새에 '반야심경'을 머릿속에 담아버렸다. 그리고 아침 저녁으로 어머니 머리맡에 앉아 '반야심경'을 독송하며 병환에 차도가 있기를 기도했다.

드디어 법당 낙성식이 있는 날이었다. 인근 마을은 축제 기분이었다. 많은 사람들이 새옷을 입고 낙성식장으로 모여들었다. 총각도 깨끗한 옷으로 갈아입고 어머니에게 다녀오겠노라고 인사를 올렸다. 어머니가 아들에게 말했다.

"이놈아, 낙성식에 너 혼자 가려느냐?"

"예에? 어머님, 무슨 말씀이세요?"

"나좀 일으켜다오. 나도 낙성식에 가련다."

"어머님, 아니 되옵니다."

"오늘 아침에는 이상하게 날아갈 것 같이 몸이 가볍구나. 어서 일으켜라."

총각은 어머니의 말씀을 거역할 수 없어 어머니에게 손을 내밀었다. 그런데 이것이 무슨 조화인가. 어머니가 아들의 손을 잡고 가볍게 일어나는 것이었다.

"어머니! 기적이 일어났나이다. 부처님께서 제 소원을 들어주셨나이다."

"오냐, 내 기특한 아들아!"

모자는 얼싸안고 펑펑 눈물을 쏟았다. 모자는 낙성식장으로 갔다. 어머니는 갈증을 느껴 법당 옆 샘물을 마셨다. 시원하고 달콤했다.

"애야, 너도 한 번 마셔보아라. 물맛이 향기롭구나."

아들이 물을 마시고 나서 고개를 갸우뚱거렸다. 하루에도 몇 차례씩 마시던 그 샘물맛이 오늘은 분명 달랐다. 물맛이 향기 그윽했다. 이를 확인한 의각 스님은 낙성식에서 절 이름을 향천사香泉寺라 지었다. 그리고 덕봉산을 금까마귀가 안내했다 하여 금오산金烏山으로 고쳐 불렀다.

훗날 의각 스님이 중국에서 와서 처음 배를 댄 곳을 배논이라 불렀다. 그리고 스님이 타고 온 배가 포구에 닿았을 때 어디선가 한밤중에 은은한 종소리가 들렸다 하여 마을 이름을 종성리라 불렀다. 또 그 바닷가를 석주포라 했고, 황소가 돌부처를 실어나른 후 바위 옆에서 크게 소리치며 쓰러져 죽어 절 입구의 바위를 고함바위라 불렀다. 전설은 언제나 향천사 샘물처럼 향기나는 이야기로 전해 내려오고 있다.

◉ 공주와 무사

은행나무 아래에 남색 도포에 관을 쓰고 허리에 오동잎 모양의 수를 놓은 긴 칼을 찬 청년 무사 하나가 노래를 부르면서 높다란 왕성王城을 자꾸 쳐다보고 있었다. 그는 만 길이나 됨직한 성을 바라보다가 나중에 담장에 귀를 대고 무엇인가 듣는 듯했다. 그러나 궁 안에서는 아무런 기척이 없었다. 무사는 안타까운 듯 성에서 눈을 돌려 먼 산을 우두커니 바라보았다.

무사는 눈물을 흘렸다. 장엄하고 무시무시하고 높다랗게 올려 쌓은 궁궐 안의 집은 모두 돌집이요 쇠기둥이니 녹이 슬지는 않는다 해도 어느 날에는 백성의 소리가 하늘의 소리로 변하여 아방궁 같은 궁 안에서 거미가 줄을 치게 되고 귀뚜라미가 밤마다 추풍감별곡秋風感別曲을 부를지 그 누가 알겠는가. 지금도 밤마다 베푸는 연악宴樂 소리가 담장을 새어

나와 백성들의 귀에 은은히 들리고 있었다.

금년은 작년보다 더 심하고 오늘은 어제보다 더 잦은 질탕한 궁궐의 유희가 이미 백성들의 원성을 들은 지 오래였다. 날마다 주지육림 속에서 호화찬란하게 음탕한 생활을 즐기고 있으니 장차 백제의 운명이 어찌 될지 참으로 걱정스러웠다.

무사는 궁궐에서 흘러나오는 삼현육각三絃六角의 음악소리를 듣다가 백제의 녹을 먹는 무사로서 차마 참을 수 없어 하늘에 머리를 두르고 무엇이라고 중얼거리면서 돌아섰다.

멀리 교방敎坊에 있는 골목에서 행화촌杏花村을 찾던 미소년들이 얼큰히 취하여 돌아가고 있었다. 파란 헌등獻燈불이 새벽별같이 하나 둘 꺼져 갔다. 무사는 컸다 꺼졌다 하는 장안의 밤 불빛을 한참 바라보다가 결심을 한 듯 담장 곁으로 다가가 명주실을 꺼내어 한 끝을 은행나무 밑둥에 단단히 매고 또 한 가닥을 담장 안으로 넣어 순라군이 있나 없나 주위를 살피고는 재빨리 몸을 날려 담장을 넘었다. 무사는 궁궐 안에 들어가 월정교月精橋 다리 아래의 난초 화단 속에 숨었다. 어수정御水井이 있는 부근인 듯 동녀童女 하나가 물을 떠서 물동이를 두 손으로 받쳐 들고 숨어 있는 무사의 앞을 지나갔다.

잠시 후 동녀 한 쌍이 지촉紙燭을 들고 앞에 서서 걸어왔다. 무사는 깜짝 놀라 칼자루를 꽉 쥐고 숨을 죽이고 바닥에 엎드렸다. 동녀 한 쌍이 무사의 머리 맡에까지 다가와 멈춰서는 듯했다.

"아, 달이 너무너무 밝아 슬프구나!"

아름다운 목소리가 들렸다.

"공주님, 봄날 달빛이 유난히 밝아 보이나이다."

시녀가 대답했다. 무사는 고개를 살풋 들어 공주를 쳐다보았다. 다리 한가운데 등불과 파초선芭蕉扇을 든 동녀들이 죽 늘어선 가운데 눈부시게 어여쁜 공주가 서서 달을 바라보고 있었다. 바로 무사가 그렇게도 애타게 그리워하던 그 공주였다.

며칠 전 4월 초파일이었다. 고란사에 의자왕과 왕비·공주가 거둥하여 백성들과 함께 즐겼다. 으레 치르는 석가탄생일의 대축제에 임금과 신하 백성들이 함께 어울렸다. 이때 이름 없는 무사가 공주의 어여쁜 모습에 취하여 아침부터 밤까지 공주 곁을 떠나지 않았다.

그는 임금 앞에서 여러 무사들과 칼춤을 추다가 저만치 화산花傘 밑에 앉아 칼춤을 눈여겨보던 공주를 보고 그만 아찔한 현기증이 일어 칼을 떨어뜨리고 말았다. 공주는 그 모습을 보고 빙그레 웃으며 시녀를 시켜 칼을 집어주도록 했다. 이 모습을 보고 임금도 신하도 백성도 놀랐다. 하지만 별뜻이 없어 모두 웃고 말았다. 하지만 청년 무사는 다시없는 큰 영광이었다.

무사는 그날부터 공주에 대한 사랑으로 병이 날 지경이었다. 그뒤부터 무사는 매일 밤 왕궁 근처에 와서 하염없이 눈물을 흘리며 애끊는 노래를 부르다가 새벽닭이 울면 돌아가곤 했다.

무사는 불타는 마음으로 오늘 밤에는 공주나 한번 보고 죽을 각오로 궁 안으로 불나비처럼 뛰어들어 공주를 바로 눈앞에 두고 있었다.

공주가 달을 쳐다보며 말했다.

"둥근달은 꺼져가고야 만다. 나는 둥글기 전의 달이 좋다. 애들아, 나 혼자 있고 싶구나. 너희들은 먼저 들어가려무나."

"공주님, 아니 되나이다. 밤이 깊었사오니 침전으로 드시오소서."

"아니다. 나는 혼자서 달 구경을 하고 싶구나. 지난 밤 초파일 날 밤도 썩 좋았더니라. 너희들 먼저 어서 가려무나."

시녀들은 더는 거역할 수 없어 공주를 혼자 놓아두고 공주궁으로 들어가버렸다. 사위는 고요했다. 공주는 쓸쓸히 월정교 돌다리 위에 서 있었다. 공주는 마치 꽃가루를 날리듯이 학의 깃으로 만든 부채로 부채질을 하면서 두둥실 떠 있는 달을 술에 취한 듯 보고 있었다.

그러다가 공주는 춘흥春興을 이기지 못해 고운 목소리로 노래를 불렀다.

"달이 오르면 하늘은 넓어질 게야. 아아, 이 몸은 달이 되고자… 수천

만 개의 별 속에 달이 뜨면 달은 더더욱 뚜렷할 게야… 아 이 몸은 별 속에 뜬 달이 되고파…"

무사는 노래를 듣고 더는 참을 수 없어 공주 앞에 모습을 나타내며 노래로 화답했다.

"달이 달이 웬 달인가. 하늘에 둥실 떠 있는 저 달이란 말인가. 달은 하늘에 뜨는 것을, 이 몸은 하늘 되고파…"

공주는 화들짝 놀랬다가 곧 평정심을 되찾았다. 무사가 두 손을 맞잡고 공손히 인사를 올렸다.

"공주마마, 이 몸 초파일에 고란사의 칼춤 연희에서 칼을 떨어뜨린 무명 무사이옵니다."

"나를 보러 왔나이까?"

"이 몸, 언감생심 공주님을 사모하게 되었나이다."

"사모하게 되었다구요?"

"그러하나이다."

"그 열정이 얼마나 크고 열렬하나이까?"

"백두산에 내리는 눈을 헤아려보라 하시면 헤아려보겠나이다. 천만년 밀려왔다가 가는 동해 바다의 물결을 헤아려보라 하시면 헤아려보이겠나이다. 백발을 휘날릴 때까지 사모하다가 죽어지면 여한이 없겠나이다."

"백두산에 내리는 눈은 녹지 않던가요? 동해 바다의 물결은 왔다가 가지 않던가요? 그대의 사랑도 이와 같을 터, 어찌하오리까…"

"세상 만물이 다 녹아도 제 가슴 속 사랑의 불길만은 영원할 것이나이다. 물결은 왔다가 가지만 이 몸은 온 곳이 마지막 길이나이다."

"진정이오이까? 사랑에도 안팎이 있겠나이까? 이 몸도 고란사에서 그 일이 있은 후 늘 뵙고자 노심초사했나이다."

두 사람은 쏟아지는 달빛 아래에서 얼싸안았다. 밤은 점점 깊어가고 두 사람의 사랑도 점점 무르익어갔다. 두 사람은 사랑의 노래를 부르며 앞날을 다짐했다.

"갈 길이언만 떨어지지 않는 발길, 발길에 무슨 죄가 있으리오. 이 마음 오도가도 못 하네."

"무엇을 놓지 못하랴. 궁궐인들 보옥인들 어이 못 놓을손가. 이 몸 굳세건만, 어느 한 분만은 차마 못 놓을래라."

공주는 무사의 머리를 쓰다듬으며 이별의 시각이 다가옴을 아쉬워했다.

고란사의 종소리가 두 번 들렸다. 이제는 헤어져야만 했다. 두 사람은 포옹을 풀고 정신을 차렸다. 그러고는 떨어지지 않는 발걸음을 떼어놓았다. 무사는 궁궐 담 밖으로 뛰어넘고 공주는 먼 발치에서 바라보고 있다가 발길을 돌렸다.

웅진에서 부여로 도읍을 옮긴 성왕도 음탕하고 호사스러운 데에는 역대 어느 군주 못지않았다. 무왕도 그랬거니와 의자왕은 두 왕에 비해 한 술 더 떴다.

드디어 백제가 망하고야 말았다. 왕궁은 사흘 동안 불탔고, 의자왕은 나당 연합군에 무릎을 꿇고, 계백 장군은 아내와 자식을 죽이고 황산벌에 나가 신라군과 싸우다가 장렬하게 전사했다. 나라 없는 백성들의 슬픔과 말로는 비참하기 이를 데 없었다.

그때 마지막까지 왕궁의 성문을 지키고 있던 무사는 기우는 나라의 운명을 어찌할 수가 없었다. 문에서 쫓겨 전殿으로 밀리고 전에서 쫓겨 내전에까지 밀렸다. 공주를 지키려고 무사는 동분서주했다.

공주를 모시던 시녀들은 통곡하면서 뒷문으로 도망쳤다. 궁 안은 아수라장이었다. 살육전이 벌어지고 목숨을 구걸하는 애원의 목소리가 하늘까지 뻗쳤다.

공주는 사인교에 실려 임금과 왕비와 헤어져 사자수까지 도망쳤다. 그리고 사인교에서 내려 사자수의 바위에 맨발로 올라가 발을 구르며 피눈물을 뿌렸다. 궁녀들도 통곡을 터뜨렸다.

최후의 순간이 다가왔다. 왕궁에 불을 지른 신라군이 사자수가로 달려왔다. 공주는 신라의 말발굽소리가 자기의 가슴을 짓밟는 것 같아 고통스러웠다. 공주에게 소원이 있다면 오로지 그 무사를 한 번 보는 것이었다.

한편 그 무사는 공주를 구하겠다는 일념으로 왕궁 무사들 몇 명과 적을 막으면서 사자수가로 밀리고 있었다. 전세는 급박하게 불리해지고 있었다. 무사는 죽을 힘을 다하여 공주를 에워싸고 통곡하는 시녀들이 있는 곳까지 왔다. 그 뒤를 신라의 기병들이 창을 들고 바싹 뒤쫓아왔다. 위기일발의 순간이었다. 공주는 자기에게로 달려오는 그 무사를 사람들 틈 사이로 보았다. 그리하여 목청껏 무사를 부르려던 순간 적의 창이 무사의 등을 찔러버렸다.

"아악!"

무사가 외마디 비명을 지르고 쓰러졌다. 공주는 그 자리에 돌이 되어버린 듯 온몸이 굳어버렸다. 그때 궁녀들이 치마를 뒤집어쓰고 백강으로 하나 둘 꽃처럼 떨어져갔다. 그 모습을 공주는 넋을 잃고 쳐다보았다. 쫓아오던 신라 기병들이 시녀들의 죽음을 지켜보았다. 더는 다가오지 않고 안타까운 듯 소리쳤다.

"목숨은 둘이 아니오! 제발 그러지들 마오!"

공주는 그제야 정신을 차리고 치마를 머리 위로 뒤집어썼다. 그 모습을 쓰러진 무사가 보았다. 목청껏 소리를 지르려고 했으나 소리가 나오지 않았다.

"공주, 저승에서는 평민으로 태어나주오. 이 몸 저승에서 공주를 만나 꼭 아내로 맞고 싶소."

"그러겠어요, 나의 낭군님."

무사는 공주의 대답을 환청으로 들었다.

공주는 백강에 몸을 던졌다. 한번 솟구친 공주의 모습은 다른 궁녀들처럼 다시는 보이지 않았다.

백강은 못다한 사랑을 아는지 공주와 무사의 넋을 위로하듯 잠잠해지고 여기저기 시녀들의 시체가 떠 흘렀다. 망국의 백성들은 그 얼마나 고통이 심할지 의자왕은 당나라로 잡혀 들어가 아는지 모르는지 목숨을 부지해갔다.

✿ 백제의 멸망

백제의 마지막 임금 의자왕은 용감하고 형제간에 우애가 깊어 해동증자海東曾子라는 말까지 듣던 현군이었다. 그는 초년에 숙적 신라를 무너뜨리려고 명장 윤충에게 신라의 대야성(지금의 경남 합천)을 공격하도록 하여 성공했다. 고구려와는 화친을 맺고 신라가 당나라와 통하는 당항성을 탈취하기도 했다.

의자왕은 당나라에 사신을 보내어 당과의 관계를 원만히 하려고 노력했다. 당나라 고종은 3국이 서로 싸우지 말라며 그동안 빼앗은 신라의 땅을 돌려주라고 백제에게 내정간섭을 했다. 의자왕은 매우 못마땅하게 여겼다.

신라가 더 이상 국력이 커지지 않자 의자왕은 이때부터 나태해지기 시작했다. 왕은 후궁이 많아 왕자만도 41명이나 되었다. 이들에게 죄다 좌평 벼슬을 주고 태자궁을 호화롭게 지었다. 궁성 남쪽에는 망해정望海亭을 크게 지었다. 바다를 보며 궁녀들과 놀기 위한 정자였다. 백성들은 왕의 유회에 불만이 늘어갔다.

위로는 임금을 비롯한 귀족들의 타락이 만연해지고 아래로는 백성들의 생활이 어려워진 백제. 거기에다 여러 가지 괴변과 풍설은 백제의 멸망을 예고하는 징조였다. 서기 659년 2월, 여우떼가 궁궐에 들어왔는데, 이때 흰 여우 한 마리가 상좌평 책상 위에 앉는 사건이 벌어졌다.

그 이듬해에는 괴변이 꼬리를 물고 이어졌다. 2월에는 사비성의 우물물과 강물이 핏빛으로 변했고, 서해에서는 물고기들이 떼죽음을 당하는 변고가 일어났다. 4월에는 사비성 백성들이 아무런 이유도 없이 놀라 달아나다가 쓰러져 죽은 자가 백여 명이나 되었고, 재물을 잃은 자의 수가 수없이 많았다.

6월에는 귀신이 대궐에 들어와서 '백제는 망한다. 백제는 망한다'고 크게 외치고 땅속으로 들어갔다. 의자왕이 이상하게 여겨 땅을 파보라고 했다. 그러자 거북이 한 마리가 나왔다. 거북의 등에는 '백제는 보름달과 같고 신라는 초승달과 같다'는 글귀가 있었다. 의자왕이 일관을 불러 그 뜻을 물었다.

"대왕마마, 보름달은 꽉 찬 것이니 점차 기울며 초승달은 꽉 차지 못한 것이니 점점 차게 되나이다."

"뭐야! 네 이놈, 우리 백제가 신라에게 망한다는 말이더냐!"

그제야 일관은 죽겠다 싶어 말을 바꾸려고 했다.

"그것이 아니오라 마마…"

"저놈을 당장 목베라!"

일관의 변명을 들어보지도 않고 의자왕은 화가 나서 일관을 죽여버렸다.

의자왕은 다른 일관을 불러 물었다. 일관은 거짓말을 했다. 살아남기 위한 궁여지책이었다.

"대왕마마, 보름달은 왕성하다는 것이요, 초승달은 미약한 것이니, 이는 우리 백제가 왕성해지고 신라는 쇠약해진다는 뜻이나이다."

"오, 그런가? 그러면 그렇지. 우리 백제가 신라에게 망하다니 말이 되는 소린가!"

의자왕은 기뻐하며 일관에게 상을 내렸다.

여러 가지 풍설과 괴변 가운데 믿기 어려운 내용이 많다. 이것은 나라의 반란이나 재난, 멸망을 바라는 백성들의 뜻을 신비스럽고 미신적인 것과 결부시켜 널리 퍼뜨린 결과이다. 이미 백성들은 백제 조정에 등을 돌리고 있었다.

의자왕은 궁성 앞에서 배를 타고 백마강으로 나가 노는 것이 전날만 못 하다고 했다. 무왕 때는 백성들이 많이 모여 임금 일행을 흠모하여 바라보았다. 그런데 이제는 멸시의 눈초리로 바라보는 것이었다.

좌평 성충이 이 광경을 보고 개탄하면서 임금에게 간했다.

"신 성충이 보건대 근일 대왕마마의 유흥이 잦으신 것 같나이다. 아직 신라에 성왕의 원한(싸움터에서 죽음)을 풀지 못한 이때에 신라를 다시는 일어나지 못하게 해야 하나이다."

"모르는 말이오! 신라는 대야성을 잃은 후 거의 재기불능 상태요."

임금은 매우 불쾌하게 여겼다.

"하오나 마마, 신라를 당나라가 돕고 있나이다."

임금은 발끈했다.

"나더러 신라 왕을 닮으라는 것인가! 신라의 왕들은 하나같이 당나라에 신하처럼 아양을 떨고 있지 않은가! 나는 그런 짓은 하기 싫소. 외교의 잘못이 모두 내 탓이란 말인가? 도대체 좌평들은 무엇들을 하고 있는가?"

"대왕마마, 노여움을 거두시오소서. 당나라에 아부하는 외교 따위는 필요 없사오나, 당나라의 비위를 거스르는 일은 좋지 않다고 생각되나이다."

성충은 할 말을 다해버렸다. 언제인가는 꼭 해주고 싶은 말이었다. 의자왕은 드디어 성충을 옥에 가두어버렸다.

성충은 음식을 거부해버렸다. 백제가 망할 날이 얼마 남지 않았다는 생각에 성충은 음식을 먹을 수 없었다. 몸은 날이 갈수록 말라갔다.

'나는 이 나라가 망하는 것을 내 눈으로 볼 수 없다.'

성충은 죽기로 작정했다.

좌평 흥수는 몰래 사람을 성충에게 보내어 음식을 먹고 기운을 차려 나랏일을 바로잡자고 설득했다. 그러나 성충은 고집을 꺾지 않고 옥에서 의자왕에게 글을 올렸다.

"충신은 죽어도 임금을 잊지 않나이다. 신 성충, 한 말씀 올리고 죽겠나이다. 신이 작금의 형세를 보니 반드시 전쟁이 일어날 것 같나이다. 전쟁에는 용병의 묘수를 알아야 하나이다. 만약 적이 우리를 침략해오면 육군은 탄현炭峴을 넘지 못하게 하옵고, 수군은 기벌포伐浦 안으로 들어오기 전에 막아야 하나이다. 그래야만 백제가 유지될 것이오니 신의 말에 유념해주소서."

그러나 의자왕에게는 쇠귀에 경읽기였다. 여전히 유흥에 빠져 헤어나지 못했다.

얼마 후 성충이 옥에서 굶어죽었다는 소문이 퍼졌다. 백제 백성들은 한 가닥 희망마저 무너져 설움이 복받쳤다.

"충신이 죽었구나. 이를 어쩔꼬. 이제 백제가 망하는 것은 시간 문제다. 임금은 충신이 죽어도 정신을 못 차리니 이 노릇을 어쩔꼬?"

백성들이 두려워하고 원망했다.

한편, 신라의 김유신은 반간계反間計를 써서 성공을 거두었다. 가장 어려운 상대로 여겨지던 성충이 허망하게 죽자 계속해서 윤충 · 흥수 · 복신 등을 백제 조정에서 물러나게 하려고 간계를 쓰고 있었다. 드디어 이들이 백제 조정에서 죄다 물러나자 김유신은 회심의 미소를 띠었다.

신라의 태종 무열왕은 백제와 최후의 결전을 벌이려고 작정했다. 김유신과 상의하여 국가 비상 총동원령을 내리고 결전 준비를 서둘렀다.

그동안 나 · 당 동맹이 체결된 지 12년이 지났다. 당나라 태종이 죽고 고종이 황제가 되었다. 백제 정벌 준비를 끝마친 신라는 왕자 법민法敏을 당나라로 보내어 파병을 요청했다. 당나라는 고종이 황제로 앉기는 했지만 병약하여 나라의 대소사를 황후 측천무후測天武后가 떠맡고 있었다. 신라의 왕자 법민은 측천무후의 마음을 움직이기 위해 그녀가 가장 신임하는 재상 왕주태에게 접근, 황금관을 뇌물로 주었다. 왕주태는 뇌물 세례를 받고 측천무후를 설득했다.

측천무후는 왕주태가 바치는 황금관과 값진 뇌물에 흡족한 마음이었다. 신라의 파병 요청을 흔쾌히 받아들였다. 그때 당나라는 고구려에 빼앗겼던 산서와 산동 지구를 탈환했다. 측천무후는 고구려와 백제를 동시에 정벌하기로 방침을 세웠다. 설필하력契苾何力 장군에게 고구려 공격 명령을 내려 고구려가 백제를 돕지 못하도록 작전을 세웠다. 그리고 백제 정벌 대장에 소정방蘇定方을 임명했다.

당나라는 육·해군 13만 명을 백제 토벌에 투입시켰다. 나·당 연합군의 백제 정벌의 막이 올랐다. 신라 왕자 김인문金仁問은 내주로 가서 소정방과 함께 13만 당나라 정벌군을 거느리고 황해를 건너 덕물도德勿島로 향했다. 이 소식을 들은 신라에서는 김법민에게 병선 100여 척을 주어 덕물도로 나가 그들을 맞게 했다.

연합군의 대총관大總官에 소정방, 부총관에 김인문, 좌장군에 유백영劉佰英, 부관에 풍사귀馮士貴·방효공龐孝公 등 제 장군이 참전했다.

신라측은 김법민·김유신·흠순·품일 등에게 5만 병사를 주었다.

백제는 국력이 피폐할 대로 피폐해 민심의 이반을 가져왔고, 사회 기강이 밑바닥이었다. 게다가 귀족사회의 고질적인 내분으로 나·당 연합군의 침략 소식을 듣고도 대책을 제대로 세우지 못하고 갈팡질팡하고 있었다. 군대의 군율도 엉망이어서 탈영병이 속출했다. 다급해진 의자왕은 귀양가 있는 흥수에게 사람을 보내어 방책을 물었다. 흥수는 성충의 유언과 같은 의견을 내놓았다. 요새지인 백강과 탄현을 지켜 지구전으로 끌고가 나·당 연합군이 피로해지고 군량이 떨어진 뒤에 공격하라는 것이었다. 그러나 백제의 조정 대신들은 흥수가 오랫동안 귀양살이를 하여 나라를 원망한 나머지 그릇된 방책을 내놓은 것이라고 모함했다. 나·당 연합군이 백강에 들어오고 탄현에 온 다음에 공격하자는 전략을 내세웠다.

그때 신라의 김유신은 김품일·김흠순 장군들과 함께 이미 탄현을 넘고 있었다.

"이상한 일이 아닌가? 백제군이 탄현을 지키지 않고 비워두다니… 혹시 함정이 아닐까?"

김유신은 행진을 멈추고 탄현 일대에 척후병을 보내어 정탐하도록 했다. 척후병의 보고는 탄현 일대가 무주공산이라는 것이었다.

"성충이 없는 백제는 죄다 허수아비들이야. 장군들, 힘차게 전진합시다. 싸움은 이미 끝난 것과 같소이다."

김유신은 자신감을 얻었다. 신라군은 탄현을 지나 부여성을 노려보고 있었다. 태자 법민은 장군 진주眞珠·천존天尊 등을 거느리고 김인문과 소정방의 당나라군과 합류하러 기벌포로 달려갔다. 탄현과 기벌포는 성충이 유언으로 남긴 꼭 지켜야 할 백제의 마지막 보루였다.

의자왕은 급보를 받고 대신들을 불러 모았다.

"적군이 이미 탄현을 넘고 기벌포를 장악하려고 하고 있다오. 대책을 말해보오."

대신들은 도망칠 궁리에 머리를 굴릴 뿐 나라의 안위 문제는 안중에도 없었다. 꿀 먹은 벙어리처럼 누구 하나 입을 열지 않았다. 좌평 의직義直이 자리에서 일어났다.

"당나라 군사는 멀리서 바다를 건너왔으므로 많이 지쳐 있을 것이오. 게다가 처음으로 육지에 올라와 사기가 그리 높지 않을 것이오. 우리가 속공을 펼치면 승산이 있소이다. 또한 신라군은 당나라의 지원병을 믿고 우리를 얕잡아보고 있소이다. 만약 당나라군이 실패하면 신라 군사는 감히 우리와 싸울 엄두를 내지 못할 것이오. 그러니 당나라군을 속공으로 물리치도록 해야 하오."

달솔 상영尙永이 반대 입장을 밝혔다.

"아니 될 말이오. 당나라군이 멀리서 와서 오히려 속공을 원할 것이오. 우리가 지금 싸우면 불리하오. 신라 군사는 우리와 싸워 진 적이 많아 우리 군사만 보면 겁을 낼 것이오. 그러니 당나라 군사는 방어만 하고 신라군을 먼저 치는 것이 타당하오."

의견이 둘로 나뉘어 갑론을박이었다. 의자왕은 그제서야 죽은 성충 생각이 났다.

'이럴 때 성충이 있었더라면 이토록 답답하지는 않을 것이거늘…'

의자왕은 크게 뉘우쳤다. 그나마 자기를 도울 수 있는 인물이 의직뿐이라는 생각이 들어 의직에게 작전권을 주었다. 의직은 수군으로 백강의 입구를 막고 육군으로 부여성 30리 밖에 병사를 배치했다.

이 무렵, 신라 법민의 제1군과 당나라 소정방의 연합군 13만 명의 대군은 이미 기벌포에 도착했다. 기벌포는 뻘밭이어서 행군이 어려웠다. 만약 백제가 성충의 말대로 기벌포를 수비했더라면 나·당 연합군이 꼼짝없이 당할 수밖에 없는 지리 조건이었다. 소정방은 무방비 상태의 기벌포를 보고, 소문대로 의자왕의 타락이 극에 달해 있다는 것을 눈치챘다.

"백제에는 하다못해 장달이 같은 책략자가 하나도 없단 말인가?"

소정방은 백제의 현실이 서글펐다. 이번 싸움의 승리는 나당 연합군이 차지할 것이라는 확신이 섰다.

연합군은 기벌포에 백제군이 하나도 없다는 것을 알고 마음 놓고 풀과 나무를 베어 뻘밭에 깔고 무사히 상륙했다. 상륙작전을 끝마친 나·당 연합군은 부여성을 향해 진격했다. 그리하여 선발대가 백제의 의직 군대와 조우했다. 싸움이 시작되었다.

연합군의 수군은 백강 입구를 지키던 백제군을 물리치고 강을 따라 올라왔다. 의직의 2만 결사대가 언덕에 진을 쳐 유리한 입장에 놓여 있었으나 수륙 양면 작전으로 심하게 밀고오는 나·당 연합군 18만 대군을 당해낼 수는 없었다. 그러나 백제의 결사대는 쉽게 물러나지 않았다.

새벽부터 시작된 싸움이 온종일 계속되었다. 백제군의 저항이 거세었다. 그러나 버티는 데도 한계가 있었다. 의직의 결사대는 화살이 바닥나고 무기가 부서져 더는 버틸 수 없었다. 백강에 황혼이 드리워질 무렵, 의직마저 적의 화살을 맞고 장렬한 최후를 맞았다. 그와 함께 백제의 결사대는 무릎을 꿇고 말았다.

의직의 제1방어선을 무너뜨린 나·당 연합군은 우소의 제2방어선, 자간의 제3방어선, 우치의 제4방어선을 차례로 무너뜨리고 왕궁의 턱밑에 다가와 목을 조였다.

7월 9일, 김유신이 이끄는 제2군 5만 신라군은 탄현을 지나 부여성을 향해 진격해오고 있었다. 의자왕은 계백 장군에게 5,000 병사를 주어 적을 막도록 영을 내렸다. 계백은 속으로 탄식했다. 나라의 운명을 이미 알고 있었다. 계백은 이번 싸움에서 살아서 돌아오지 못할 것이라는 것을 알고 있었다. 계백과 5,000 결사대는 비장한 각오로 부여성을 떠났다.

계백의 행렬이 마침 그의 집 앞을 지나게 되었다. 계백은 행렬을 잠시 멈추고 집으로 뛰어들었다. 병사들은 장군의 결의를 알아차리고 비통한 모습들이었다. 계백이 집 안으로 들어섰다. 부인·애첩·딸들이 비장한 각오로 그를 맞았다.

"신라의 개 같은 노예가 되기보다는 백제의 절개 여인으로 남거라!"

"장군! 가족 걱정일랑 마소서. 우리는 장군과 이미 생사를 같이하기로 약조가 되어 있나이다."

부인이 말하면서 쥐고 있던 은장도로 스스로 가슴을 찌르고 쓰러졌다. 이어 애첩·딸들의 순으로 계백이 보는 앞에서 모두 자결하고 말았다. 계백이 돌아서며 중얼거렸다.

"백제의 여인들이여! 저승에서는 현명한 군주를 만나 이승의 한을 풀도록 하라."

계백은 피눈물을 닦고 5,000 결사대를 이끌고 황산벌로 나갔다. 신라군이 부여성으로 오려면 이곳을 통과해야만 했다. 계백은 이곳 황산벌에서 신라군을 통쾌하게 짓밟고 가족들 곁으로 가고 싶었다. 5,000 결사대와 10배가 되는 5만 정벌군, 수적으로는 승산이 없는 싸움이었다.

김유신이 이끄는 5만 신라군이 품일·흠순을 선두로 황산벌에 모습을 드러냈다. 그리고 그들은 보았다. 백제군이 진을 치고 기다리고 있는 것을.

신라의 본진이 도착한 후 김유신은 작전회의를 열었다.

"작전계획을 수립할 필요도 없소이다. 저 따위 5,000 병사들은 하루아침 거리도 못 되오. 확 밀어붙여버립시다!"

한 장수가 소리쳤다.

"경거망동을 삼가시오! 상대는 백제의 명장 계백이외다."

김유신이 타이르듯이 말했다.

"맞소이다. 계백이 5,000으로 선봉이 되었다면 뒤에 의자왕이 거느리는 수만 병사가 기다리고 있을 것이외다. 섣불리 밀어붙이다가는 큰코다칠 수 있소이다.

김흠순이 신중론을 폈다.

"그렇다고 가만히 있을 수는 없소. 싸움은 피할 수 없지를 않소? 속전속결이면 더욱 좋소이다. 지금 우리 병사들은 오랜 행진으로 지쳐 있소이다."

김품일이 싸우기를 원했다. 김유신의 생각도 행군에 지친 병사들의 사기가 문제였다.

"누가 선봉에 서겠소?"

"내 아들 반굴盤屈에게 맡기고 싶소이다."

김흠순이 선뜻 나섰다. 반굴은 흠순의 아들로 화랑도였다. 신라에는 통일을 대비해 화랑도라는 청소년당이 있었다. 그들의 대장을 화랑도라 했고, 단원들을 낭도라고 했다. 그는 단원들을 장차 나라의 큰 재목으로 쓰기 위해 집중적으로 무예와 특별교육을 시켰다. 화랑 반굴이 그의 낭도들을 거느리고 이번 전쟁에 참가하여 신라군 앞에서 모범을 보이려고 했다.

김유신은 반굴의 출전을 허락했다. 화랑 반굴은 그의 낭도들을 거느리고 계백 장군의 진영으로 용감하게 돌진했다. 그 모습을 보고 백제 진영에서 아수라가 달려나갔다. 반굴은 계백의 본진을 돌파하며 배후의 군사를 장악하려고 정신 없이 말을 달렸다. 그러나 아수라가 놓칠 리 없었다. 달려오는 반굴을 향해 창을 날렸다. 아수라의 창이 반굴의 목을 찔러버렸다. 화랑을 잃은 낭도들이 사기를 잃고 허둥대자, 백제군이 무참히 짓밟아버렸다.

신라군은 초전에 화랑을 잃고 사기가 떨어지고 싸움도 하기 전에 지쳐

버렸다. 백제군의 사기는 하늘을 찌를 듯 드높았다. 5만 신라군이 무섭지 않았다. 반굴처럼 애송이들이라면 백전백승이라도 할 자신이 있었다. 말만 들은 화랑도들의 용기가 별것 아니라는 생각이 들었다.

한편, 신라 진영은 어처구니없는 패배에 술렁거렸다. 반굴에게 선수를 빼앗긴 화랑 관창官昌은 품일의 아들이었다. 이제 겨우 16세의 소년으로 화랑이 되어 아버지를 따라 그의 낭도들을 데리고 참전했던 것이다. 관창은 김유신 앞에 나가 단독으로 적진으로 달려가 반굴의 원수를 갚겠노라며 출전을 졸라댔다.

"너 혼자 적진으로 뛰어들겠다구?"

"그렇사옵니다. 신라군의 사기를 위해서는 혼자 나가는 것이 효과적이라 여겨지나이다."

"네 말이 틀리지는 않다만, 목숨을 거는 일이 아니냐?"

"전쟁터에서 어찌 살기를 바라겠나이까?"

"네 뜻이 정 그렇다면 할 수 없구나. 아버지와 의논했느냐?"

"이미 허락을 받았나이다."

"그렇다면 나가보아라!"

관창은 김유신의 허락이 떨어지자 단기필마로 말을 몰아 적진으로 달려나갔다. 이를 지켜본 백제군에서 아수라가 달려나와 관창을 맞아 싸웠다. 두 장수는 혼신의 힘을 다해 싸웠다. 그러나 관창은 아수라의 적수가 못 되었다.

관창이 아수라에게 밀리자 신라 진영에서는 병사들이 손에 땀을 쥐고 안타까워했다. 그러면서도 어린 관창의 용맹에 함성을 지르며 응원했다. 백제군도 이에 질세라 북을 울려 아수라를 독려했다. 두 장수가 서로 수십 합을 주고받았다. 어린 관창의 얼굴에 피로의 기색이 역력했다. 아수라의 긴 창이 관창의 머리를 스쳤다. 관창은 지친 나머지 말에서 떨어졌다. 아수라는 단칼에 목을 베려고 적장을 내려다보고 깜짝 놀랐다. 투구 속에 감춰진 관창의 얼굴은 솜털이 보송보송한 미소년이었다.

"살려줄 테니 돌아가거라!"

"듣기 싫다! 어서 목을 쳐다오."

"아무리 전쟁터의 하찮은 목숨일지라도 함부로 다뤄서는 아니 되는 법, 어서 돌아가라!"

아수라는 말머리를 돌렸다. 그때였다. 관창이 다시 말에 올라 공격해 왔다. 아수라는 방어하며 관창을 죽이기 싫어 나무랐다.

"네 목숨을 아끼지 않고 나라에 봉사할 길을 찾다니 어리석구나! 어서 돌아가라!"

"우리 화랑에게는 임전무퇴의 철칙이 있을 따름이다! 적장은 건방 떨지 말라!"

아수라는 어쩔 수 없이 달려드는 관창의 가슴을 찔렀다. 그러고는 자신이 서글퍼서 한참을 내려다보았다. 어린 소년을 죽였다는 자책감이 머리를 무겁게 짓눌렀다. 그는 관창의 목을 베어 말꼬리에 달아 신라 진영으로 보내었다. 소년 영웅의 예우에 맞게 묻어주도록 배려한 것이다.

두 명의 화랑을 잃은 신라군은 의기소침하여 사기가 말이 아니었다. 김유신은 말꼬리에 매달린 관창의 머리를 가리키며 울부짖듯 외쳤다.

"신라군이여! 저 두 화랑의 값진 희생을 헛되이 하려는가! 저 영혼을 위로하지 않으려는가! 일어서라, 신라군이여! 두 화랑의 끓는 피가 여러분의 가슴에서 뛰고 있지 않은가! 가자! 진격만이 승리의 길이다! 저 두 화랑의 혼백을 앞세우고 진격, 또 진격이다!"

"와! 와! 와!"

땅에 떨어진 신라군의 사기가 되살아났다. 그들은 장엄하게 죽어간 젊은 넋을 위로하기 위해 전쟁을 승리로 이끌어야 한다는 사명감이 앞섰다. 황산의 넓은 벌판을 5만의 신라군이 꽉 메웠다.

선봉에 선 흠순 장군이 1만 명을 이끌고 질풍같이 달려나갔다. 우익의 천존 장군이 역시 1만 군사를 독려하며 진격했다. 좌익의 품일이 역시 1만 병사로 돌진했다. 그 뒤를 김유신이 2만 병사를 이끌고 계백의 진영을 향해 돌격했다.

계백은 황산벌을 꽉 메우고 달려드는 신라군을 바라보며 최후의 명령을 내렸다.

"백제군이여! 우리는 아직도 신군神軍이다. 신군은 명예로운 죽음을 최우선으로 삼는다. 우리 한목숨 던져 나라를 구할 수는 없으나 구국을 위해 부끄러움이 없도록 마지막 한 사람까지 싸워 신군의 용맹을 떨치자! 저들 신라군은 한 동족을 팔아 동족을 해치는 부도덕한 인간들이다. 그들의 노예가 되느니 떳떳한 백제군으로 영원히 남자!"

계백은 외치고 나서 선봉장으로 달려나갔다. 마음이 평온해지고 몸도 가벼웠다. 그 뒤를 백제의 5,000 결사대가 성난 들개처럼 따랐다. 5만과 5,000의 죽음을 건 싸움이 벌어졌다. 5,000의 결사대는 이미 각오한 바여서 죽음이 두렵지 않았다. 신라 5만 군을 상대로 좌충우돌 닥치는 대로 목을 쳤다. 황산벌이 핏빛으로 물들었다.

시간이 갈수록 전쟁터에 고요가 깃들었다. 계백 장군과 5,000 결사대는 백제군의 영원한 신군으로 남기를 바라며 황산벌의 귀신으로 사라져 갔다. 이 싸움으로 신라군은 1만여 명의 병사를 잃었다. 김유신으로서는 결코 영광스러울 수 없는 승리였다. 귓가에 계백의 포효가 쟁쟁했다.

"당나라를 끌어들여 백제를 치는 명분이 뭐냐? 뭐, 통일이라고? 웃기지 마라! 이 가야 출신의 속 좁은 골목대장아! 저 중원의 땅은 어떡허고? 당나라가 다 차지하고 나면 그땐 후회해도 소용없다. 이 치사한 가야 사내야!"

김유신은 눈을 질끔 감았다. 백제를 치고 고구려를 쳐서 남는 것이 뭘까? 죽 쒀서 개주는 꼴이 되겠지. 고구려를 치면 고구려가 차지한 중국의 고구려 영토는 자연히 당나라 차지가 아닌가. 아무래도 잘못 시작한 싸움이요, 동족 멸망 통일론이었다. 동족을 망하게 하고 이민족을 살찌게 하는 외교도 있더란 말인가. 참으로 창피하고 두고두고 후회할 짓거리였다.

김유신은 4만 병사를 이끌고 황산벌을 뒤로했다. 죽은 5,000의 백제 결사대가 벌떡 일어나 목덜미를 핥퀼 것만 같았다. 참으로 명분 없는 처절한 한 판 승부였다.

황산벌에서 승리를 거둔 김유신은 당나라 군보다 먼저 부여성에 입성하려고 서둘렀다. 그러나 신라 제1군 법민 태자가 당나라 후군을 지휘하는 김인문 왕자와 연합하여 이미 부여성을 함락시켜 버렸다. 의자왕과 태자 융은 연합군의 침공이 있기 전에 몇 명의 측근들과 더불어 웅진성으로 피신했다. 부여성을 끝까지 지킨 것은 둘째 왕자 태였다. 태는 의자왕이 피란길에 오르자 스스로 왕이 되어 연합군과 싸웠으나 역부족이었다.

부여성은 침략자들의 천국이었다. 그들은 도적떼로 변하여 닥치는 대로 약탈하고 강간을 자행했다. 궁성의 궁녀들은 몸과 마음의 정절을 생명보다 더 소중히 여기고 지내다가 도둑떼를 만나, 죽을 곳을 찾아 우왕좌왕했다. 도둑떼들에게 몸을 더럽히기 전에 순결한 백제의 여인으로서 영혼을 간직하고 싶었다. 이름하여 의자왕의 3,000 궁녀들은 대왕포로 몰려들었다. 죽을 곳을 찾아 헤매다가 모인 것이다. 3,000 궁녀들은 스스로 자결하는 이, 치마를 뒤집어쓰고 백강에 몸을 던지는 이, 서로가 가슴을 찌르고 죽는 일을 벌여 처참한 최후를 연출했다. 후세 사람들은 이때 3,000 궁녀가 백강으로 뛰어든 바위를 낙화암落花岩이라고 불렀다.

태자 법민은 부여성에 먼저 입성했으나 있어야 할 의자왕이 도망치고 없어 허탈했다. 의자왕을 잡지 못한다면 싸움을 종식시킬 수 없었다. 법민과 뒤에 도착한 김유신은 의자왕이 도망친 웅진성 공략에 나섰다.

의자왕은 웅진성에서 일본에서 구원병이 도착하기를 기다리며 새로운 진용을 갖춘 다음 부여성 탈환에 나설 참이었다. 그러나 이 계획은 김유신과 내통하고 있던 첩자 임자에 의해 물거품이 되고 말았다. 임자는 그의 심복 수성 대장을 시켜 신라에 투항하도록 각본을 짰다.

신라군이 웅진성으로 쳐들어와 성을 에워싸자 의자왕은 그만 만사를 포기하고 성문을 열고 신라군에게 항복하고야 말았다. 의자왕이 웅징성에서 항복했다는 급보를 받은 태종 무열왕은 때마침 금돌성에 있다가 부여성으로 달려와 당나라 소정방과 나란히 앉아 의자왕의 항복을 정식으로 받아냈다. 이로써 서기 660년, 온조가 기원전 18년에 세운 십제백제는 678년 만에 문을 닫고 말았다.

당나라 소정방은 의자왕과 왕자들, 그리고 대신과 장수 88명, 백성 807명을 포로로 잡아 당나라 장안으로 끌고갔다. 사비성은 당나라 유인원의 군사 1만 명과 신라 왕자 인태仁泰, 사찬 일원日原, 금창 길나吉那 등이 신라군 7,000명의 병력으로 지켰다. 이것이 이른바 웅진도독부였다.

❀ 백제의 재건운동과 풍왕

서기 661년, 부여성이 함락되어 의자왕을 비롯하여 많은 백제인들이 당나라 수도 장안으로 잡혀간 지 1년 후, 복신福信 장군이 강서의 군사들을 모아 백제의 진현성을 탈환했다. 백제의 재건운동이 일어난 것이다. 이 싸움에서 당나라 유인원 군의 1,000명이 희생당했다. 일이 급하게 되자 유인원은 신라에 구원을 요청했다. 이에 태종 무열왕은 이찬 품일을 대당장군으로, 잡찬 문풍文忠을 상주장군으로, 무훌·욱천을 남천주 대감으로 삼아 대군을 파견했다.

3월 5일, 그 선봉대가 두량윤성에 이르렀다. 그러나 이들은 백제 재건군의 기습으로 전멸당하고 말았다. 이어 신라는 전군을 동원, 35일간 성을 공략했으나 끝내 함락시키지 못했다.

신라는 당나라의 백제 점령이 장기화되는 조짐을 보이자 형식적으로 백제군을 진압하면서 사실은 백제 재건군이 당나라 점령군의 힘을 꺾어주기를 은근히 바라고 있었다.

백제 재건에 나선 복신은 잔존 성주들을 주류성으로 총집결시킨 다음

조직적으로 나당군과 싸울 것을 결의했다. 이때 백제 재건 총사령관에 복신, 좌장군에 도침道琛이 뽑혔다. 따라서 복신은 본군 1만 2,000명을 거느리고 주류성에 주둔하고, 도침은 1만 명으로 임존성에, 흑치상지는 1만 명으로 진현성에, 상여相如는 3,000명으로 이례성에, 지수신遲受信은 3,000명으로 가림성에 각각 주둔했다.

한편 왜 열도 야뫼도의 서울 아스카(飛鳥)에 부여의 비극이 전해진 것은 그해 10월이었다. 보황녀 제명齊明 천황은 이 엄청난 사실을 믿으려 하지 않았다. 보황녀는 오빠 의자왕의 신변에 큰 변화가 있다는 사실을 어렴풋이 깨달았다.

보황녀는 백제를 지원할 수 있는 가까운 거리로 옮겨 앉아 중대형中大兄과 중신겸족中臣鎌足에게 명하여 최단 시일내에 최대한의 도해용 군선을 만들도록 영을 내렸다. 중대형은 어머니의 명을 따라 군선 제조에 총력을 기울였다. 그리고 어머니 천황이 머물 궁전을 지쿠코강(筑後川) 유역인 아사쿠사(朝倉)에 지었다. 보황녀는 서울을 나대진娜大津으로 옮기고 백제의 재건을 지원하기 위해 군선 제조를 서둘렀다.

서기 661년 5월, 복신은 다장부多藏敷를 나대진으로 파견, 구원병을 요청했다. 때마침 중대형의 지휘로 야뫼도군의 출병 준비가 진행되고 있었다. 보황녀는 68세의 늙은 몸으로 출전을 감행하려고 했다. 그러나 너무나 기가 막힌 백제의 소식에 마음에 병이 들고 지친 그녀였다. 조상의 혼령을 모신 곰나루의 신소도 고천원高天原은 일본 땅에 와 있는 모든 백제인들의 정신적 지주였으며 마음의 고향이었다. 조상들에게 제사를 모실 수 없다면 일본 땅에 이민해온 모든 백제인들의 뿌리가 뽑히는 것과 다를 바 없었다.

보황녀는 무왕의 딸로서 정략에 이용되어 왜 황실로 시집갔다. 그녀는 남자들의 정권 다툼에 이용당해 여자의 몸으로 왜의 여단군女檀君인 황극천황皇極天皇으로, 다시 제명천황으로, 천황위를 역임하고 있었다. 이제 68세의 노구를 이끌고, 백제 재건에 나섰지만, 부여를 잃고 오라버니

의자왕을 잃은 심정은 그 누구에게 이야기조차 못 할 속앓이였다.

"내가 죽거든 태자 중대형은 천황위의 계승을 잠시 보류하고 부여의 태자 융과 협력하여 부여가 다시 일어설 때까지 모든 힘을 기울여 돕도록 하라! 그 어떤 일이 있더라도 고천원은 지켜야 하느니라!"

유언처럼 말한 보황녀는 그만 세상을 떠나고 말았다. 그리하여 부여를 돕기로 한 풍豐 왕자의 부여길이 늦어지고 말았다. 그동안 풍 왕자는 복신 장군의 조카인 다장부의 여동생과 결혼했다. 그리고 보황녀의 유언에 따라 중대형 대신 용이 천황위에 올랐다.

왕자 풍은 귀국길에 올랐다. 야뫼도의 대장 아운비라부阿雲比邏夫가 정예병 1,000을 거느리고 풍을 따랐다. 동생인 용이 천황위에 있고 대신들 대부분이 백제인인 야뫼도 정부에서 강력한 지원이 있을 것이었다. 따라서 부여를 되찾는 일은 시간문제일 것 같았다.

그동안 복신 장군의 활약은 눈부셨다. 옛 백제의 성을 열 개나 되찾아 왕조를 다시 일으킬 희망에 부풀어 있었다. 나·당 연합군에게 백제가 망해버린 것 같았으나 복신을 비롯한 부여인들의 끈질긴 반격에 부딪혀 신라와 당나라 조정은 몹시 곤혹스러웠다. 백마강의 하구가 주류성에 의해 차단되어 당나라 주둔군은 본국으로부터 해상보급을 받을 수 없어 신라에 구걸하는 형편이었다. 당나라의 부여성·웅진성 장악은 백제 재건군의 보급로 차단으로 고통을 겪고 있었다.

신라는 당나라군의 세력을 꺾기 위해 동맹체제에서 벗어나 명분 없는 협조는 과감히 뿌리치고 당나라를 고립시켰다. 당나라는 신라를 더 이상 동맹군으로 믿을 수 없었다. 하지만 당나라로서는 부여 땅을 포기할 수 없었다. 당나라 병사 수만 명을 잃고 얻은 전리품이었다. 모든 상황을 정확히 파악한 유인원은 본국에 보고하고 지원병을 요청했다. 그리하여 서기 662년 2월, 5만 명의 증원군이 파병되었다. 또 5월에는 재차 파병이 이루어져 백제 재건군에게 내준 여러 성의 재탈환 작전을 벌일 셈이었다.

당나라 증원군이 속속 황해를 건너 부여와 공주로 오는 동안 풍왕은

1,000명의 야뢰도군을 이끌고 주류성에 도착했다. 때마침 남쪽 고사비성古沙比城과 구지하성久知下城으로부터 3만 명의 증원군이 도착하여 풍왕에게 힘을 보태주었고, 탐라에서도 5,000여 병사를 보내었다. 이제 야뢰도의 용으로부터 약속된 20만 대군이 도착하기만 하면 백제 재건은 시간 문제였다. 먼저 당나라군을 백제 땅에서 싹 쓸어버리고 다음에 신라를 응징하면 된다.

풍은 소도를 만들고 목욕 재계한 후에 하늘에 제사지내고 백제의 새 천황위에 올랐음을 만천하에 고했다. 부여의 백성들은 새로운 천황을 맞아 당나라군을 물리칠 각오를 단단히 했다. 그러나 풍왕의 즉위를 못마땅해하는 장수들이 있었다. 풍왕의 명령보다는 복신 장군의 명령을 따르고 왕을 업수이 여겼다. 군신이 힘을 합쳐도 빼앗긴 나라를 찾기가 어렵거늘, 풍왕 즉위 초부터 새 조정은 삐걱거리기 시작했다. 그런데 이번에는 도침 장군이 작전회의에 참석하려고 성문을 나섰다가 신라군에게 피살되는 불상사가 일어났다. 도침의 죽음을 풍왕의 작전회의 탓으로 돌리고, 장수들은 풍왕의 영을 더욱더 따르지 않았다.

신라에서는 백제 재건군의 정세를 파악하고 태종 무열왕과 김유신이 머리를 맞대었다.

"당나라군과 백제 재건군의 돌아가는 정세가 심상치 않소이다. 지금 당나라에서는 40만 대군을 백제에 파병한다는 소문이 돌고 있소이다. 이는 당나라의 유인원이 우리의 계획을 눈치채고 이번 기회에 백제를 독차지하겠다는 수작 아니겠소? 장군의 생각은 어떠하오?"

"맞는 말씀이나이다. 또한 백제 재건군도 만만찮을 것이외다. 야뢰도에서 20만 대군이 온다면 당나라군이 쉽지는 않을 것이옵니다."

"우리는 어찌해야 하오?"

"우선 백제 재건군이 다시 차지한 약한 성부터 공격하여 우리의 수중에 넣으면서 사태를 관망하는 것이 좋을 듯하나이다."

"좋은 생각이오. 그리 하시오."

신라는 당나라와 백제 재건군이 싸우는 동안 어부지리를 얻겠다는 속셈이었다.

서기 663년 6월, 나대진을 출발한 1진 2만 7,000명의 야뫼도 백제군이 400척의 군선에 나누어 타고 백마강 하구에 도착했다. 풍왕과 복신이 달려와 이들을 맞았다. 이 야뫼도군의 등장으로 복신 장군의 그늘에 가려 있던 풍왕이 군왕으로서의 권위를 찾았다.

복신 장군은 심정이 매우 착잡했다. 게다가 풍왕이 복신의 군작전권마저 빼앗아가려고 엉뚱한 영을 내렸다.

"복신 장군은 이제부터 정치에 신경을 쓰시오!"

복신은 어이가 없었다. 재건군의 총사령관더러 정치나 하라니, 말이 되는 소리인가. 야뫼도 백제군을 포함, 백제 재건군을 풍왕 자신이 직접 지휘하겠다는 말을 듣고 이 명령만은 절대로 따를 수 없음을 분명히 밝혔다.

"대왕마마, 마마께오서는 백제의 지리에 밝지 못하시나이다. 작전 지휘권은 신에게 맡겨주소서."

"그럴 수 없소. 장군은 내 명령에 따르시오!"

"그리는 못 하옵니다. 마마, 한번 더 심사숙고해보소서."

"많이 생각하고 내린 결정이오."

임금의 명을 어기면 어찌 되는가. 그래도 복신은 따를 수 없었다. 지는 싸움은 아예 하지 않는 것이 사는 길이었다.

풍왕이 작전권을 쥐고 행사한다면 재건군은 제대로 싸워보지도 못하고 패할 것이었다. 싸움에는 백전노장의 경험이 잘 활용되어야 했다. 풍왕도 모르는 바 아니었으나 그동안 복신의 부하들에게 당한 수모를 복수라도 하듯 작전권을 내놓으라고 복신을 압박해왔다. 그러나 복신은 응할 수 없었다. 백제 재건군의 사활이 걸린 문제였다.

풍왕은 복신에게 스스로 자결하라는 영을 내렸다. 복신은 풍왕이 설마 이렇게 나올 줄은 몰랐다. 그러나 피해갈 수가 없게 되었다. 반란을 일으켜 풍왕을 죽일 수도 있었으나 그렇게 되면 당나라와 신라는 백제 재건군을 얕잡아보고 당장 요절을 내려고 싸움을 걸 것이었다. 자신의 희생으로 백제가 재건될 수 있다면 그 길 또한 충성의 길이었다. 복신은 풍왕의 영을 따랐다. 복신의 죽음으로 병사들의 사기가 저하되고 약화되었다.

한편, 당나라에서는 풍왕이 백제인들의 정신적 지주로 자리잡아가자 어떻게든 백성들의 마음을 이완시키려고 맞불작전을 구사했다. 당나라 조정에 인질로 잡혀온 태자 융을 부여로 보내어 백제의 임금을 둘로 만드는 일이었다. 부여에 풍왕과 융왕 둘이 있으면 신하와 백성들도 자연히 둘로 나뉠 것이었다. 분열이 일어나면 그때 가서 힘들이지 않고 정벌해버리자는 속셈이었다.

당나라 고종은 의자왕의 태자 융을 정식으로 백제왕으로 임명하여 부여로 내보내었다. 융은 당나라의 계책에 이용당해 당나라 장군 손인수孫仁師와 2만 7,000명의 당나라 군사를 이끌고 황해를 건너 덕물도에 닿았다. 참으로 기구한 운명이었다. 태자 융은 백제를 재건하려는 자기 나라 군사들과 싸워야 하는 비극에 처해 있었다. 풍왕은 융왕을 인정하지 않았다. 당나라의 술책임을 알고 싸워서 물리치려고 했다.

덕물도에 닿은 당나라 군사는 3군으로 나뉘어 제1군은 남포만으로 상륙하여 두시원옥성으로 공격해 들어가고, 제2군은 주류성을, 제3군은 백마강으로 들어가 위기에 처한 웅진도독부를 구하려고 했다.

이때 백제 재건군의 최고 명장 흑치상지는 태자 융이 백제왕이 되어 남포만으로 상륙, 두시원옥성으로 공격해 진격해오자 이를 방어할 임무를 띠고 있었다. 그러나 흑치상지는 태자와 싸운다는 것이 왠지 불충하는 것 같아 망설여졌다. 진현성의 성주 사타상여도 흑치상지와 같은 마음이었다.

더구나 두 장군은 풍왕이 복신 장군을 죽인 일에 배신감마저 느끼고 있던 터였다. 두 장군은 그동안 되찾은 20여 성을 융왕에게 바치고 항복해버렸다. 순간적으로 잘못 판단한 일이었다. 풍왕이 아무리 밉더라도 백제 재건왕이요, 융왕은 당나라의 술책에 꼭두각시 노릇을 하는 왕이 아닌가. 충신이라면 어느 왕을 따라야 하는지 명약관화한 사실이었다.

8월 초, 융왕은 흑치상지를 앞세우고 주류성을 공격했다. 성 안의 백성들은 지금의 풍왕과 옛 태자 융왕 사이에 혼란을 일으켜 어찌할 바를 몰랐다. 그러다가 융왕에게 항복해버렸다. 명장 흑치상지의 영향이 컸다.

풍왕은 형님인 융왕과 불가피한 전쟁을 치러야 했다. 형님이 명분 없는 싸움을 걸어와 풍왕도 어쩔 수 없었다. 풍왕은 야뫼도군을 출동시켜 당나라군을 공격했으나 참패당했다. 그제서야 자신이 옹졸하여 복신 장군을 죽인 일이 뼈저리게 후회되었다. 지금 자기에게 등을 돌린 흑치상지도 자기 탓이라는 생각이 미치자 자괴감이 들어 죽고 싶었다. 이 한번의 싸움으로 야뫼도의 병선 400여 척과 수군들이 거의 다 희생되었다.

주류성이 떨어지고 두시원옥성은 이미 함락된 지 오래였다. 수군과는 별도로 제1군장 하변백기河辺白技가 이끄는 야뫼도의 육군은 나머지 생존자들을 이끌고 임존성으로 모였다. 임존성을 흑치상지가 에워싸고 고사작전을 폈다. 임존성은 식량이 떨어져 더 이상 버틸 수가 없었다. 임존성의 결사대 1,500명은 싸워서 죽기로 작정했다. 그들은 성문을 열고 포위하고 있는 당나라군을 향해 불나비처럼 덤벼들다가 모두 목숨을 잃었다.

이로써 백제는 망하고 말았다. 자신의 어리석음을 한없이 뉘우친 풍왕은 단신으로 임존성을 빠져나와 어디론가 사라져버렸다. 풍왕은 숙부인 복신에게 너무나 큰 죄를 지었고, 망한 백제의 마지막 임금이 되었다. 융왕은 나중에 백제왕이 아닌 웅진도독으로 임명되었다. 어리석은 태자였다.

조선의 왕

신명호 지음 | 신국판 | 값 9,000원

'조선의 왕'을 전공한 젊은 사학자 신명호씨가 왕과
왕실문화의 비밀을 꼼꼼히 파헤친 책. 출생부터 임종
까지 왕의 일생을 비롯한 왕의 모든 것이 담겨 있다.

조선의 성풍속

정성희 지음 | 신국판 | 값 9,000원

"유교적 성 모럴이 지배하던 시대, 조선시대 사람들은
어떻게 살았을까?"―조선시대의 성풍속도를 조감하
면서 성 모럴이 권력과 사회구조와 얽히게 되는 복합
적인 상관관계에 접근한 책.

조선시대 조선사람들

이영화 지음 | 신국판 | 값 9,000원

조선의 신분제도는 상류층에는 피나는 생존경쟁의 장
이었고, 하층민에게는 가혹한 인간의 굴레였다. 신분
별로 살펴본 조선시대의 사람살이.
〈99 이달의 청소년도서〉 선정.

사관 위에는 하늘이 있소이다

박홍갑 지음 | 신국판 | 값 9,000원

세계 역사상 유례가 없는 500년 〈조선왕조실록〉을 탄
생시킨 조선의 사관들, 후세에 바른 역사를 전하기 위
해 붓 한 자루에 목숨을 걸었던 조선의 사관, 그들은
누구인가?
〈2000 한국출판인회의 이달의 책〉 선정.

민란의 시대

고성훈 외 지음 | 신국판 | 값 9,000원

500년 조선왕조가 체제모순과 관료들의 극에 달한 부
정부패로 말기 현상을 보이고 있을 때, 더 이상 물러설
곳 없이 벼랑 끝까지 몰린 조선민중들이 보여준 피맺
힌 생존투쟁의 기록!

지워진 이름 정여립

신정일 지음 | 신국판 | 값 9,000원

조선조 4대 사옥의 희생자들의 합보다 더 많은 1,000여
호남인맥의 희생을 가져온 '조선조의 광주사태'―정
여립 사건. 조선조 최대의 옥사, 기축옥사의 전모를 최
초로 파헤치고 재조명한 역저.

조선역사 바로잡기

이상태 지음 | 신국판 | 값 9,000원

조선시대 역사 · 인물 · 땅에 대한 잘못된 상식 바로잡
기. 너무도 상식적인 역사 이야기가 철저한 고증을 통
해 새롭게 재조명된다.
〈2000 한국간행물윤리위원회 청소년 권장도서〉 선정.

시장을 열지 못하게 하라

김대길 지음 | 신국판 | 값 9,000원

민초들의 삶의 터전이었던 장시의 이해는 조선시대의
전반적인 시대상을 이해하는 또 다른 방법이 될 수 있
다. 조선시대 시장의 형성과 상인, 상업의 발달, 장터
문화에 대해 깊이 있고 재미있게 풀어놓았다.

'언론'이 조선왕조 500년을 일구었다

김경수 지음 | 신국판 | 값 9,000원

사헌부 · 사간원 · 홍문관, 그리고 역사를 기록했던 사
관들이 백성과 나라를 위해 보여주었던 빛나는 언론
정신이 어떻게 시대의 흐름을 선도하고 바로잡아 나
갔는가? 오늘의 관점에서 조명해보는 조선시대의 언
론 · 출판 이야기.
〈한국간행물윤리위원회 이달의 읽을 만한 책〉 선정.

임진왜란은 우리가 이긴 전쟁이었다

양재숙 지음 | 신국판 | 값 9,000원

전쟁이 아닌 난동으로 인식되고 있는 임진왜란에 대
해 저자는 이기고도 이긴 줄을 몰랐던, 단지 참담한 민
족의 수난사로만 인식되어온 기존의 시각을 바로 새
롭게 잡았다.

양반나라 조선나라

박홍갑 지음 | 신국판 | 값 9,000원

오늘날까지 그 맥이 이어지고 있는 조선시대의 양반문
화 · 관료문화의 명암을 한자리에 묶은 책. 조선시대
양반사회에서의 여러 모습들 중에서 우리의 상식을 뛰
어넘는 10개의 테마를 잡아 깊이 있게 재조명했다.

너희가 포도청을 어찌 아느냐

허남오 지음 | 신국판 | 값 9,000원

'세계에서 가장 오랜 역사를 지닌 경찰기관'으로서의
포도청과 포졸, 해괴한 범죄와 그 처벌 등을 통해 조선
시대의 사회상과 경찰상을 생생하게 들여다본다.

강정일당

이영춘 지음 | 신국판 | 값 9,000원

가난 속에서도 참담고, 선하고, 품위 있게 살았던 한 조선 여성의 자아실현—각고의 수양과 심오한 학문 그리고 도덕적 실천을 훌륭한 문장으로 남겼다. 〈2002 한국출판인회의 이달의 책〉 선정!

사치하는 자는 장 100대에 처하라

KBS 〈TV조선왕조실록〉 제작팀 지음 | 신국판 | 값 9,000원

500년 조선왕조의 역사를 오늘의 시각에서 살펴볼 수 있도록 한 KBS-1TV의 야심적인 역사 다큐멘터리 'TV 조선왕조실록'을 책으로 재구성했다.

전하! 뜻을 거두어주소서

KBS 〈TV조선왕조실록〉 제작팀 지음 | 신국판 | 값 9,000원

KBS-1TV의 야심적인 역사 다큐멘터리 〈TV조선왕조실록〉을 책으로 재구성했다. 직격 인터뷰, 리포트, 중언, 500년 조선시대를 실감 넘치게 재구성한 흥미진진한 이야기 조선시대사.

청계천은 살아 있다

이경재 지음 | 신국판 | 값 9,000원

청계천을 둘러싼 재미있는 일화와 함께 조선시대 서민들의 땀과 애환이 얽힌 그 주변 이야기들이 옛날이야기처럼 구수하게 펼쳐진다.

조선의 공신들

신명호 지음 | 신국판 | 값 12,000원

조선왕조 500년, 태조 때의 개국공신부터 영조 때의 분무공신에 이르기까지 총 28회의 공신 책봉으로 태어난 1,000여 명의 공신을 통해 본 격동의 조선사 읽기.

조선의 암행어사

임병준 지음 | 신국판 | 값 9,000원

암행어사란 무엇이며, 그들은 누가 임명하고 어떤 행동을 했는가? 세계의 역사에서 그 유례를 찾아보기 어려운 탁월한 공직자 부패방지제도인 암행어사의 모든 것을 살펴본다.

한양 이야기

이경재 지음 | 신국판 | 값 12,000원

조선왕조 500년의 도읍 한양의 역사와 그 땅에 얽힌 재미있는 이야기들. 겨레와 영욕을 함께한 한양의 역사와 곳곳에 얽힌 일화들은 시대를 뛰어넘어 지금 우리에게 생생한 '서울의 숨결'을 전해준다.

조선의 청백리

이영춘 외 지음 | 신국판 | 값 10,000원

예의염치와 청렴을 몸소 실천한 조선의 대표적인 청백리 34인과 그들을 태동시킨 조선의 청백리 제도 및 정신, 그리고 그들의 청백한 삶에 대한 이야기.

조선의 왕릉

이호일 지음 | 신국판 변형 | 올 컬러 | 값 20,000원

태조 이성계의 건원릉에서 고종과 순종의 능인 홍·유릉에 이르기까지, 조선 500년 역사와 영욕을 함께한 42릉 2묘의 왕릉 기행. 1994년 출간한 《왕릉》을 전면 개정, 보완했다.

조선의 무기와 갑옷

민승기 지음 | 신국판 | 값 15,000원

환도 한 자루에서 대형 전함까지 조선시대에 사용된 무기와 갑옷의 역사와 용도, 특징 등을 폭넓게 정리한 책으로 고전문헌을 중심으로 서술하고 있으며, 300여 장의 도판을 수록하여 이해를 돕고 있다.

내시와 궁녀

박상진 지음 | 신국판 | 값 10,000원

구중궁궐 깊숙한 곳에서 왕의 수족과 그림자가 되어 한 많은 생을 살아야만 했던 내시와 궁녀에 관한 책. 여기에 내시가 되는 과정과 그들의 결혼생활, 일화와 함께 궁녀의 유래, 출궁과 죽음, 궁녀의 선발과 입궁 과정 등 내시와 궁녀의 삶을 빠짐없이 복원했다.

소설 퇴계 이황

김성한 지음 | 신국판 | 값 9,000원

이황과 이마라는 대조적인 두 인물을 내세워 조선시대 권력을 탐했던 조신들과 한 시대를 풍미했던 윤원형, 정난정 등의 삶을 소설로 엮은 책. 폭포수처럼 쏟아지는 저자의 구수한 입담과 해박한 지식은 책을 읽는 내내 눈을 즐겁게 한다.